献给上海，
　　一座海纳百川、
　　　　永远进取的城市。

上海市"十二五"地方本科院校内涵建设项目资助

上海旅游资源图志

《上海旅游资源图志》编写组 编著

上海科学普及出版社

黄浦区

上 海 旅 游 资 源 图 志

概况

黄浦区位于上海市中心，东、南与浦东新区隔江相望，西与静安区、徐汇区相连，北与闸北区和虹口区相接。区域面积20.50平方千米。2012年度，黄浦区户籍人口90.36万人，辖10个街道（南京东路街道、外滩街道、瑞金二路街道、淮海中路街道、豫园街道、打浦桥街道、老西门街道、小东门街道、五里桥街道、半淞园路街道）。2012年度，全区实现地区生产总值1 368.42亿元。其中，第二产业实现增加值73.02亿元，第三产业实现增加值1 295.40亿元。2012年度，旅游业实现营业收入106.43亿元，其中旅行社实现营业收入61.99亿元，旅游景点实现营业收入0.77亿元。2012年度，全区旅行社接待游客159.91万人次。

元至元二十八年（1291年），划华亭县东北部黄浦两岸的高昌、长人、北亭、海隅、新江5个乡建上海县。历明至清，区境属上海县高昌乡。上海开埠后，英、法等国先后在区境浦西部分地区划租界。1945年抗战胜利后，上海市政府将全市分设30个区，黄浦区因濒临黄浦江而得名。1956年，黄浦区、老闸北区两区合并为黄浦区；1959年，邑庙区、蓬莱区两区合并为南市区；1993年，黄浦区、南市区两区内原浦东地区划归浦东新区；2000年，黄浦区、南市区两区合并，成立新的黄浦区；2011年，黄浦区、卢湾区两区合并，成立新的黄浦区。

黄浦区境内的租界，在近代上海乃至中国租界史上是被殖民者开辟最早、时间最长、影响最大、殖民统治体制最完备的租界。外滩是上海租界区，也是整个上海近代城市发展的起点，当时有许多外国银行、商行、总会、报社、各国领事馆在此云集。号称"中华商业第一街"的南京路蜚声中外，先施、永安、新新、大新四大公司是当时国内最摩登的大型商场。人民广场原为公共租界内的跑马厅。豫园地区是上海老城厢的核心，是传承上海历史文脉的重要载体，也是上海最具传统特色的市级商业中心。自20世纪初起，全国最大的游乐场"大世界"、远东第一的电影院"大光明"等相继出现。1993年后，上海博物馆、上海大剧院等一批反映上海文化建设风貌的标志性建筑先后在人民广场及其周边地区拔地而起。

黄浦区旅游资源丰富，单体资源等级高。孙中山故居、中共一大会址纪念馆、豫园、上海外滩建筑群、国际饭店等都是全国重点文物保护单位。上海博物馆、豫园为国家AAAA级旅游景区。

黄浦区是上海市人民政府所在地，是上海的政治、金融、文化中心，同时也是上海主要的交通集散中心之一。苏州河在黄浦区北部汇入黄浦江，黄浦区位于两江（河）水上交通的要冲。延安高架路和南北高架路在境内相交，南浦大桥、卢浦大桥、延安东路隧道和复兴东路隧道连接浦江两岸。轨道交通1号线、2号线和8号线在人民广场交汇。

旅游资源列表

编号	名称	行政位置	资源类型	单体资源等级	地理位置
HP01	外滩历史文化风貌区	黄浦区、虹口区	FDC	5	31°13′53.52″N 121°28′13.20″E
HP02	南京东路	南京东路	FDB	5	31°14′12.12″N 121°28′16.08″E
HP03	黄浦江	上海市	BAA	5	31°23′17.62″N 121°31′02.54″E
HP04	苏州河	上海市	BAA	5	31°14′40.52″N 121°29′10.84″E
HP05	淮海路	黄浦区、徐汇区、长宁区	FDB	5	31°13′12.81″N 121°27′25.03″E
HP06	上海博物馆	人民大道201号	FAE	5	31°13′50.64″N 121°28′13.86″E
HP07	和平饭店	中山东一路20号	FDD	5	31°14′27.72″N 121°29′07.20″E
HP08	国际饭店	南京西路170号	FDD	5	31°14′07.56″N 121°28′01.62″E
HP09	上海文化广场	永嘉路36号	FBC	5	31°12′42.16″N 121°27′43.59″E
HP10	上海音乐厅	延安东路523号	FBC	5	31°13′43.74″N 121°28′25.86″E
HP11	上海海关大楼	中山东一路13号	FDD	5	31°14′19.08″N 121°29′08.22″E
HP12	中山东一路12号大楼	中山东一路12号	FDD	5	31°14′17.16″N 121°29′08.70″E
HP13	外白渡桥	黄浦区、虹口区	FFA	5	31°14′40.74″N 121°29′06.96″E

续表

编号	名称	行政位置	资源类型	单体资源等级	地理位置
HP14	大世界旧址	西藏南路1号	FDD	5	31°13′49.26″N 121°28′27.54″E
HP15	豫园	安仁街218号	FAD	5	31°13′44.82″N 121°29′14.40″E
HP16	中山东一路2号大楼	中山东一路2号	FDD	5	31°14′09.18″N 121°29′12.30″E
HP17	上海市第一百货商店	南京东路830号	FAG	5	31°14′12.12″N 121°28′16.08″E
HP18	大光明电影院	南京西路216号	FBC	5	31°14′04.80″N 121°28′00.36″E
HP19	南浦大桥	黄浦区、浦东新区	FFA	5	31°12′26.60″N 121°30′04.01″E
HP20	人民广场历史文化风貌区	南京东路街道	FDC	5	31°14′09.24″N 121°28′06.96″E
HP21	十六铺	中山东二路东门路至新开河路	FFC	5	31°13′34.14″N 121°30′02.10″E
HP22	中共一大会址纪念馆	兴业路76号	FDD	5	31°13′31.14″N 121°28′12.47″E
HP23	孙中山故居	香山路7号	FDD	5	31°13′24.56″N 121°27′46.54″E
HP24	江南造船厂旧址	半淞园路街道	FDD	5	31°11′58.62″N 121°29′03.30″E
HP25	锦江饭店	茂名南路59号	FDD	5	31°13′21.30″N 121°27′20.28″E
HP26	8号桥创意产业园区	建国中路8~10号	FAZ	5	31°12′42.36″N 121°28′21.46″E

续表

编号	名称	行政位置	资源类型	单体资源等级	地理位置
HP27	人民广场	人民大道	FCI	4	31°13′53.52″N 121°28′13.20″E
HP28	中国银行大楼	中山东一路23号	FDD	4	31°14′30.18″N 121°29′08.22″E
HP29	中山东一路1号大楼	中山东一路1号	FDD	4	31°14′07.80″N 121°29′12.54″E
HP30	永安百货公司	南京东路635号	FAG	4	31°14′14.00″N 121°28′25.38″E
HP31	上海市第一食品商店	南京东路720号	FAG	4	31°14′12.96″N 121°28′20.22″E
HP32	上海时装商店	南京东路650~690号	FAG	4	31°14′14.10″N 121°28′25.38″E
HP33	上海大剧院	人民大道300号	FBC	4	31°13′49.62″N 121°28′01.56″E
HP34	上海杜莎夫人蜡像馆	南京西路2~68号	FAE	4	31°14′12.18″N 121°28′09.42″E
HP35	上海城市规划展示馆	人民大道100号	FAE	4	31°13′59.64″N 121°28′16.74″E
HP36	上海美术馆	南京西路325号	FAE	4	31°14′00.24″N 121°27′59.22″E
HP37	黄浦公园	中山东一路500号	FAD	4	31°14′39.42″N 121°29′13.74″E
HP38	老城厢历史文化风貌区	豫园街道、老西门街道、小东门街道	FDC	4	31°13′54.03″N 121°29′15.69″E
HP39	外滩气象信号台	中山东二路1号甲	FDD	4	31°14′06.30″N 121°29′16.50″E
HP40	外滩陈毅塑像	中山东一路	FCK	4	31°14′28.08″N 121°29′09.12″E
HP41	董家渡天主堂	董家渡路175号	FAC	4	31°12′59.16″N 121°29′59.76″E
HP42	汉口路193号大楼	汉口路193号	FDD	4	31°14′17.04″N 121°28′54.24″E
HP43	中山东一路19号大楼	中山东一路19号	FDD	4	31°14′26.59″N 121°29′07.27″E

续表

编号	名称	行政位置	资源类型	单体资源等级	地理位置
HP44	西藏南路123号大楼	西藏南路123号	FDD	4	31°13′45.66″N 121°28′03.18″E
HP45	中山东一路33号花园住宅	中山东一路33号	FDD	4	31°14′39.48″N 121°29′07.08″E
HP46	徐光启故居	乔家路238号	FDD	4	31°13′11.22″N 121°29′24.30″E
HP47	上海新天地	太仓路181弄	FDB	4	31°13′16.96″N 121°28′28.29″E
HP48	卢浦大桥	黄浦区、浦东新区	FFA	4	31°12′56.32″N 121°27′25.56″E
HP49	花园饭店	茂名南路58号	FDD	4	31°13′17.04″N 121°27′20.46″E
HP50	韬奋纪念馆	重庆南路205弄53号、54号	FDD	4	31°12′57.69″N 121°27′59.51″E
HP51	大韩民国临时政府旧址	马当路306弄4号	FDD	4	31°13′08.93″N 121°28′12.58″E
HP52	周公馆	思南路73号	FDD	4	31°12′57.78″N 121°27′50.17″E
HP53	瑞金宾馆	瑞金二路118号	FDD	4	31°12′33.61″N 121°27′25.62″E
HP54	复兴公园	复兴中路516号	FAD	4	31°12′30.18″N 121°27′27.78″E
HP55	步高里	陕西南路287弄	FDC	4	31°13′03.90″N 121°27′17.52″E
HP56	兰心大戏院	茂名南路57号	FBC	4	31°12′51.78″N 121°27′23.18″E
HP57	科学会堂历史建筑	南昌路47号	FAA	4	31°13′12.25″N 121°27′47.12″E
HP58	《新青年》编辑部旧址	南昌路100弄2号	FDD	4	31°13′16.38″N 121°27′50.88″E
HP59	陕南邨	陕西南路157~187号	FDC	4	31°12′56.26″N 121°27′22.80″E
HP60	淮海坊	淮海中路927弄	FDC	4	31°13′25.26″N 121°28′31.86″E

续表

编号	名称	行政位置	资源类型	单体资源等级	地理位置
HP61	玫瑰婚典	黄浦区	HDA	4	无
HP62	思南公馆	思南路51～59号	FDD	4	31°12′52.43″N 121°28′04.99″E
HP63	光明中学历史建筑	西藏南路181号	FAA	3	31°13′41.52″N 121°28′34.53″E
HP64	人民公园	南京西路231号	FAD	3	31°14′03.96″N 121°27′59.88″E
HP65	上海老城隍庙	方浜中路249号	FAC	3	31°13′40.20″N 121°29′16.74″E
HP66	江西中路200号大楼	江西中路200号	FDD	3	31°14′15.12″N 121°28′58.74″E
HP67	南京西路150号大楼	南京西路150号	FDD	3	31°14′07.68″N 121°28′03.18″E
HP68	沐恩堂	西藏中路316号	FAC	3	31°14′06.90″N 121°28′15.66″E
HP69	文庙	文庙路215号	FAC	3	31°13′10.14″N 121°29′00.90″E
HP70	圣三一堂	九江路219号	FAC	3	31°14′19.68″N 121°28′55.32″E
HP71	古城墙和大境道观	大境路239号	FAC	3	31°13′35.16″N 121°28′43.56″E
HP72	金门大酒店	南京西路108号	FDD	3	31°14′09.18″N 121°28′05.70″E
HP73	中山东一路3号大楼	中山东一路3号	FDD	3	31°14′10.55″N 121°29′12.30″E
HP74	中山东一路5号大楼	中山东一路5号	FDD	3	31°14′10.86″N 121°29′10.98″E
HP75	中山东一路6号大楼	中山东一路6号	FDD	3	31°14′12.45″N 121°29′10.59″E
HP76	中山东一路7号大楼	中山东一路7号	FDD	3	31°14′13.02″N 121°29′09.78″E
HP77	中山东一路9号大楼	中山东一路9号	FDD	3	31°14′14.88″N 121°29′09.46″E
HP78	中山东一路15号大楼	中山东一路15号	FDD	3	31°14′22.74″N 121°29′07.86″E

续表

编号	名称	行政位置	资源类型	单体资源等级	地理位置
HP79	中山东一路16号大楼	中山东一路16号	FDD	3	31°14′24.00″N 121°29′07.86″E
HP80	中山东一路17号大楼	中山东一路17号	FDD	3	31°14′24.42″N 121°29′07.68″E
HP81	中山东一路18号大楼	中山东一路18号	FDD	3	31°14′24.90″N 121°29′07.56″E
HP82	中山东一路24号大楼	中山东一路24号	FDD	3	31°14′30.60″N 121°29′07.92″E
HP83	中山东一路26号大楼	中山东一路26号	FDD	3	31°14′31.22″N 121°29′07.95″E
HP84	中山东一路27号大楼	中山东一路27号	FDD	3	31°14′33.36″N 121°29′08.04″E
HP85	中山东一路28号大楼	中山东一路28号	FDD	3	31°14′34.33″N 121°29′08.76″E
HP86	中山东一路29号大楼	中山东一路29号	FDD	3	31°14′35.34″N 121°29′08.76″E
HP87	福州路文化用品街	福州路	FDB	3	31°14′05.58″N 121°28′29.94″E
HP88	乍浦路桥	黄浦区、虹口区	FFA	3	31°14′45.00″N 121°28′59.46″E
HP89	延安东路143号大楼	延安东路143号	FDD	3	31°14′44.03″N 121°29′50.75″E
HP90	广场公园	黄浦区、静安区	FAD	3	31°13′30.43″N 121°28′07.79″E
HP91	沉香阁	沉香阁路29号	FAC	3	31°13′44.22″N 121°29′07.56″E
HP92	三山会馆旧址	中山南路1551号	FDF	3	31°12′26.82″N 121°29′28.44″E
HP93	小桃园清真寺	小桃园街52号	FAC	3	31°13′22.44″N 121°29′06.24″E
HP94	逸夫舞台	福州路701号	FBC	3	31°14′02.04″N 121°28′22.80″E
HP95	东台路	东台路	FDB	3	31°13′49.21″N 121°28′46.15″E

续表

编号	名称	行政位置	资源类型	单体资源等级	地理位置
HP96	田子坊	泰康路210弄	FAZ	3	31°12′34.65″N 121°27′51.74″E
HP97	中国社会主义青年团中央机关旧址	淮海中路567弄6号	FDD	3	31°13′20.23″N 121°27′50.29″E
HP98	国泰电影院	淮海中路870号	FBC	3	31°13′16.38″N 121°27′33.30″E
HP99	江南造船博物馆	鲁班路600号2楼	FAE	3	31°11′59.64″N 121°28′17.76″E
HP100	中华职业教育社旧址	雁荡路80号	FDD	3	31°13′14.40″N 121°27′57.60″E
HP101	丰子恺旧居	陕西南路39弄93号	FDD	3	31°13′12.96″N 121°27′27.64″E
HP102	绍兴路	绍兴路	FDB	3	31°13′24.54″N 121°28′32.76″E
HP103	尚贤坊	淮海中路358弄	FDC	3	31°13′29.85″N 121°28′05.20″E
HP104	万宜坊	重庆南路205弄	FDC	3	31°12′58.75″N 121°27′58.77″E
HP105	重庆公寓	重庆南路185号	FDA	3	31°13′02.99″N 121°27′59.98″E
HP106	申报馆	汉口路309号	FDD	3	31°14′15.18″N 121°29′47.44″E
HP107	太平桥绿地	黄陂南路、湖滨路	FAD	3	31°13′57.24″N 121°28′24.49″E
HP108	淮海公园	淮海中路177号	FAD	3	31°13′13.42″N 121°27′33.30″E
HP109	福佑路清真寺	福佑路378号	FAC	3	31°13′47.52″N 121°29′30.00″E
HP110	茂名南路	茂名南路	FDB	3	31°13′08.88″N 121°28′23.82″E
HP111	法租界公董局旧址	淮海中路381号	FDD	3	31°13′27.54″N 121°28′04.44″E
HP112	金谷邨	绍兴路18弄	FDC	3	31°13′24.54″N 121°28′32.76″E

续表

编号	名称	行政位置	资源类型	单体资源等级	地理位置
HP113	历峰双墅	淮海中路 796 号	FDD	3	31°13′12.78″N 121°27′31.32″E
HP114	中国科学社暨明复图书馆旧址	陕西南路 235 号	FDD	3	31°12′32.52″N 121°27′42.15″E
HP115	培文公寓	淮海中路 449 号	FDA	3	31°13′17.93″N 121°28′15.95″E
HP116	南昌大楼	南昌路 294～316 号	FDA	3	31°13′00.86″N 121°27′44.41″E
HP117	长乐邨	陕西南路 39 弄	FDC	3	31°13′12.96″N 121°27′27.64″E
HP118	法租界霞飞路巡捕房旧址	淮海中路 235 号	FDD	3	31°13′24.87″N 121°28′31.63″E
HP119	南园滨江绿地	龙华东路 800 号	FAD	3	31°11′45.60″N 121°28′12.90″E
HP120	五卅运动纪念碑	南京西路	FCH	2	31°14′08.76″N 121°28′08.10″E
HP121	上海科技馆自然博物分馆	延安东路 260 号	FAE	2	31°14′00.24″N 121°29′00.66″E
HP122	上海市工人文化宫	西藏中路 120 号	FAE	2	31°13′57.36″N 121°28′22.68″E
HP123	四明公所牌楼	人民路 830 号	FDD	2	31°13′38.94″N 121°28′43.38″E
HP124	《中国青年》编辑部旧址	淡水路 66 弄 2～6 号	FDD	2	31°13′33.10″N 121°28′18.25″E
HP125	若瑟堂	四川南路 36 号	FAC	2	31°13′58.08″N 121°29′10.44″E
HP126	清心堂	大昌街 30 号	FAC	2	31°12′54.00″N 121°29′26.70″E
HP127	老码头创意园	中山南路 479 弄	FAZ	2	31°13′17.76″N 121°30′02.10″E
HP128	上海老街	方浜中路	FDB	2	31°13′34.56″N 121°29′04.44″E
HP129	四川路桥	黄浦区、虹口区	FFA	2	31°14′43.38″N 121°28′53.28″E

续表

编号	名称	行政位置	资源类型	单体资源等级	地理位置
HP130	新城饭店	江西中路180号	FDD	2	31°14′13.86″N 121°28′58.98″E
HP131	蓬莱公园	南车站路350号	FAD	2	31°12′24.84″N 121°29′13.62″E
HP132	古城公园	人民路333号	FAD	2	31°13′49.50″N 121°29′19.86″E
HP133	海上白云观	大境路239号	FAC	2	31°13′36.06″N 121°28′45.84″E
HP134	诸圣堂	复兴中路425号	FAC	2	31°13′03.16″N 121°28′09.26″E
HP135	九子公园	成都北路南苏州路	FAD	1	31°14′30.84″N 121°27′33.60″E
HP136	法藏讲寺	吉安路271号	FAC	1	31°13′21.47″N 121°28′13.34″E
HP137	丽蒙绿地	丽园路蒙自路口	FAD	1	31°12′31.86″N 121°28′21.72″E
HP138	绍兴公园	绍兴路62号	FAD	1	31°12′40.44″N 121°27′32.40″E
HP139	圣伯多禄天主堂	重庆南路270号	FAC	1	31°12′55.56″N 121°27′56.58″E
HP140	君王堂	巨鹿路361号	FAC	1	31°13′29.10″N 121°27′19.68″E
HP141	惠中堂	徐家汇路40号	FAC	1	31°12′46.38″N 121°28′35.88″E

上海旅游资源图志

旅游资源单体

名称：**外滩历史文化风貌区**
编号：HP01
资源类型：FDC
单体资源等级：5
行政位置：黄浦区、虹口区
地理位置：31°13′53.52″N
　　　　　121°28′13.20″E

黄浦区
HUANGPUQU

性质与特征：

外滩历史文化风貌区南起延安东路，北至天潼路—大名路—闵行路，东临黄浦江，西接河南中路—河南北路，其主体部分大致相当于清道光二十八年（1848年）以前最初划定的上海英租界，即后来上海公共租界中区的东半部，占地面积共101万平方米，涉及黄浦、虹口两个区。

外滩（The Bund）最初是黄浦江边一条被船夫和苦工用泥足踏出的沿江弧形纤道，又名黄浦滩，因其位于上海县城厢之外，后人图方便俗称为外滩。上海开埠以后成为英租界，早期多为砖木结构的英国乡村建筑，19世纪末出现仿文艺复兴时期的建筑，以后的建筑开始改为钢筋混凝土结构，三层到七层居多。1920～1937年，怡和、

外滩历史文化风貌区之一

外滩历史文化风貌区之二

外滩历史文化风貌区之三

汇丰、江海关、沙逊等11幢八层以上的大厦建成，均为早期现代派建筑。这些建筑体量大、气派豪华、装饰富丽堂皇、设施完善。至今沿江1.5千米地带仍然保留了世界各国不同时期多种风格的20多幢建筑，被誉为"万国建筑博览会"。这些历史建筑构成了上海独特的城市轮廓线，也是上海城市的标志性建筑。

旅游区域及进出条件：

外滩历史文化风貌区位于黄浦江畔外滩沿岸。交通便利，公交33路、55路、65路等多条线路以及轨道交通2号线、10号线等可到达。

保护与开发现状：

对外开放。外滩历史文化风貌区2003年被上海市城市规划管理局（现上海市规划和国土资源局）划定为上海市中心城区历史文化风貌区。上海外滩建筑群1996年被国务院列为全国重点文物保护单位。

名称：**南京东路**
编号：HP02
资源类型：FDB
单体资源等级：5
行政位置：南京东路
地理位置：31°14′12.12″N
　　　　　121°28′16.08″E

性质与特征：

南京东路是上海十大商业中心之一，有"中华商业第一街"之称，位于上海市中心，东起外滩中山东一路，西至西藏中路，全长1 599米。其中的河南中路以西部分，1999年改建为全天候步行街——南京路步行街，全长1 033米。

南京东路是清道光二十三年（1843年）上海开埠后由英租界扩张而逐渐形成的。清道光二十五年（1845年）从黄浦滩向西延伸到界路（今河南中路）以东。清道光二十八年（1848年），租界的西界推进到

南京东路之一

南京东路之二

现在的西藏中路。清道光三十年（1850年），麟瑞洋行大班霍格（W. Hogg）伙同魏勃（E. Webb）等五人组织跑马总会，将五圣庙（今为丽华百货公司）附近的5.3万平方米的土地辟作花园，在花园南处设"抛球场"，又围着花园筑成一条跑马道，即老花园跑马场。外滩通往跑马场的小道被称为派克弄（Park lane），又叫花园弄（Garden lane）。跑马场开张后，商贩逐利，争相趋至，地皮价格上涨。跑马总会便卖出第一跑马场，于清咸丰五年（1855年）在今西藏中路以东、湖北路以西建成第二跑马场，时称"新花园"。由此，这一地段也繁华起来了。清同治元年（1862年），跑马总会将新花园的土地分块高价出售，次年建成跑马厅，其位置在今人民广场、体育大厦、上海美术馆和人民公园处。同年，扩建后的花园路成为租界交通主干道，人们称为大马路或英大马路。在今西藏中路以西至静安寺辟筑一条长2英里（约3.22千米）的跑马路，名涌泉路，又叫静安寺路（今南京西路）。清同治四年（1865年），大马路被命名为南京路。

清光绪六年（1880年），洋广杂货店大户恒昌甡、兴昌祥等开始经营批发业务。至清光绪三十二年（1906年），南京路有洋广杂货、洋布绸缎、衣庄、银楼、茶食等30余个行业的商店184家。1914年，第一次世界大战爆发后，中国民族工商业因各帝国主义国家忙于大战而得到较大的发展。随着南京路的日趋繁荣，老城厢里的大纶、老九章、老九和等绸缎局，以及费文元银楼等陆续搬到南京路。20世纪30年代初，新雅粤菜馆、建华瓷器商店、培罗蒙西服店、吴良材眼镜店、大昌祥绸布店等商号竞相在南京路择地造房开业。据统计，1938年，南京路商号有277户。1947年，南京路有门面记载的商号达340户。因此，南京东路的商业进一步得到发展。

1999年，经改建，全长1 033米的"南京路步行街"被确定为"都市时尚"主题路段。北侧4.2米宽为深红色花岗石铺成的步道（又称"金带"），沿途布设花坛、街灯、电话亭、服务亭、雕塑、座椅等。南侧为7米宽的电动观光车道。步行街中段辟有8 800平方米的"世纪广场"，设"金舞台"和LED背景屏等。步行街两侧特色店、名品店、老字号店等相拥。入夜时分，步行街流光溢彩、繁华旖旎。

旅游区域及进出条件：

南京东路位于上海市中心，东起中山东一路，西至西藏中路。交通便利，公交14路、20路、37路等多条线路以及轨道交通1号线、2号线、8号线、10号线等可到达。

保护与开发现状：

对外开放。

名称：黄浦江
编号： HP03
资源类型： BAA
单体资源等级： 5
行政位置： 上海市
地理位置： 31°23′17.62″N
　　　　　　121°31′02.54″E

性质与特征：

黄浦江是上海市最大的河流，全长约113千米，河宽300～700米，终年不冻，流域面积2.4万平方千米，为上海地区的重要水道。黄浦江始于上海市青浦区朱家

黄浦江之一

角镇的淀山湖,在吴淞口注入长江,是长江入海之前的最后一条支流。其上游分段为拦路港、泖河、斜塘、横潦泾、竖潦泾,至松江米市渡以下始称黄浦江。南宋时期出现记载,曾名黄浦塘、黄浦港、黄浦、大黄浦,清代始称黄浦江,别名黄龙浦、黄歇浦、春申浦等。黄歇浦、春申浦等名称皆因后人附会黄浦江是战国时期春申君黄歇开凿的而得名。历史上黄浦江曾是吴淞江(苏州河)的支流,经过明代"黄浦夺淞"之后,苏州河反而成为了黄浦江的最大支流。

黄浦江上游接纳太湖流出的诸河,是太湖向东海泄水的主要通道。主要支流包括吴淞江、蕰藻浜、川杨河、淀浦河、大治河、斜塘、园泄泾、大泖港。浦东、浦南地区临海,以川杨河、大治河、金汇港、紫竹塘等河道引黄浦江水灌溉当地土地。

黄浦江是上海的母亲河,是上海生活用水、工业用水的主要水源,它具有航运、排洪、灌溉、渔业、旅游、调节气候等综合功能。黄浦江曾是上海航运业的核心水道,市区段水深10米左右,最深处17米左右;其水面宽、深度大,码头岸线长达10千米。

沿岸先后建起百余个客货码头，包括万吨级深水泊位50多个，还有著名的十六铺码头等。现在巨潮港（奉贤西北部）至吴淞口段航道深度仍维持在8.2米以上，松浦大桥以下常年通行3 000吨级海轮，2万吨级海轮可抵吴泾，5万吨级海轮可通过徐浦大桥。

黄浦江流经市区时将上海分割为浦西和浦东两部分，上海外滩建筑群和陆家嘴建筑群夹岸雄峙，沿江有南浦大桥、杨浦大桥、卢浦大桥、徐浦大桥、东方明珠广播电视塔、金茂大厦、黄浦公园、世博会园区等都市景观，江底横卧有外滩观光隧道。坐船夜游黄浦江，两岸风光尽收眼底，此为都市旅游的经典项目。

旅游区域及进出条件：

黄浦江位于上海市中部，贯穿上海市，流经青浦区、松江区、奉贤区、闵行区、徐汇区、黄浦区、虹口区、杨浦区、浦东新区、宝山区。沿岸有多种公共交通方式可到达。

保护与开发现状：

对外开放。近年来，黄浦江的水质条件明显改善，已开通水上旅游项目。

黄浦江之二

苏州河之一

名称：**苏州河**

编号：HP04

资源类型：BAA

单体资源等级：5

行政位置：上海市

地理位置：31°14′40.52″N
　　　　　121°29′10.84″E

性质与特征：

苏州河（又名吴淞江）是上海境内仅次于黄浦江的第二大河，源出太湖瓜泾口，流经吴江、苏州、吴县、昆山、嘉定、青浦等地。苏州河全长125千米，平均河宽40～50米，平均流量10立方米/秒，低水位时水深2米。因发源于苏州松陵地区故称"淞江"；因流经吴国境内又称"吴淞江"。清道光二十八年（1848年），上海道台与英国驻沪领事在签定扩大英国租界协议时第一次正式把"吴淞江"称为"苏州河"。

苏州河是上海市区以及上海通往苏南的重要航道。19世纪末至20世纪上半叶，上海城区的苏州河段先后修建了18座桥梁。自外白渡桥以西主要有：乍浦路桥、四川路桥、河南路桥、福建路桥、浙江路桥、西藏路桥等，这些桥有着浓郁的欧洲城市拱桥风格。

苏州河沿岸有大量的优秀历史建筑，如外白渡桥、中国造币厂（现上海造币博物馆）、英国领事馆（今中山东一路33号花园住宅）、河滨公寓、上海总商会（今上海电子元件研究所南楼）等。

旅游区域及进出条件：

苏州河在外白渡桥附近注入黄浦江。沿岸有多种公共交通方式可到达。

保护与开发现状：

对外开放。近年来苏州河加强环境治理，水环境质量明显改善，并且正在发展水上旅游项目。

名称：**淮海路**

编号：HP05

资源类型：FDB

单体资源等级：5

行政位置：黄浦区、徐汇区、长宁区

地理位置：31°13′12.81″N
　　　　　121°27′25.03″E

性质与特征：

淮海路是上海地区重要的东西向交通干道。广义的淮海路共包括三段：东段为淮海东路，东起人民路，西迄西藏南路，长373米；西段为淮海西路，东起华山路，西迄虹桥路、凯旋路交汇处，长1 506米；东西段之间的中段为淮海中路。狭义的淮海路专指中段的淮海中路，东起西藏南路，西至华山路，全长5 500米。淮海东路是黄浦区的一条街道，原为四明公所地产，清同治元年（1862年）被划入法租界内，后

苏州河之二

从四明公所地产中让出一小部分开辟宁波路（淮海东路）。淮海西路原名乔敦路，开辟于1925年，是最后一批的上海公共租界越界筑路。淮海东路和淮海西路都是长度较短的僻静马路，与繁华的淮海中路大不相同。

淮海中路有"东方香榭丽舍大街"之称，是上海市区的东西干道，曾属法租界。淮海中路街道宽直，道路两边的建筑讲究艺术风格，道路两侧均种植法国梧桐树，极具欧陆风情，为上海繁华高雅的商业街区，堪与巴黎香榭丽舍、纽约第五大道、东京银座等世界著名商业街相媲美。淮海中路跨黄浦区、徐汇区和长宁区3个区，是上海著名的商业街之一，街上日平均客流量约100万人次。清光绪二十六年（1900年）法租界越界筑路，初名叫"西江路"；不久以法租界公董局总董宝昌之名，改称为"宝昌路"；1915年，又以法国将军霞飞之名命名为"霞飞路"。1943年改为"泰山路"。1945年再以国民政府元老林森之名，改为"林森中路"。1950年5月，为纪念淮海战役胜利，又一次改名为"淮海中路"。

20世纪初，淮海路的道路及其两边的建筑都带有法兰西格调的欧陆风情，1920～1930年，一批俄国侨民迁入此处。从此，在淮海路中段逐渐形成了既繁华又富有浓郁异国情调的商业街。在这里，开设了崇尚法国文化、精致又高雅的商铺，以东方巴黎时尚街闻名遐迩，营造出了淮海路区域独具魅力的生活样式，吸引了诸多文化精英和新思潮者。21世纪初，上海市政府对淮海中路进行改造，一方面对20世纪的经典建筑进行保护性开发，另一方面又在淮海路东段建立起一批摩天高楼，引进了一大批世界500强企业，打造出世界级商业街。

淮海中路可分为三段。西藏南路—重

淮海路

庆南路，为东段高级商务圈，云集了诸如香港广场、上海广场等高档写字楼和百脑汇、赛博等电脑广场。在这一段，规模较大的商厦有太平洋百货淮海店和大上海时代广场等。陕西南路—重庆南路，为中段高档商业圈，两侧的商店装潢讲究、陈设高雅。百盛、巴黎春天等时尚百货商店供应高档流行的商品和品牌服饰，质优价昂，奢华气息尽显。此外，还有上海市妇女用品商店、古今胸罩公司、全国土特产食品公司等名特商店。陕西南路—华山路，为西段高档商业住宅区，除陕西南路—常熟路有繁华的商业氛围外，街道两侧为宁静安详的高档小区和人文景观所替代。纵观整条淮海中路，其中最繁华的是常熟路至西藏南路组成的长达2 000多米的区间段。

旅游区域及进出条件：

淮海路位于上海市中心，跨黄浦、徐汇、长宁3个区，东起人民路，西至虹桥路与凯旋路交汇处。交通便利，公交23路、26路、42路等多条线路以及轨道交通1号线、7号线、8号线、10号线等可到达。

保护与开发现状：

对外开放。淮海中路商业街通过形态改造、功能开发和结构调整，陆续引进了一批著名品牌；通过内光外透、架空线入地和景观灯光改造等工程，使得淮海中路的夜景更加绚丽。

名称：上海博物馆

编号： HP06

资源类型： FAE

单体资源等级： 5

行政位置： 人民大道201号

地理位置： 31°13′50.64″N
　　　　　　121°28′13.86″E

性质与特征：

上海博物馆为大型中国古代艺术博物馆，始建于1952年；新馆1996年建成开放，占地面积1.1万平方米，建筑面积3.92万平方米，地下二层，地上五层，高29.5米，

上海博物馆之一

总投资5.7亿元。

上海博物馆新馆是方体基座与圆形出挑相结合的建筑造型，寓意中国"天圆地方"的传统观念，视觉效果独特。馆名"上海博物馆"系陈毅所书。上海博物馆设11个专馆。一楼为中国古代青铜馆、中国古代雕塑馆和展览厅；二楼为中国古代陶瓷馆、暂得楼陶瓷馆和展览厅；三楼为中国历代书法馆、中国历代绘画馆、中国历代玺印馆；四楼为中国历代玉器馆、中国历代钱币馆、中国明清家具馆、中国少数民族工艺馆和展览厅。另外，还设有3个临时展览厅。馆内珍藏文物12.8万件，收藏古代艺术珍品21个门类，其中，尤以青铜器、陶瓷器和历代书画为特色。上海博物馆的青铜器主要是晚清以来江南几位收藏大家的一批流传于世的名品，如著名的大克鼎。陶瓷收藏也集中了江南的大部分精品，史前时代的良渚文化细刻陶器为罕见之品。历代书画收藏则素有江南半壁江山之说，藏品

之精享有盛誉。上海博物馆还不定期地展出世界各地的珍藏。

旅游区域及进出条件：

上海博物馆位于人民广场南侧。交通便利，公交46路、71路、145路等多条线路以及轨道交通1号线、2号线、8号线等可到达。

保护与开发现状：

对外开放。1997年被中共中央宣传部命名为全国爱国主义教育示范基地。2001年被全国旅游景区质量等级评定委员会评为国家AAAA级旅游景区。现为上海市爱国主义教育基地。

名称：和平饭店

编号：HP07

资源类型：FDD

单体资源等级：5

行政位置：中山东一路20号

地理位置：31°14′27.72″N
　　　　　121°29′07.20″E

性质与特征：

和平饭店是上海近代建筑史上第一幢现代派建筑，旧称华懋饭店（Cathay Hotel），由当时富甲一方的英籍犹太人爱利斯·维克多·沙逊（Victor Sassoon）建造，也称沙逊大厦。占地面积4617平方米，建筑面积3.63

上海博物馆之三

万平方米，建于 1929 年。大楼高 77 米，共十二层。外墙采用花岗石块砌成，外观为垂直线条，外墙第九层及顶层采用泰山石面砖，余皆花岗石砌筑，腰线及檐部饰有花纹雕刻，以东立面绿色铜护套金字塔形四方攒尖屋顶为最大特色。大门紫铜皮饰面。由旋转厅门而入，大堂地面用乳白色意大利大理石铺成，装有古铜镂花吊灯，豪华典雅，素有"远东第一楼"的美誉。饭店落成以后，名噪上海，以豪华著称，主要接待金融界、商贸界和各国社会名流。1956 年更名为和平饭店。2007 年停业改造，2010 年重新开业，中文名称保留了"和平饭店"，英文名称更改为"Fairmont Peace Hotel"（费尔蒙和平饭店）。共有各类房间 270 间（套）。饭店最具特色之处是拥有九国特色套房及别具特色的餐厅、宴会厅、多功能厅和酒吧、屋顶观光花园等。尤其因每晚的和平饭店老年爵士乐队演出而

和平饭店之一

和平饭店之二

闻名遐迩。

旅游区域及进出条件：

和平饭店位于南京东路外滩段。交通便利，公交 20 路、33 路、55 路等多条线路以及轨道交通 2 号线、10 号线等可到达。

保护与开发现状：

现为酒店用房。1989 年被上海市人民政府列为上海市优秀历史建筑。

名称：国际饭店

编号：HP08

资源类型：FDD

单体资源等级：5

行政位置：南京西路 170 号

地理位置：31°14′07.56″N
　　　　　121°28′01.62″E

性质与特征：

国际饭店是一家历史悠久的豪华饭店，由上海本地四家银行联合投资，匈牙利籍著名装饰艺术运动建筑设计师邬达克（Ladislaus Edward Hudec，1893~1958 年）设计，陶馥记营造厂承包建筑工程，建于 1931 年，1934 年 12 月竣工并开业，是当时由华人经营的高档饭店。国际饭店占地面积 1 179 平方米，总建筑面积 1.56 万平方米，地上二十二层，地下两层，地上高度 83.8 米。在 1952 年之前，国际饭店一直是"远东第一高楼"，并且长期是中国第一高楼桂冠的保持者，直至 1968 年广州建成广州宾馆。

国际饭店采用了钢框架结构，外墙使用深褐色面砖及竖线条处理，顶部层层收进，显示出强烈的立体感。底层到三层镶贴黑色花岗石，四层以上镶贴棕色泰山面砖；在第二、第三层和第十四层以巨型圆角玻璃镶贴。1998 年，国际饭店进行了重新装修，恢复了饭店内部的原有风格。现拥有 208 套客房，其中标准间每间约 24 平方米，部分客房仍保留饭店最初的风格。

1950 年，国际饭店楼顶中心旗杆被确立为"上海城市坐标原点"，1997 年在楼顶中心旗杆正下方的大堂内标记"上海城市坐标原点（副点）"。

旅游区域及进出条件：

国际饭店邻近人民公园。交通便利，公交 18 路、20 路、37 路等多条线路以及轨道交通 1 号线、2 号线、8 号线等可到达。

保护与开发现状：

对外开放。1989 年被上海市人民政府列为上海市优秀历史建筑。2006 年被国务院列为全国重点文物保护单位。

国际饭店

名称：上海文化广场

编号：HP09

资源类型：FBC

单体资源等级：5

行政位置：永嘉路36号

地理位置：31°12′42.16″N
　　　　　121°27′43.59″E

性质与特征：

　　上海文化广场前身是20世纪二三十年代著名的法商赛跑会，即逸园跑狗场，场内能容纳20 000余人，号称"远东第一大赌场"，并配有为赌客服务的旅馆、舞厅和露天电影院等。1952年4月改扩建后称为"文化广场"，成为当时上海各种设施比较完备的群众政治文化活动中心场所。此后，它又成为上海重要的政治集会场所，文革期间更是盛极一时。1969年12月毁于大火。1970年春，周恩来总理亲笔批示重建文化广场。1973年5月，朝鲜平壤歌剧院在文化广场公演大型歌剧《卖花姑娘》，成为一代人挥之不去的时代"烙印"。1997年后改建为精文花市，成为华东地区较大的花卉交易市场。

　　2005年上海文化广场再次改建，2011年竣工。新建的上海文化广场周围是大型开放式的公共绿地，中间主体建筑为以演音乐剧为主的多功能地下剧场，建筑面积6.5万平方米（其中5.7万平方米在地下），观众席2 010座，是目前世界上最大、最深、座位最多的地下剧场。其舞台不仅有平移、推拉、旋转的功能，还有在国内首创的喷水、制冰装置，高科技手段将融合于音乐剧的创作之中。剧场南面起伏的草坪上，还有一个室外舞台。

旅游区域及进出条件：

　　上海文化广场东接茂名南路，西靠陕西南路，北邻复兴中路，南以永嘉路为界。交通便利，公交24路、41路、96路等多条线路以及轨道交通1号线、10号线等可到达。

保护与开发现状：

　　对外开放。

上海文化广场

上海音乐厅

名称：上海音乐厅

编号： HP10

资源类型： FBC

单体资源等级： 5

行政位置： 延安东路523号

地理位置： 31°13′43.74″N
121°28′25.86″E

性质与特征：

上海音乐厅是中国第一家音乐厅，建于1930年，原名南京大戏院，1950年改名为北京电影院，1959年更名为上海音乐厅。为配合延安高架路的拓宽建设，2003年4月15日10：00，上海音乐厅开始进行平移工程，先在原地顶升1.7米，然后向东南移动66.46米，6月17日抵达新址。在新址处，上海音乐厅又往上顶升1.68米，最终完成平移工程。

上海音乐厅为欧洲建筑风格，其休息大厅有16根合抱的赭色大理石圆柱，气度不凡；观众厅的构图简洁规范，富有层次变化，色彩庄重淡雅。上海音乐厅的音响效果之佳，得到了建筑学家及中外艺术家的一致认同。大演出厅为长方形结构，观众席两层。表演区占地面积145平方米，台口高9米，两边各有75平方米的副台，升降乐池面积29.74平方米。备有2架斯坦威D-274三角钢琴，以及美国温格尔公司生产的合唱台阶、管乐台板、演奏员座椅、谱架等一系列设备。观众席在平移工程后由原来的1 122座调整为1 243座。多功能厅适合举办中型演出、讲座、发布会等。有5个观众休息厅，并配有衣帽寄存间、咖啡厅等服务设施。20世纪30年代，工部局交响乐团在此举办夏季音乐会，并先后有国外知名音乐家造访，如1933年6月，世界著名钢琴家莫什维支在此演出；1937年6月，著名钢琴家米罗维支、大提琴家皮亚斯特罗、低音提琴家约瑟苏斯特联袂登台演出；1942年10月，小提琴家阿德勒等来此演出。1949年后，则有小提琴家斯特恩、阿卡多、帕尔曼，钢琴家拉箩查等造访。费城交响乐团室内乐团、香港管弦乐团、中国交响乐团等也曾来此演出。

旅游区域及进出条件：

上海音乐厅位于人民广场以南，近西藏南路。交通便利，公交48路、71路、127路等多条线路以及轨道交通1号线、2号线、8号线、10号线等可到达。

保护与开发现状：

对外开放。1989年被上海市人民政府列为上海市文物保护单位和上海市优秀历史建筑。

名称：**上海海关大楼**

编号：HP11

资源类型：FDD

单体资源等级：5

行政位置：中山东一路13号

地理位置：31°14′19.08″N
121°29′08.22″E

性质与特征：

上海海关大楼占地面积5 695平方米，建筑面积3.92万平方米。1925年，由汇丰银行的设计者威尔逊设计。1927年落成。钢筋混凝土框架结构，外观为希腊新古典主义艺术风格。

大楼分东、西两部分，东部面对黄浦江，高十一层，主体建筑为八层，上面有三层高的四面钟楼；西部直达四川中路，高五层。大楼总高度约79.2米，是20世纪20年代上海外滩最高的建筑物。底层外墙用花岗石宽缝砌筑，其他各层用金山石贴面。大门的设计为古希腊神庙形式，4根经典的希腊多立克柱支撑起庞大的建筑，柱子上端为方形，柱头雕刻有花纹，给人以神圣不可侵犯的感觉。入口大厅的藻井以彩色马赛克相拼的帆影海事图案为饰，十分精美。建筑物上部具有装饰艺术派建筑特色。上海海关大楼钟楼上的大钟钟面直径5.4米，分针长3.17米，时针长2.3米，为当时的亚洲之最，也是世界著名大钟之一。

旅游区域及进出条件：

上海海关大楼位于汉口路外滩段。交通便利，公交33路、42路、55路等多条线路以及轨道交通2号线、10号线等可到达。

保护与开发现状：

现为机构用房。1989年被上海市人民政府列为上海市优秀历史建筑。

名称：中山东一路12号大楼

编号： HP12

资源类型： FDD

单体资源等级： 5

行政位置： 中山东一路12号

地理位置： 31°14′17.16″N
　　　　　　121°29′08.70″E

性质与特征：

中山东一路12号大楼（原香港上海汇丰银行）是当时外滩地区占地广、门面宽、体形大的建筑，占地面积9 338平方米，建筑面积2.34万平方米，建成于1923年。1995年改由上海浦东发展银行使用。

香港上海汇丰银行由苏格兰人托玛斯·萨瑟兰德（Thomas Sutherland）于1864年在香港发起，1865年3月3日正式在香港创立，同年4月在上海的分行开始营业。

香港上海汇丰银行最初是为在华的外国企业（以英资为主）提供金融服务。到了20世纪初，汇丰银行已经成为远东地区第一大银行。由汇丰银行经手买卖的外汇经常占上海外汇市场成交量的60%～70%。香港上海汇丰银行1921年5月在现址建造大楼，委托英资建筑设计机构公和洋行（Palmer & Turner Architects and Surveyors）设计，英商德罗·可尔洋行承建。香港上海汇丰银行是西方新古典主义建筑艺术风格的杰作，被称为"从苏伊士运河到远东白令海峡最讲究的建筑"。

大楼主体为钢筋混凝土框架结构，外形模仿古典砖石结构，外贴花岗岩石材，既坚固稳重，又典雅大方。大楼平面接近正方形，在当时为远东最大、世界第二大银行建筑，仅次于英国苏格兰银行大楼。楼高五层，中部隆起部分为七层。正门到圆顶为纵轴线，两侧形成对称，外立面横三段、纵三段划分。底层大门口为3个罗马式石拱券，两侧饰以柱灯。大楼第二层

中山东一路12号大楼之一

中山东一路12号大楼之二

外白渡桥

到第四层贯以6根罗马式科林斯柱。科林斯柱式出现在古希腊时期商业繁荣的科林斯城，其装饰性更强，柱头用一束毛茛叶和花蔓作装饰，形似盛满花草的花篮，雕刻华美，是"富豪"的象征。屋顶为仿古罗马"万神庙"穹顶，周围有方柱，最顶端为巴洛克式尖塔，整个顶部犹如巨大的皇冠。大楼兴建时，向英国订购了两尊青铜狮，安放于大楼正门前作为镇兽，现已成为汇丰银行的重要象征物。此外，大门内八角亭上部展现的8座世界名城标志性建筑的穹顶马赛克壁画以及大楼内堂28根高13米的意大利天然大理石柱都成为稀世珍宝。

旅游区域及进出条件：

中山东一路12号大楼位于福州路外滩段。交通便利，公交33路、42路、55路等多条线路以及轨道交通2号线、10号线等可到达。

保护与开发现状：

现为机构用房。1989年被上海市人民政府列为上海市优秀历史建筑。

名称：外白渡桥
编号：HP13
资源类型：FFA
单体资源等级：5
行政位置：黄浦区、虹口区
地理位置：31°14′40.74″N
　　　　　121°29′06.96″E

性质与特征：

外白渡桥是上海地区的标志性建筑之一，为一座全钢结构铆接桥梁，所有钢材皆从英国进口，由英国工程技术人员完成桥梁设计，由上海公共租界工部局主持修造，清光绪三十三年（1907年）交付使用。

外白渡桥是上海市区连接沪北、沪东的重要渡口通道。清咸丰六年（1856年）建木桥，名"威尔斯桥"，桥长137.25米，宽7.015米，中间设活动桥面，船只驶过时须起吊桥面，华人过桥须交"过桥税"。清光绪二年（1876年），在威尔斯桥侧畔造木质浮桥，因毗邻外滩公园而被称为"花园桥"，又因免费过桥，百姓称之为"外摆渡桥"、"外白渡桥"。清光绪三十三年（1907年），外白渡桥在原址改建为全钢新桥。其上部结构为下承式简支铆接钢桁架，下部结构为木桩基础钢筋混凝土桥台和混凝土空心薄板桥墩，桥下两孔，桥下净空5.76米，两孔跨径组合52.16米，宽度18.3米。桥面车行道宽14米，铺设电车轨道；人行道左右各宽3.6米，桥面宽合计21.2米。

旅游区域及进出条件：

外白渡桥位于黄浦公园西侧，架设于中山东一路与东大名路之间的苏州河下游河段上。交通便利，公交19路、21路、61路等多条线路以及轨道交通2号线、10号线等可到达。

保护与开发现状：

对外开放。1994年被上海市人民政府列为上海市优秀历史建筑。

名称：大世界旧址

编号：HP14

资源类型：FDD

单体资源等级：5

行政位置：西藏南路1号

地理位置：31°13′49.26″N
　　　　　　121°28′27.54″E

性质与特征：

大世界是我国早期颇具影响力的综合性室内游乐场所，1917年由黄楚九创建；1928年重建，占地面积约6 000平方米，建筑面积1.47万平方米。2008年起歇业。

大世界是近代娱乐建筑的代表，其建筑风格中西混杂。大世界的建筑布局比较独特：由3幢四层主楼和2幢附属建筑组成群落，中央按同心弧形排列，露天剧场为圆心，楼与楼之间通过百米天桥南北连贯，拾级相通。正门折角处为12根圆柱支撑的多层六角尖塔造型。初建时，其内部辟有风廊、花畦、寿石、山房、雀屏、鹤底、小蓬山、小庐山诸胜，另有招鹤、题桥、穿畦、登云四亭等中国园林景致。同时，设剧场多处，演出各地戏曲、曲艺，中外歌舞音乐，以及古今杂技魔术、木偶、皮影、气功、武术等，日夜放映电影，并有各类体育、智力游艺活动室。附茶室、餐厅、旅馆、小卖部、服务处等。当时的大世界每天12:00开门（星期日9:00开门），门票为两角大洋，游客可任意去各剧场和游艺室游玩，直至24:00止。因其规模空前，各项游乐设施先进，一时游客如云，每日约有近万人次，营业额迅速超过当时已有的新世界、绣云天、天外天、楼外楼等游乐场所，附近地段的市面也因此而繁荣起来。1928年重建后，大世界外观改成爱奥尼克式红柱

与奶黄色楼窗，构成中西结合的塔楼式古典建筑。加楼分设共和亭、共和台、共和楼、共和阁及共和厅，更为壮观。"白相大世界"一度成为上海市民娱乐的首选。1954年7月2日，大世界由上海市人民政府文化局接管。1955年5月1日，更名为人民游乐场，1958年1月恢复原名，1966年11月6日改名为东方红游乐场，1974年改名为上海市青年宫，1981年再次恢复原名。大世界以游艺、杂耍、戏曲为特色，以其雅俗共赏的平民风格受到游客欢迎。

旅游区域及进出条件：

大世界旧址位于西藏南路延安东路口，近人民广场。交通便利，公交01路、48路、145路等多条线路以及轨道交通1号线、2号线、8号线、10号线等可到达。

保护与开发现状：

暂不对外开放。1989年被上海市人民政府列为上海市文物保护单位和上海市优秀历史建筑。

名称： 豫　园

编号： HP15

资源类型： FAD

单体资源等级： 5

行政位置： 安仁街218号

地理位置： 31°13′44.82″N
　　　　　　121°29′14.40″E

豫园

性质与特征：

豫园是上海老城厢仅存的一座明代私家园林，是上海五大古典园林（豫园、古猗园、秋霞圃、曲水园、醉白池公园）之一，占地面积约2万平方米，始建于明嘉靖三十八年（1559年）。1956年大规模修缮，1961年对外开放。

豫园原系潘氏私园。园内有三穗堂、大假山、铁狮子、快楼、得月楼、玉玲珑、积玉水廊、听涛阁、涵碧楼、点春堂、内园静观大厅、古戏台等亭台楼阁以及假山、池塘等40余处古代建筑。园内楼阁参差、山石峥嵘、湖光潋滟，园林设计精巧、布局合理，以清幽秀丽、玲珑剔透见长，具有小中见大的特点，体现出明清两代南方园林建筑的艺术风格，素有"奇秀甲江南"之誉。

大假山由明代江南叠石名家张南阳设计建造，高约13.3米，用数千吨武康黄石堆砌。假山峰峦起伏、磴道纡曲、涧壑深邃、清泉若注，山上花木葱茏，山下环抱一泓池水。游人登临，颇得置身山岭之趣。400多年来，豫园景物时有兴废，而大假山仍保持旧观。站山巅"望江亭","视黄浦吴淞皆在足下,而风帆云树,则远及于数十里之外";重阳节时,游人来此登高望远,浦江帆樯,历历在目。园内"点春堂"曾为清末小刀会起义城北指挥部所在地。

旅游区域及进出条件:

豫园位于上海老城厢东北部,近上海老城隍庙。交通便利,公交26路、64路等多条线路以及轨道交通10号线等可到达。

保护与开发现状:

对外开放。1982年被国务院列为全国重点文物保护单位;2001年被全国旅游景区质量等级评定委员会评为国家AAAA级旅游景区;2002年被上海市绿化和市容管理局评为上海市五星级公园。豫园点春堂现为上海市爱国主义教育基地。

名称:中山东一路2号大楼

编号:HP16

资源类型:FDD

单体资源等级:5

行政位置:中山东一路2号

地理位置:31°14′09.18″N
121°29′12.30″E

性质与特征:

中山东一路2号大楼原为英国在沪侨民的俱乐部英国总会,即今上海总会(Shanghai Club)旧址,始建于清同治元年(1862年);清宣统元年(1909年)在原址翻建为钢筋混凝土结构新楼,占地面积2 339平方米,建筑面积9 811平方米,清宣统二年(1910年)1月启用,为当时上海重要的社交场所。1971年,改建为东风

中山东一路2号大楼之一

中山东一路2号大楼之二

饭店。2008年被希尔顿集团租用，改建为中国首家华尔道夫酒店，延续奢华风格，于2011年开业。

中山东一路2号大楼为典型的英国新古典主义风格的建筑，楼高六层，建筑高度26.9米。原门内两侧有女神塑像，今已毁。二层到四层中间贯以爱奥尼克式柱，南北两侧室壁凸出；五层屋顶上南北两端各有1个巴洛克式塔楼，为建筑物的特殊标记。大楼立面装饰带有巴洛克式风格。室内装潢精致，木雕细腻，天花板石膏镂花多用花环或花草图案。大楼室内装潢由日本建筑师设下田菊太郎参照日本帝国饭店进行设计，装饰华丽，以长达34米的黑白大理石酒吧柜台著称；有些房间则仿照英国王宫装饰，如弹子房具有英国女王伊丽莎白一世（1533～1603年）时期的王宫格调，以橡木护壁的酒吧具有英王詹姆士一世（1566～1625年）时期的王宫特征，因而又被称作"皇家总会"。

旅游区域及进出条件：

中山东一路2号大楼位于广东路外滩段。交通便利，公交26路、42路等多条线路以及轨道交通2号线、10号线等可到达。

保护与开发现状：

现为酒店用房。1989年被上海市人民政府列为上海市优秀历史建筑。

名称：**上海市第一百货商店**
编号：HP17
资源类型：FAG
单体资源等级：5
行政位置：南京东路830号
地理位置：31°14′12.12″N
　　　　　121°28′16.08″E

性质与特征：

上海市第一百货商店原为大新公司（The SUN Co. Ltd.），营业面积2.5万平方米，1934年开工建造。由蔡昌兄弟集资在上海开办，总公司位于香港。该大楼的设计者是留学美国的华人建筑师关颂声，参与建造的是基泰工程公司，1936年1月10日正式开张营业，曾获得亚洲最佳建筑设计奖。

上海市第一百货商店楼高十层，建筑平面呈正方形，沿转角处作弧线处理。米黄色外立面简洁明朗，仅在屋顶女儿墙做

上海市第一百货商店

了中国式挂落装饰，其他部分均为直线条。大新公司与新新公司、永安公司、先施公司合称南京路"四大公司"。1951年大新公司歇业，1953年大型国有百货零售企业"上海市第一百货商店"迁入大楼，主要经营日用百货、服装、针棉织品、皮具鞋类、化妆品、黄金饰品、钟表眼镜、文化用品、儿童用品、健身器材、通讯器材、家用电器等各大类4万余种商品。

旅游区域及进出条件：

上海市第一百货商店位于南京路步行街西藏中路口。交通便利，公交18路、20路、37路等多条线路以及轨道交通1号线、2号线、8号线等可到达。

保护与开发现状：

对外开放。1989年被上海市人民政府列为上海市文物保护单位和上海市优秀历史建筑。

名称：大光明电影院
编号：HP18
资源类型：FBC
单体资源等级：5
行政位置：南京西路216号
地理位置：31°14′04.80″N
　　　　　　121°28′00.36″E

性质与特征：

大光明电影院（大光明大戏院）曾享有"远东第一影院"的美誉，是一家先进的数字放映影院，占地面积3 857平方米，建筑面积近1万平方米，始建于1928年，1933年重建，2008年改建。

大光明电影院建筑外观为现代装饰艺术风格，南立面采取横竖线交错的形式，东侧入口有乳白色玻璃板雨篷，其上大面积玻璃长窗形成竖线条。入口左侧上方耸立一方形半透明玻璃灯柱招牌，高30.5米。底层门厅宽敞明亮，地面为嵌铜条彩色磨石子，西侧设售票处，东边设观众服务处。门厅左右倚墙设两个对称大楼梯，可直达雅座休息厅。楼梯墙面为大理石护壁，经现代装饰艺术处理。从两个楼梯间的通道可进入一层腰果形休息厅。休息厅布置成钟形，与垂直南京西路的入口门厅轴线形成30°夹角，这使门厅与休息厅浑然一体，空间流畅，曲线优雅。顺着大楼梯上二楼是雅座休息厅，呈腰果形，中间有圆形喷水池，银光耀眼。观众厅上下两层共有2 016个软席座位（楼下1 259座，楼上757座），座位和走道十分宽畅。改建后的大光明电影院，入口大厅保持历史原貌，分隔为7个近1万平方米的放映厅，配备SRD、DTS、SDDS等顶级设备。

旅游区域及进出条件：

大光明电影院位于南京西路东段，近国际饭店。交通便利，公交20路、37路等多条线路以及轨道交通1号线、2号线、8号线等可到达。

保护与开发现状：

对外开放。1989年被上海市人民政府列为上海市文物保护单位和上海市优秀历史建筑。

大光明电影院

名称：**南浦大桥**

编号：HP19

资源类型：FFA

单体资源等级：5

行政位置：黄浦区、浦东新区

地理位置：31°12′26.60″N
　　　　　121°30′04.01″E

性质与特征：

南浦大桥是上海第一座黄浦江跨江大桥，总长8 346米，1991年建成通车。

南浦大桥主桥长846米，引桥长7 500米。主桥为一跨过江的双塔双索面叠合梁结构斜拉桥，两岸各设150米高的"H"形钢筋混凝土桥塔，桥塔两侧各以22对钢索连接主梁索面，呈扇形分布；桥下可通行5万吨级的巨轮。主桥宽30.35米，有6条机动车道和2条观光人行道。浦西引桥长3 754米，以复曲线呈螺旋形、上下两环分岔衔接中山南路和陆家浜路。大桥主塔的上横梁上镶嵌有邓小平题写的"南浦大桥"桥名。

旅游区域及进出条件：

南浦大桥架设于陆家浜路至龙阳路之间的黄浦江江面上。交通便利，公交45路、55路等多条线路以及轨道交通4号线等可到达。

保护与开发现状：

对外开放。

南浦大桥

名称：**人民广场历史文化风貌区**

编号：HP20

资源类型：FDC

单体资源等级：5

行政位置：南京东路街道

地理位置：31°14′09.24″N
　　　　　121°28′06.96″E

性质与特征：

人民广场历史文化风貌区为旧上海公共租界主要区域，占地面积107万平方米，形成于1860～1941年。历史上属于上海公共租界的中区和西区的范围，东界浙江中路—九江路—云南中路，南界延安东路—黄陂北路—大沽路—重庆北路—威海路，西界成都北路，北界北京西路—长沙路—凤阳路—六合路—宁波路—贵州路—天津路。

人民广场历史文化风貌区围绕着人民广场—人民公园开放空间展开，以大量公共建筑、商业文娱建筑和里弄住宅以及城市空间为特征。主要景观道路有南京东路、南京西路、西藏中路、黄陂北路、武胜路。主要历史建筑有永安百货公司、上海时装商店、上海市第一百货商店、上海市第一食品商店、金门大酒店、上海音乐厅、大光明电影院、上海美术馆等。

旅游区域及进出条件：

人民广场历史文化风貌区位于黄浦区北部。交通便利，公交46路、71路等多条线路以及轨道交通1号线、2号线、8号线、10号线等可到达。

保护与开发现状：

对外开放。2003年被上海市城市规划管理局（现上海市规划和国土资源管理局）划定为上海市中心城区历史文化风貌区。风貌区内多处建筑被上海市人民政府列为上海市文物保护单位。

名称：**十六铺**

编号：HP21

资源类型：FFC

单体资源等级：5

行政位置：中山东二路东门路至新开河路

地理位置：31°13′34.14″N
　　　　　121°30′02.10″E

性质与特征：

十六铺码头是在清咸丰（1851～1861年）、清同治（1862～1874年）年间，为防御太平军进攻，当时的上海县在城厢内外的商号组建起的一种联保联防的"铺"。由"铺"负责铺内治安，公事则由铺内各个商号共同承担。最初计划划分二十七个铺，因为种种原因实际只划分了十六个铺（即从头铺到十六铺）。其中十六铺是最大的，包括上海县城大东门外，西至城濠，东至黄浦江，北至小东门大街与法租界接

人民广场历史文化风貌区

壤，南至万裕码头街及王家码头街。清宣统元年（1909年），上海县实行地方自治，各铺随之取消。因为十六铺地处上海港最热闹的地方，客运货运集中，码头林立，来往旅客和上海居民口耳相传，都将这里称为"十六铺"，因此便作为一个地名一直沿用。至20世纪30年代以后，十六铺便成为上海的水上门户，也是上海和长江流域各省市之间的交通枢纽，它承载着众多关于上海的历史人文记忆。2004年9月，十六铺码头开始改造，现已建成上海水上旅游集散中心，每天晚上有游船夜游黄浦江。

旅游区域及进出条件：

十六铺位于豫园以东，东临黄浦江，西至中山东二路。公交55路、65路等多条线路可到达。

保护与开发现状：

对外开放。多家水上游轮公司于十六铺开展黄浦江水上旅游项目。

十六铺之一

十六铺之二

名称：**中共一大会址纪念馆**
编号：HP22
资源类型：FDD
单体资源等级：5
行政位置：兴业路76号
地理位置：31°13′31.14″N
　　　　　121°28′12.47″E

性质与特征：

中共一大会址纪念馆为两层石库门建筑，始建于1920年，为典型的石库门式样的建筑。其外墙青红砖交错，镶嵌白色粉线，门楣有矾红色雕花，黑漆大门上配铜环，门框围以米黄色石条。该建筑原为上海共产主义小组发起人之一李汉俊与其兄李书城的住宅，人称李公馆。

出席中国共产党第一次全国代表大会的有各地共产主义小组代表李达、李汉俊、张国焘、刘仁静、毛泽东、何叔衡、董必武、陈潭秋、王尽美、邓恩铭、陈公博、周佛海和陈独秀指派的代表包惠僧共13人，代表全国53名共产党员。共产国际代表马林和尼柯尔斯基也参加了会议。1921年7月23日开始举行会议。7月30日，会议遭到法租界巡捕房的注意和搜查，因而被迫中止。最后一天的会议改在浙江嘉兴南湖的一条游船上举行。会议通过了党纲和关于党的工作任务的决议，选举产生了中央领导机构，宣告了中国共产党的成立。

1951年10月，此建筑经勘查确认为会址纪念馆。1958年拆除厢房，按当年原貌修复。进入大门为天井，经过6扇玻璃窗门进入会议室，室内置有长餐桌、圆凳、茶几、椅子、两斗桌及花瓶、茶具等，均按当年式样仿制。纪念馆还设有辅助陈列室，展出了中国共产党创建时期的文献资料。

旅游区域及进出条件：

中共一大会址纪念馆位于兴业路黄陂南路口，近复兴公园、上海新天地。交通便利，公交109路、146路等多条线路以及轨道交通1号线、8号线、10号线等可到达。

中共一大会址纪念馆

保护与开发现状：

对外开放。1961年被国务院列为全国重点文物保护单位。1997年被中共中央宣传部命名为全国爱国主义教育示范基地。2005年被上海市红色旅游工作协调小组命名为上海红色旅游基地。现为上海市爱国主义教育基地。

名称：孙中山故居

编号： HP23

资源类型： FDD

单体资源等级： 5

行政位置： 香山路7号

地理位置： 31°13′24.56″N
121°27′46.54″E

性质与特征：

孙中山故居为两层欧洲乡村式花园洋房，孙中山偕夫人宋庆龄于1918～1924年在此居住，并开展革命活动。这里是孙中山在上海居住时间最长的地方。这里的客厅、书房、卧室、草坪处处留下了孙中山晚年的革命遗迹。

孙中山（1866～1925年）（名文，字德明，号逸仙），广东香山（中山）人，中国民主革命的伟大先行者。清光绪三十一年（1905年），孙中山在日本组建中国同盟会，任总理；提出"三民主义"学说；清宣统三年（1911年）被推选为中华民国临时大总统；1912年中国同盟会改组为中国国民党，任理事长；1914年在日本建立中华革命党；1917年在广州组织护法军政府，当选为大元帅，誓师北伐；1918年，孙中山受到桂系军阀及政学系的挟制，被迫去职，遂携夫人宋庆龄来到上海，继续从事革命活动。4位从加拿大回国的华侨看到孙中山寓所十分破旧，遂出资购买此处住所。经再三劝说，孙中山方才接受，迁入莫利哀路29号（今香山路7号）新居，孙中山与夫人在此一起居住了5年多（1918年6月至1924年11月）。孙中山在此总结革命经验，撰写《孙文学说》、《实业计划》等重要著作；在此会见中国共产党和苏俄代表，实现第一次国共合作和改组国民党。1924年11月，孙中山北上"共商国事"前夕，在此举行记者招待会，重申召开国民会议，废除不平等条约等主张，再次向国人发出"和平统一祖国"的号召。

孙中山故居有主楼、辅楼各1幢，高两层，均为砖木结构。住宅占地面积1 013平方米，建筑面积452平方米，建于20世纪初，

孙中山故居之一

是一幢近代欧洲独院式的花园住宅。外墙饰以灰色卵石，屋顶铺红色鸡心瓦。这里环境幽静，楼前是一片正方形草地，东、西、南三边由广玉兰、冬青、香樟、松柏及其他四季常青树木环抱。楼下是客厅、餐厅，楼上是书房、卧室，以及一个会客室和一个室内阳台。

室内陈设是1956年据宋庆龄回忆，按当年原样布置的，而且绝大部分是原物。整体布局紧凑又合理，显示出主人的不凡气质。客厅中间摆设着一套沙发，是当年孙中山使用的。墙正中挂的一幅照片是孙中山任临时大总统时拍摄的。照片镶嵌在一个由红、黄、蓝、白、黑5种颜色木块拼装的大镜框里，显得光彩夺目。这五色代表着当时的五色国旗，喻意汉、蒙、满、回、藏五大民族共和相处。镜框四角刻着相同的花朵图案，每个图案由18颗星组成，表示辛亥革命时全国有18个省市响应。照片的周围用彩色丝带围成一个钟形，其含意是孙中山要用革命的钟声唤起中国民众。客厅侧壁上挂的一幅照片是孙中山在"永丰"舰蒙难一周年时拍摄的。餐厅里有一套广东式的红木圆桌和圆凳，餐厅内陈列的一把指挥刀，是日本友人久原房之助赠送的祖传宝刀，孙中山在1917年北伐时曾经使用过。在陈列品中，有孙中山在1924年北上时沿途军政要人及民众赠送的银盾、银杯等。

二楼是书房、卧室和会客室。书房的中央摆着一张普通的写字台，上面放着孙中山当年使用过的文房四宝。周围墙上挂着孙中山经常查阅的12幅地图。卧室陈设简单而朴素，墙上挂着孙中山和宋庆龄在1922年的合影。照片中，宋庆龄端庄地坐在椅子上，孙中山亲切地伫立在她的身旁。室内有一张靠背沙发椅，孙中山生前经常坐在上面写作。楼上右后侧是一间会客室，东北角有一个小壁橱，里面悬挂着孙中山当年自己设计并且在北伐时穿过的"中山装"。

孙中山故居之二

1925年3月12日9：30，孙中山在北京逝世，终年59岁。宋庆龄料理完孙中山的丧事后回到上海，继续在此居住。1937年日军侵占上海，宋庆龄离开这里。抗战胜利后，宋庆龄将此寓所移赠国民政府作孙中山的永久纪念地。1949年后，人民政府接管此处。1961年，孙中山故居向社会公众开放。

旅游区域及进出条件：

孙中山故居邻近复兴中路思南路口。交通便利，公交36路、41路等多条线路以及轨道交通1号线、10号线等可到达。

保护与开发现状：

对外开放。1961年被国务院列为全国重点文物保护单位。现为上海市爱国主义教育基地。

名称：江南造船厂旧址
编号： HP24
资源类型： FDD
单体资源等级： 5
行政位置： 半淞园路街道
地理位置： 31°11′58.62″N
　　　　　　121°29′03.30″E
性质与特征：

江南造船厂已经有140多年的历史了，是清政府洋务派创办的中国近代军事生产机构，在中国近代民族工业史上具有重要的地位，素有"中国民族工业摇篮"之称。

江南造船厂前身是江南机器制造总局（又称江南制造总局、江南制造局、上海机器局、上海制造局），曾用名江南船坞、江南造船所，始建于清同治四年（1865年）

江南造船厂旧址

9月20日，由曾国藩规划创建，后由李鸿章负责。初建于虹口，后迁至城南高昌庙镇（现址），先后建立机器厂、木工厂、铸铜铁厂、熟铁厂、轮船厂、锅炉厂、枪厂、火药厂、枪子厂、炮弹厂、水雷厂、炼钢厂等13个厂和1个工程处以及库房、栈房、煤房、文案房、工务厅、中外工匠宿舍等，并建有泥船坞1座，在设备和规模上已具近代工业的雏形。这一时期的主要任务是从事军火生产，中国的第一批机床、第一炉钢以及无烟火药、步枪、钢炮、铁甲炮艇等，均始出于此。清光绪三十一年（1905年）至1912年为江南船坞时期。清政府决定局、坞分家，把船坞部分从制造局中划分出来，成立江南船坞。清光绪三十一年至清宣统三年（1905～1911年），共造船136艘，总排水量2.1万多吨，其中清宣统三年（1911年）建造的"江华"号长江客货轮，船长100米，宽14米，吃水线2.29米，排水量4 130吨，被当时航运界评为"中国所造的最大和最好的一艘轮船"。1912～1949年为江南造船所时期。1918年，江南造船所的造船总吨位增到6万余吨，居上海造船工业的首位。1918～1921年是江南造船所的全盛时期，在此期间为美国建造4艘排水量万吨级的运输舰，被当时传媒评为"中国工业史乃开一新纪元"。1949年5月，解放军接管江南造船所。1953年，江南造船所易名江南造船厂。2006年，江南造船厂从原址整体搬迁到长江口的长兴岛上。

江南造船厂旧址被划入2010年上海世博会园区的建设范围，建有"中国船舶馆"。旧址的优秀历史建筑予以保留，包括办公楼、二号船坞（李鸿章主持修建）、指挥楼、飞机车间。

旅游区域及进出条件：

江南造船厂旧址位于2010年上海世博会园区。交通便利，公交18路、96路等多条线路以及轨道交通4号线、8号线等可到达。

保护与开发现状：

对外开放。1994年被上海市人民政府列为上海市优秀历史建筑。

名称：锦江饭店
编号：HP25
资源类型：FDD
单体资源等级：5
行政位置：茂名南路59号
地理位置：31°13′21.30″N
　　　　　　121°27′20.28″E

性质与特征：

锦江饭店是新中国第一家国宾馆，由原华懋公寓（今锦江饭店北楼）、原峻岭公寓（今锦江饭店贵宾楼）、锦楠楼、锦江小礼堂等建筑组成，占地面积3万平方米，1928～1965年陆续建成。

20世纪30年代，随着远东第一大都市上海的不断发展，地价日益上涨。为了节省土地，在市内出现了近代高层公寓，这是和花园洋房几乎同时出现的一种高档住宅。这些高层公寓一般在十层以上，每层由若干套间组成，一般以两室户、二室户为主。大楼内有电梯、煤卫、暖气、热水，楼下有小块绿地和停车场。这些高档公寓当时多数由外国人租住。1928年，华懋地产公司投资建设十三层的华懋公寓，俗称"十三层楼"，也就是现在的锦江饭店北楼，为钢筋混凝土框架结构，高57米，建筑面

锦江饭店之一

积2.1万平方米。建筑平面为"一"字形，北面凸出两部分。外观采用褐色面砖间以石料窗框和垂直线条，力求突出高耸的效果。立面不分段，直上直下，很有特点。褐色面砖采用白浆勾线，对比鲜明。最显著的是方格钢窗排列，白色窗框，窗樘外口用錾假石。

峻岭公寓建成于1934年，曾名茂名公寓，建筑面积2.4万平方米，平面呈"拱桥"样，即呈五折环形，略带弧状。中部主楼高十八层（包括地下一层），东、西两部分呈对称阶梯式，从十六层、十五层、十四层、十三层逐渐跌落，建筑气势宏伟，楼高78米。主立面以垂直线条作为分割，很清晰地分成中、东、西3个部分，墙面贴棕色面砖。门口入口处部分采用大理石装饰。内部装饰多采用的是几何图案，属现代装饰艺术派风格。两层以上为公寓式房间，共77套，房间朝南，阳光充足。该公寓现今是锦江饭店贵宾楼。

锦江小礼堂因1959年中共八届七中全会、1972年《中美上海公报》而声名远播。锦江饭店曾接待毛泽东、周恩来、刘少奇、邓小平等国家领导人，以及100多个国家的500多位国家元首和政府首脑。

旅游区域及进出条件：

锦江饭店位于长乐路茂名南路口，近淮海中路。交通便利，公交26路、41路等多条线路以及轨道交通1号线、10号线等可到达。

保护与开发现状：

对外开放。华懋公寓、峻岭公寓、茂名公寓1989年被上海市人民政府列为上海市文物保护单位和上海市优秀历史建筑。

名称： 8号桥创意产业园区
编号： HP26
资源类型： FAZ
单体资源等级： 5
行政位置： 建国中路8～10号
地理位置： 31°12′42.36″N
121°28′21.46″E

性质与特征：

8号桥创意产业园区原为上海汽车制动器公司厂房，于2003年精心改建成创意产业团队办公楼群和休闲商业街区，建筑

锦江饭店之二

8号桥创意产业园区

面积2万平方米。该园区的设计注入了城市元素、时尚元素和创意元素。8号桥的命名也有其特别的意义：每一幢建筑物都有天桥相连，它们是连接国内外各创意咨询专业服务团队的沟通之桥。8号桥的建筑设计素材取自建国中路的城市元素，通透的玻璃外墙体充分满足了创意人士对视觉空间的创意需求。2010年1月17日，胡锦涛总书记视察了8号桥创意产业园区。

经过精心改造，原来1.5万平方米的旧工业厂房成为时尚之地，厚重的砖墙、林立的管道、斑驳的地面被完好地保留了下来，使整个空间充满了工业文明时代的气息。从大门口法国艺术家创作的大型雕塑"绿门"，到灰砖外墙上鲜亮的玫红色块，以及内部歌剧院般的层叠式休闲吧等，无不体现出创意风尚，吸引了众多创意类、艺术类及时尚类的企业入驻，包括海内外的知名建筑设计、服装设计、影视制作、画廊、广告、公关、媒体、顶级餐饮等公司。园区最独特之处是共享空间的设计，如商务中心、员工餐厅、休闲后街、阳光屋顶、小花园等，使不同领域的艺术工作者和各类时尚元素可以互相碰撞，更能够激发灵感和创意。

8号桥创意产业园区的成功之处就是在对老工业厂房改造中利用了存量资源，注入了时尚、个性的建筑元素，吸引了众多现代创意类企业的入驻。此举既保护了历史建筑，保留了城市发展的文化底蕴，又构建起融合城市现代服务业与先进制造业的创意智能平台。

旅游区域及进出条件：

8号桥创意产业园区位于思南路、建国中路、重庆南路围合的区域内，近复兴公园。交通便利，公交17路、24路、36路等多条线路以及轨道交通9号线、10号线等可到达。

保护与开发现状：

对外开放。2005年被国家旅游局命名为全国工业旅游示范点。

名称：**人民广场**

编号：HP27

资源类型：FCI

单体资源等级：4

行政位置：人民大道

地理位置：31°13′53.52″N
　　　　　121°28′13.20″E

性质与特征：

人民广场原为跑马厅旧址，清咸丰十一年（1861年）成立。现为上海的政治、文化、艺术、交通和游憩中心，如今的人民广场经1994年综合改建而成。

清咸丰十一年（1861年），上海跑马总会董事、英国人霍格（W. Hogg）与英国驻沪领事向上海道台提出，要求划出一块土地作为跑马的跑道。在当时清朝地方官吏的默许下，霍格策马扬鞭，从现在的上海市第一百货商店门口起，向西转南兜了个大圈子，然后按马蹄痕迹，强征马道圈内农田31万平方米，迫使当地农户离开自己的家园。由此，建成了号称"远东第一"的上海跑马厅。抗日战争期间，这里曾被当作日军兵营，解放战争时期又成为美军俱乐部。1949年后改建为人民广场。

人民广场由开放式广场、人民公园、人民大道以及周边办公、商业设施等构成。地面建筑有上海市政府大厦、上海博物馆、上海大剧院、上海城市规划展示馆等；地下建筑有地铁站台、商业街、变电站、停车库等。开放式广场被两纵一横3条9米宽

人民广场

的道路分为六大区域，广场中心建有圆形喷水池，绿地面积8万平方米。

旅游区域及进出条件：

人民广场位于人民大道。交通便利，公交46路、112路等多条线路以及轨道交通1号线、2号线、8号线、10号线等可到达。

保护与开发现状：

对外开放。

名称：中国银行大楼

编号： HP28

资源类型： FDD

单体资源等级： 4

行政位置： 中山东一路23号

地理位置： 31°14′30.18″N
121°29′08.22″E

性质与特征：

中国银行大楼是当时外滩唯一一幢由中国人设计和建造的摩天大楼，占地面积5 068平方米，建筑面积约3万平方米，建成于1937年。

中国银行大楼在近代西洋建筑中蕴含了大量中国元素。主楼钢框架结构，楼高十七层（地下两层）。原定建三十四层楼，因沙逊（Sassoon）干涉，致使大楼比沙逊大厦金字塔顶端矮60厘米。建筑立面为早期现代派风格，以垂直线条勾勒出建筑轮廓，花岗石外墙，缓坡四方攒尖顶，绿色琉璃瓦，檐下有石斗拱装饰，栏杆花纹及窗格采用镂空"寿"字设计。大楼三门、五窗及九级台阶的设计对应了传统的"三、五、九至尊"之说；紫铜雕饰大门，门顶饰有孔子周游列国的石雕（已毁）。大厅里的黑色大理石柜台呈"中"字形排列，柜台里有8根顶端雕饰有"八仙过海"（已毁）的大理石柱子。楼宇设备精良，地下层建有保险库。

旅游区域及进出条件：

中国银行大楼位于滇池路外滩段。交通便利，公交33路、37路、55路等多条线路以及轨道交通2号线、10号线等可到达。

中国银行大楼

保护与开发现状：

现为机构用房。1989年被上海市人民政府列为上海市优秀历史建筑。

名称：中山东一路1号大楼

编号： HP29

资源类型： FDD

单体资源等级： 4

行政位置： 中山东一路1号

地理位置： 31°14′07.80″N
121°29′12.54″E

性质与特征：

中山东一路1号大楼（旧称亚细亚大楼、麦克倍恩大楼）占地面积2 043平方米，建筑面积1.17万平方米，建成于1916年，1917年为亚细亚火油公司购得并使用。曾被称为"外滩第一楼"。

中山东一路1号大楼当时是外滩最高

大的一幢建筑，楼高七层。正立面为巴洛克式，正门有4根爱奥尼克立柱，左右各2根；内门又有小爱奥尼克柱，门上有半圆形的券顶，雕以花纹；入口处有巴洛克式装饰。东、南两立面均为横三段、竖三段式；二层到五层凹进部分有阳台，半圆形铁栏；六层到七层有爱奥尼克柱。东南角凹进弧形墙面，使立面多变化。外墙一层到二层用花岗石面砖砌筑基座。建筑平面呈"回"字形，中有天井。各层外侧为办公室，大开间，木地板；内侧为走廊，窗高2米。过道白瓷砖贴面，马赛克地坪。1939年又加盖一层。

旅游区域及进出条件：

中山东一路1号大楼位于延安东路外滩段。交通便利，公交26路、42路、71路等多条线路以及轨道交通2号线、10号线等可到达。

保护与开发现状：

现为机构用房。1989年被上海市人民政府列为上海市优秀历史建筑。

名称：**永安百货公司**
编号：HP30
资源类型：FAG
单体资源等级：4
行政位置：南京东路635号
地理位置：31°14′14.00″N
　　　　　121°28′25.38″E

性质与特征：

永安百货公司（上海永安公司）是上海一家历史悠久的百货公司和商业老字号。该公司由澳籍华人郭乐等人创办，最初设于澳大利亚悉尼，称永安果栏。清光绪三十三年（1907年），郭乐等人在香港创办永安公司；1918年，上海永安公司开业。

永安百货公司以"顾客永远是对的"为信条，以经营环球百货为方针，附设旅馆、酒楼、茶室、游乐场及银业部等经营部门，20世纪30年代是南京路"四大公司"之一，享有良好的声誉。1956年公私合营，1966年实行国营，1969年更名上海市第十百货商店，1988年更名上海华联商厦，2005年

中山东一路1号大楼

永安百货公司

恢复"永安百货公司"旧称。永安百货公司目前有5个营业楼面,以经营个性化、品牌化、特色化的中高档服饰类商品为主。

旅游区域及进出条件:

永安百货公司位于南京路步行街中段。交通便利,公交20路、37路等多条线路以及轨道交通1号线、2号线、8号线、10号线等可到达。

保护与开发现状:

对外开放。1989年被上海市人民政府列为上海市文物保护单位和上海市优秀历史建筑。

名称:上海市第一食品商店

编号:HP31

资源类型:FAG

单体资源等级:4

行政位置:南京东路720号

地理位置:31°14′12.96″N
121°28′20.22″E

性质与特征:

上海市第一食品商店(旧称新新公司)是南京路"四大公司"之一,占地面积4 280平方米,建筑面积2.12万平方米,1926年建成开业。

上海市第一食品商店建筑为钢混结构,楼高七层(含地下一层),外立面为直线条,长方形门窗,二层有水平腰线,六层有挑出沿阳台,使立面稍有变化。道路

上海市第一食品商店

上海时装商店

转角处做抹角平面，顶层有六角塔楼。两侧立面横三段划分，底层为柱廊，中间立爱奥尼克柱，顶层为长柱廊，廊顶建方形双层塔楼及单层楼亭。商场占一层到三层楼面的大部分，四层为总管理处，五层是货仓等，六层有屋顶花园游乐场。1949年，新新公司"上海人民保安队"首先广播了《中国人民解放军布告》。1949年后，新新公司更名为上海市第一食品商店，以食品经营为主业，成为上海市烟糖集团旗下的零售企业。1954年创始"第一食品"，享有"中华老字号"美誉，经过50多年的积累和沉淀，得到了市场的广泛认可。

旅游区域及进出条件：

上海市第一食品商店位于南京路步行街西段。交通便利，公交20路、37路等多条线路以及轨道交通1号线、2号线、8号线、10号线等可到达。

保护与开发现状：

对外开放。1989年被上海市人民政府列为上海市文物保护单位和上海市优秀历史建筑。

名称：上海时装商店
编号： HP32
资源类型： FAG
单体资源等级： 4
行政位置： 南京东路650～690号
地理位置： 31°14′14.10″N
　　　　　　121°28′25.38″E

性质与特征：

上海时装商店前身为1914年中国人在上海创办的第一家环球百货公司先施公司。当年，先施、永安、新新和大新曾被称为南京路"四大公司"。大楼占地面积7 812平方米，建筑面积3.42万平方米，为文艺复兴时期的建筑风格，局部有巴洛克式装饰，钢混结构，楼高七层，建筑高度30米。外立面腰线突出，底层沿街为骑楼式券外廊。大楼两侧二层、四层挑出阳台，铸铁花饰栏杆。大楼转角立面顶部有三层塔楼，由下而上逐层收小变圆，一层方形，二层八角形，三层圆形，皆以塔司干柱支撑，是南京路商业街的景观标志。1956年改为南京路时装商店，1966年9月改名为上海服装商店。1985年3月改为现名。

旅游区域及进出条件：

上海时装商店位于南京路步行街西段。交通便利，公交20路、37路等多条线路以及轨道交通1号线、2号线、8号线、10号线等可到达。

保护与开发现状：

对外开放。1989年被上海市人民政府列为上海市文物保护单位和上海市优秀历史建筑。

名称：**上海大剧院**

编号：HP33

资源类型：FBC

单体资源等级：4

行政位置：人民大道300号

地理位置：31°13′49.62″N
　　　　　121°28′01.56″E

性质与特征：

上海大剧院是上海经典艺术的殿堂，占地面积2.1万平方米，建筑面积7万平方米，1998年建成使用。

上海大剧院以"艺"字为外观造型，风格独特，建筑总高度40米。上海大剧院拥有大、中、小3个剧场，舞台总面积1 700平方米；拥有目前国际先进的全自动机械舞台设备和世界顶级的灯光音响设备；备有化妆间、排练厅、贵宾厅、新闻中心等附属设施。服务设施有宴会厅、马克西姆西餐厅、咖啡馆、画廊、票务大厅、音像制品中心、停车库等。上海大剧院兼具世界级艺术作品展示平台、国际性艺术活动交流平台、公益性艺术教育推广平台的功能，先后承办过世界三大男高音（卡雷拉斯、多明戈、帕瓦洛蒂）的个人演唱会、四大欧洲歌剧流派、世界顶级交响乐团、十大著名芭蕾舞团、五部经典原版音乐剧、中国原创经典作品的演出活动，还举办过上海合作组织成员国艺术节、上海国际艺术节、上海之春国际音乐节、上海国际电影节、马林斯基音乐节、法国文化年、意大利文化年、德国文化周、圣彼得堡文化周等重要的文化交流活动。

旅游区域及进出条件：

上海大剧院邻近上海美术馆和上海博物馆。交通便利，公交23路、46路、49路等多条线路以及轨道交通1号线、2号线、

黄浦区
HUANGPUQU

8号线等可到达。

保护与开发现状：

对外开放。现为上海市爱国主义教育基地。

名称：上海杜莎夫人蜡像馆

编号： HP34

资源类型： FAE

单体资源等级： 4

行政位置： 南京西路2～68号

地理位置： 31°14′12.18″N
121°28′09.42″E

性质与特征：

上海杜莎夫人蜡像馆是全球第六家杜莎夫人蜡像馆，展示面积9 000平方米，2006年开放。

上海杜莎夫人蜡像馆分亚洲影坛巨星、科学及英伦名人、体坛巨星、乐坛巨星、好莱坞巨星等多个展区。纳入馆藏的有贝克汉姆、乔丹、爱因斯坦、黛安娜、杨利伟、杨振宁、成龙、刘德华、周杰伦、莱昂纳多、曼德拉、奥巴马等多位名人蜡像。互动性是该蜡像馆的一个特色，游客可以当场临摹制作蜡像。杜莎夫人生于法国斯特拉斯堡，1850年逝世，享年89岁。19世纪初，杜莎夫人带着蜡像到英国举行巡回展。1835年，在伦敦贝克街建立了一家永久性的杜莎夫人蜡像馆。

旅游区域及进出条件：

上海杜莎夫人蜡像馆位于南京西路西藏中路口的新世界商厦10楼。交通便利，公交18路、20路、37路等多条线路以及轨道交通1号线、2号线、8号线等可到达。

上海杜莎夫人蜡像馆

保护与开发现状：

对外开放。

名称：上海城市规划展示馆

编号： HP35

资源类型： FAE

单体资源等级： 4

行政位置： 人民大道100号

地理位置： 31°13′59.64″N
121°28′16.74″E

性质与特征：

上海城市规划展示馆占地面积4 000

上海城市规划展示馆

平方米，建筑面积2万余平方米，建筑高度43.3米，展示面积7 000平方米，2000年对外开放。

上海城市规划展示馆的造型从中国传统城门形态获得设计灵感，被设计成中心对称结构，其顶部的网状结构寓意盛开的上海市花白玉兰。一层到四层为展厅，下沉式广场建有具老上海风情的百米长的市民休闲街。上海城市规划展示馆以"城市、人、环境、发展"为主题，融历史和未来于一体，形象、生动地演绎出申城的沧桑巨变和灿烂明天；运用高科技展示手段布展，极具专业性、知识性、趣味性和艺术性。

旅游区域及进出条件：

上海城市规划展示馆位于人民公园以南。交通便利，公交18路、49路、167路等多条线路以及轨道交通1号线、2号线、8号线等可到达。

保护与开发现状：

对外开放。2002年被全国旅游景区质量等级评定委员会评为国家AAAA级旅游景区。2010年被中国科学技术协会认定为全国科普教育基地。2012年被上海市科学技术委员会命名为上海市科普教育基地。现为上海市爱国主义教育基地。

名称：上海美术馆

编号： HP36

资源类型： FAE

单体资源等级： 4

行政位置： 南京西路325号

地理位置： 31°14′00.24″N
121°27′59.22″E

性质与特征：

上海美术馆原为跑马总会，建筑面积2.1万平方米，清咸丰十年（1860年）始建，1933年重建。

上海美术馆外观属于古典主义建筑风格，钢筋混凝土结构，楼高四层。当年跑马总会底层是售票处和领奖处，2楼是会员俱乐部，3楼是会员包厢，4楼是职员宿舍；内有上海地区第一个游泳池。外墙由红褐色面砖与石块交砌，有塔司干柱廊；前设跑马看台；西北角钟楼高八层，建筑高度53米。1952年成为上海博物馆，1959年改为上海图书馆。1997年改造为上海美术馆，拥有12个展厅，展示面积约5 800平方米。装备有现代展示设备和设施，配有演讲厅、会议室、图书馆、多媒体阅览室、艺术家工作坊、艺术书店、艺术品商店、画廊、咖啡屋等，供艺术展览、学术交流、

上海美术馆

黄浦公园

普及推广等各类文化活动使用。

旅游区域及进出条件：

上海美术馆位于南京西路黄陂北路口，毗邻上海大剧院。交通便利，公交20路、37路等多条线路以及轨道交通1号线、2号线、8号线等可到达。

保护与开发现状：

对外开放。1989年被上海市人民政府列为上海市文物保护单位和上海市优秀历史建筑。

名称：黄浦公园

编号：HP37

资源类型：FAD

单体资源等级：4

行政位置：中山东一路500号

地理位置：31°14′39.42″N
121°29′13.74″E

性质与特征：

黄浦公园是上海地区早期的欧式公共园林，也是外滩百年沧桑的见证地，占地面积2万平方米，始建于清光绪十二年（1886年）。公园原名Pubilc Park，译为公共花园，曾名外滩公园，俗称外摆渡公园、大桥公园。1945年改称春申公园，次年1月改名黄浦公园迄今。1994年改建。

黄浦公园当时既是全市观赏浦江景色的最佳处，又是夏夜纳凉的好地方。公园草坪中央设有音乐亭，每逢夏夜经常有军乐队演奏铜管乐，每周至少举办一场音乐会，夏季甚至每周举办三四场，每场观众数百人，音乐会成为除园景以外公园的另一大传统特色。沿江置链式铁索栏杆，在入口处有喷泉。抗日战争期间，公园被日军占领，音乐亭被改作碉堡。公园早期只供外国社区使用。中国人民经过60余年坚持不懈的斗争，工部局终于宣布从1928年6月1日起公园对中国人开放。1949年后公园经过多次修葺，引种了大量名贵树木和绿地，在音乐亭遗址上建造了望江亭。1994年，改建后的公园主要景观有青铜雕塑"浦江潮"、上海人民英雄纪念塔、"上海百年风云"花岗石浮雕和外滩历史纪念馆等。

旅游区域及进出条件：

黄浦公园位于外白渡桥东侧、苏州河与黄浦江交汇处。交通便利，公交21路、33路、37路等多条线路以及轨道交通2号线、10号线等可到达。

保护与开发现状：

对外开放。

名称：老城厢历史文化风貌区

编号：HP38

资源类型：FDC

单体资源等级：4

行政位置：豫园街道、老西门街道、小东门街道

地理位置：31°13′54.03″N 121°29′15.69″E

性质与特征：

老城厢历史文化风貌区位于人民路—中华路以内的上海旧城区域内。占地面积199.72万平方米，是上海历史的发祥地，形成于明清之际。

老城厢历史文化风貌区以上海传统寺庙、商业建筑和街巷格局为风貌特征，集中体现了清末民初以后上海的传统城市生活文化，留存有上海700年城市发展的历史痕迹，以及各个发展时期丰富的物质与非物质文化遗产。街道交错密布、巷弄蜿蜒曲折、街巷景观多变、建筑类型众多，为典型的自然发展形成的城市格局。景观道路主要有人民路、中华路。主要历史建筑有中央银行市南办事处、仁记珠宝银楼、市联谊会、集贤村、慈修庵、小桃园清真寺、龙门村、沪南钱业公所等。

旅游区域及进出条件：

老城厢历史文化风貌区位于十六铺以西。交通便利，公交26路、64路、66路等多条线路以及轨道交通8号线、9号线、10号线等可到达。

保护与开发现状：

对外开放。2003年被上海市城市规划管理局（现上海市规划和国土资源管理局）划定为上海市中心城区历史文化风貌区。

老城厢历史文化风貌区

外滩气象信号台

上海老街 2007 年被上海市商务委员会命名为上海特色商业街。

名称：外滩气象信号台
编号：HP39
资源类型：FDD
单体资源等级：4
行政位置：中山东二路 1 号甲
地理位置：31°14′06.30″N
　　　　　121°29′16.50″E

性质与特征：

　　外滩气象信号台是中国近代较早的一个气象预测、预报机构。清光绪九年（1883 年）法租界公董局决定在外滩洋泾浜（现延安东路地段）桥堍现址创办气象信号台，清光绪十年（1884 年）9 月 1 日正式对外服务。这是亚洲太平洋地区早期建立的信号台。其主要任务是开展气象和授时服务。每天 10：00 和 16：00 在桅杆上升起不同形状和颜色的信号旗，标明长江口外洋面上的风向、风力实况。从清光绪二十二年（1896 年）1 月 1 日起又增加了雾天情况的报告，每天 11：30 悬挂徐家汇观象台发布的当天天气预报或风暴警报信号旗，夜间使用红、白信号灯发布风暴警报，"使航海者知所趋避"。从清光绪二十三年（1897 年）4 月 19 日起，每天 16：15 用信号旗报告徐家汇观象台气压表的指数，为停泊在黄浦江上的外国船舶校对气压表提供依据。授时服务主要是每天中午将升在桅杆顶上的子午球降落，报告 12：00 标准时间。从清宣统元年（1909 年）起，在夜间用灯光显示 21：00 标准时间。

　　现存外滩气象信号台始建于

清光绪三十三年（1907年）；清光绪三十四年（1908年）开始悬挂气象信号，是上海仅存的2座阿脱奴婆式建筑之一。该台为木桩基，钢筋水泥结构。底座宽11.3米、高4米，塔身高36.8米，塔顶报时球桅杆高9米；建筑总高度49.8米。建筑内置气候记录器、风速计、精密时钟、信号灯等仪器。1993年，整体向东移位22.4米。后被辟为外滩史陈列馆。

旅游区域及进出条件：

外滩气象信号台位于延安东路外滩段。交通便利，公交26路、42路、71路等多条线路以及轨道交通2号线、10号线等可到达。

保护与开发现状：

对外开放。1994年被上海市人民政府列为上海市优秀历史建筑。

外滩陈毅塑像

名称：外滩陈毅塑像

编号：HP40

资源类型：FCK

单体资源等级：4

行政位置：中山东一路

地理位置：31°14′28.08″N
　　　　　121°29′09.12″E

性质与特征：

外滩陈毅塑像位于南京东路外滩观光平台，像高5.6米，青铜浇铸；红色磨光花岗石底座高3.5米，正面镌刻"陈毅"、"1901～1972"字样。塑像坐北朝南，再现了陈毅视察工作时的典型姿态，显示他一路风尘、勤勤恳恳的公仆形象，以及和蔼可亲、虚怀若谷的儒将风度。陈毅塑像周边建有陈毅广场，南有音乐喷泉，外周正方，内圈椭圆，池底安装光源。周末举办陈毅广场音乐会。

陈毅是我国无产阶级革命家、政治家、军事家、外交家和诗人。1923年加入中国共产党。抗日战争时期历任新四军第一支队司令员，新四军代军长、军长。1949年后为第一任上海市长。1955年被授予元帅军衔。有《陈毅诗词选集》、《陈毅诗稿》等著作。

旅游区域及进出条件：

外滩陈毅塑像位于南京东路外滩段。交通便利，公交33路、37路、55路等多条线路以及轨道交通2号线、10号线等可到达。

保护与开发现状：

对外开放。

名称：董家渡天主堂

编号：HP41

资源类型：FAC

单体资源等级：4

行政位置：董家渡路175号

地理位置：31°12′59.16″N
　　　　　121°29′59.76″E

性质与特征：

董家渡天主堂（旧称圣方济各·沙勿略堂）为上海地区历史悠久的天主教堂，建筑面积1 835平方米，清咸丰三年（1853年）落成。曾是天主教江南教区主教座堂。自徐家汇天主堂落成后，董家渡天主堂传教中心的地位才被取代。

董家渡天主堂建筑风格表现出中西杂糅的特点。教堂正面为三段式。下段被4对爱奥尼克式柱划成3间，大门开有3个入口。进门旁的双柱中间有砖砌的中国式对联，外端的两对立柱间则塑有神龛；中段墙面正中嵌入一只圆形大时钟，其上两端各耸立一座钟楼，楼内铜钟据说是一个半世纪前的原物；上段山墙做成具有典型巴洛克风格的卷涡式样，中央辟出一额，直书"天主堂"3个大字；顶上竖起铁十字架，长近4米，据说有约1吨重。

大堂内部是拱顶而非穹顶，正对大门的尽头设有大祭台，与座堂用矮杆分隔；内墙和弧形平顶的装饰简洁，堂内中部有4个大拱券，上有泥塑装饰，地坪为大方砖，东西墙上开设半圆形固定铁栅的玻璃窗。堂内粗壮的立柱周长约有4米，其中一柱内还有楼梯可通往唱经楼。唱经楼是位于进门上的一道夹层，这里遥对远处的祭坛，侧望还可以清楚地看到堂内墙面高处的精美浮雕。这些浮雕以中国的莲、鹤、葫芦、宝剑、双钱等为内容，生动地体现了教堂中西合璧的特色。

旅游区域及进出条件：

董家渡天主堂位于董家渡路，邻近中山南路。交通便利，公交55路、65路等多条线路以及轨道交通4号线、9号线等可到达。

保护与开发现状：

对外开放。1989年被上海市人民政府列为上海市优秀历史建筑。1993年被上海市人民政府列为上海市文物保护单位。

名称：汉口路193号大楼
编号：HP42
资源类型：FDD
单体资源等级：4
行政位置：汉口路193号
地理位置：31°14′17.04″N
　　　　　121°28′54.24″E

董家渡天主堂

汉口路193号大楼

性质与特征：

汉口路193号大楼原为上海公共租界最高行政机构——工部局（Shanghai Municipal Council）大楼，占地面积8 000平方米，建筑面积达2.98万平方米，建成于1922年。1949年上海市人民政府、中国人民解放军上海市军事管制委员会于此宣告成立。

清咸丰四年（1854年）7月11日，鉴于太平天国运动开始波及苏、浙、沪一带，为了确保各自在上海的利益，英、法、美三方驻沪领事召集租界纳税人组成市政委员会。清同治元年（1862年），法方退出合作，英、美两租界于次年合并。清光绪十九年（1893年），英美租界更名为公共租界，工部局成为公共租界范围内最高行政当局。工部局大楼也就成为实际上的上海租界市政府驻地。

工部局大楼1914年年底开始动工兴建，至1922年11月基本建成。大楼呈环形，3面建房屋，南、东、北几个立面分别采用不同的风格；4个角都采用凹进方式；正门开在东北角，即江西路、汉口路西南转角处，正门为凹面扇形门廊，上有观景平台。因外墙用花岗石砌筑，俗称"石头房子"。楼内共有400间办公室；走廊过道和墙壁都采用大理石或者彩色釉面瓷砖；主要入口和通往董事会会议室的楼梯则采用黑白相间的大理石，办公室一般铺设杨松木、柳桉木地板。大楼中低压热水供应系统聘请了当时为伦敦市政厅设计供热系统的英国设计师诺布斯（W. W. Nobbs）来设计，楼内还配备当时最先进的自动电话交换机；内部所使用的卫生设备、电梯、热水汀都为当时的名牌进口产品。因此，其规模之大、建筑之豪华、设施之先进，在当时十分罕见。

旅游区域及进出条件：

汉口路193号大楼位于汉口路江西中路口。交通便利，公交17路、49路、64路等多条线路以及轨道交通2号线、10号线等可到达。

保护与开发现状：

现为机构用房。1989年被上海市人民政府列为上海市优秀历史建筑。

名称：中山东一路19号大楼

编号：HP43

资源类型：FDD

单体资源等级：4

行政位置：中山东一路19号

地理位置：31°14′26.59″N
　　　　　121°29′07.27″E

性质与特征：

中山东一路19号大楼前身为中央饭店（后改名汇中饭店）。初建于19世纪50年代，是英国式的三层楼房，清同治四年（1865年）汇丰银行在上海设立分行，就曾租用这个饭店营业。它曾经是当年上海最早最豪华的两家饭店之一。清光绪二十一年（1895年），汇中洋行通过股权交换，控制了中央饭店，并于清光绪二十九年（1903年）改名为汇中饭店。

清光绪三十二年（1906年），汇中饭店重建，清光绪三十四年（1908年）建成并对外开放。汇中饭店新楼占地面积2 125平方米，建筑面积1.16万平方米。六层砖木混合结构，总高30米。外墙用白色清水砖砌成，镶以红色水砖做腰线。门窗有圆弧拱，也有平拱，正大门为转门。屋顶曾建有花园。汇中饭店内部设有120套房间。清宣统三年（1911年）12月29日15：00，孙中山来沪，中国同盟会就在此大厅举行欢迎大会，并邀孙中山发表演说。清宣统元年（1909年）2月1～26日，万国禁烟大会也在这里召开。1956年改为和平饭店南楼。2008年后改建为斯沃琪和平饭店艺术中心。

旅游区域及进出条件：

中山东一路19号大楼位于南京东路东端，毗邻和平饭店。交通便利，公交33路、37路、55路等多条线路以及轨道交通2号线、10号线等可到达。

保护与开发现状：

对外开放。1989年被上海市人民政府列为上海市优秀历史建筑。

中山东一路19号大楼

名称：西藏南路123号大楼

编号：HP44

资源类型：FDD

单体资源等级：4

行政位置：西藏南路123号

地理位置：31°13′45.66″N
　　　　　121°28′03.18″E

性质与特征：

西藏南路123号大楼原为八仙桥基督教青年会，占地面积2 211平方米，建筑面积

西藏南路123号大楼

1.04万平方米,1931年落成。1984年改建为宾馆。

西藏南路123号大楼为中西合璧建筑,钢筋混凝土结构,楼高十层。建筑平面呈凹形。立面下部三层用花岗石砌筑,拱券入口和腰线饰以花纹。立面中部五层饰以泰山面砖。顶部一层,上下重檐,檐下饰斗拱,琉璃瓦屋顶。内饰仿中国宫殿油漆彩画,门扇仿中国宫殿隔窗。上海基督教青年会总部迁入此处后,鲁迅、郑振铎、赵朴初、胡愈之等曾在此活动。

旅游区域及进出条件:

西藏南路123号大楼位于宁海东路西藏南路口。交通便利,公交01路、23路、26路等多条线路以及轨道交通1号线、8号线、10号线等可到达。

保护与开发现状:

对外开放。1989年被上海市人民政府列为上海市文物保护单位和上海市优秀历史建筑。

名称:**中山东一路33号花园住宅**
编号:HP45
资源类型:FDD
单体资源等级:4
行政位置:中山东一路33号
地理位置:31°14′39.48″N
　　　　　121°29′07.08″E

性质与特征:

中山东一路33号花园住宅原为英国驻沪总领事馆,是上海外滩建筑群现存的唯一一座19世纪建筑物。初建于清道光二十九年(1849年)7月,清同治九年(1870年)12月24日深夜遭火焚毁,清同治十一年(1872年)6月1日在原址上重建,清同治十二年(1873年)建成,占地面积约3.86万平方米。1967年,原建筑改由上海友谊商店、上海市机关事务管理局使用。

该住宅为砖木混合结构,英国古典式建筑,草地西面为领事馆主屋,高两层,平面略呈"H"形，四坡顶屋面。正立面底层中部有5孔券廊，其内是大厅。立面上下窗洞呈平券式拱券，装有硬百叶窗，外墙为水泥粉刷勾勒横线条。底层和二层均有宽敞的遮阳长廊，屋顶使用中国的蝴蝶小青瓦。主屋北侧，清光绪八年（1882年）再建1幢二层砖木结构房屋作领事官邸，有廊与主屋连通。随着领事事务的扩大，后升格为英国驻沪总领事馆，内设地产处、华务处、护照登记处、货物事务处和案卷处等部门。这座百年建筑是上海外滩建筑群中保存年代最久的优秀近代建筑，虽然建筑局部经多次修理改动，但是仍保持基本格局，它是上海近代历史的一个重要见证。

旅游区域及进出条件：

中山东一路33号花园住宅位于苏州河与黄浦江交汇处以西。交通便利，公交33路、37路、55路等多条线路以及轨道交通2号线、10号线等可到达。

保护与开发现状：

现为机构用房。1994年被上海市人民政府列为上海市优秀历史建筑。

名称：徐光启故居

编号： HP46

资源类型： FDD

单体资源等级： 4

行政位置： 乔家路238号

地理位置： 31°13′11.22″N
121°29′24.30″E

性质与特征：

徐光启故居又称九间楼，为黄浦区境内仅存的一所明代宅第，因上下各有9间屋故称"九间楼"，据史书记载，建于明万历年间（1573～1619年），为明代徐光启

中山东一路33号花园住宅

徐光启故居

的出生地，距今已有400多年历史。

明代所建徐宅原有100余间，为三进式住宅，有"后乐堂"、"尊训楼"等建筑。清顺治二年（1645年）秋，清军南下时住宅遭到兵火，如今保留部分仅是当年徐宅最后一进"后乐堂"的一部分。据《淞云闲话》记载，徐光启曾与意大利人龙华民、邓玉涵、罗雅谷、汤若望等一起修历法，因西洋人习惯于居住楼房而特建"九间楼"。明万历三十六年（1608年），意大利传教士郭居静受徐光启邀请来沪传教，当时就居住此楼。徐光启辞官归故里后，也寓居于此楼，并撰写了中国历史上很有影响的《农政全书》。抗日战争时期，九间楼被毁去两间，因此今仅存二层砖木结构楼房7间，建筑面积缩小至685平方米。清顺治元年（1644年），清政府为了缓解满汉民族矛盾，特给明朝东阁大学士徐光启建牌坊"阁老坊"，后因妨碍交通和城市建设而被拆除。为了纪念徐光启，1933年，将"县基路"改名为"光启路"。

1949年后，"九间楼"内尚有明代古井三口及斗拱等饰物。后房屋屡经修缮，已失原貌，主要梁柱仍是明代硬木，节点的斗拱和部分梁与枋上的卷水云花纹尚存，柱础为覆盆式的石基。现存的徐光启故居仍保持历史风貌，硬木梁柱依然完好，柱础、斗拱、替木仍是当年旧物，宽厚的楼板也是明代遗物。

由于"九间楼"具有特殊的历史意义，1983年11月7日徐光启逝世350周年时，在其故居前树立了一块刻有"明徐光启故居"的石碑。

旅游区域及进出条件：

徐光启故居位于乔家路光启南路口。交通便利，公交64路、66路等多条线路以及轨道交通8号线、9号线等可到达。

保护与开发现状：

现为住宅。1983年被上海市人民政府列为上海市文物保护单位。

名称： 上海新天地
编号： HP47
资源类型： FDB
单体资源等级： 4
行政位置： 太仓路181弄
地理位置： 31°13′16.96″N
121°28′28.29″E

性质与特征：

上海新天地是上海的时尚新地标。原为石库门民居，1997年香港瑞安集团结合旧城改造，提出了石库门建筑改造的新理念：改变原先的居住功能，赋予它新的商业经营价值。改造项目由美国旧房改造专家本杰明·伍德建筑设计事务所和具东方文化背景的新加坡日建设计事务所负责，同济大学建筑设计院为顾问，1999年初开工建设，2007年6月全部建成，总投资1.5亿美元。通过改造，成功地将原来破旧的石库门住宅区改造成为集餐饮、购物、娱乐、休闲、文化于一体的时尚街区，占地面积3万平方米，建筑面积6万平方米。

上海新天地以兴业路为界，分为北部和南部两个部分，北部地块保留了大部分石库门建筑，还穿插了部分现代建筑；南部地块则以反映时代特征的新建筑为主，配合少量石库门建筑，一条步行街串连起南、北两个地块，新旧对话，交相辉映。

上海新天地

南部地块建成了一座总楼面积2.5万平方米的购物、娱乐、休闲中心,于2002年正式开业。这座充满现代感的玻璃幕墙建筑物,进驻了各有特色的商户,除了来自世界各地的餐饮场所外,还包括年轻人最爱的时装专门店、时尚饰品店、美食广场、电影院和极具规模的一站式健身中心,为本地和外地的消费者及游客提供了一个多元化且极具品味的休闲娱乐热点区。北部由多幢石库门老房子组成,保留了19世纪末上海石库门民居联排屋、三合院、砖墙、瓦屋、石门券等特征,并结合了现代化的建筑、装潢和设备,化身成餐厅、露天酒吧、茶室、咖啡屋、时尚店等多种高级消费场所。南北两部分以步行街贯穿,游人既可品味上海本土文化,又可领略现代生活形态,其中的露天酒吧更是上海夜生活的经典选择。

旅游区域及进出条件:

上海新天地位于淮海中路南侧、黄陂南路与马当路之间,毗邻中共一大会址纪念馆。交通便利,公交109路、146路等多条线路以及轨道交通1号线、8号线、10号线等可到达。

保护与开发现状:

对外开放。2007年被上海市商务委员会命名为上海特色商业街。

名称:卢浦大桥

编号: HP48

资源类型: FFA

单体资源等级: 4

行政位置: 黄浦区、浦东新区

地理位置: 31°12′56.32″N
121°27′25.56″E

性质与特征:

卢浦大桥是一座采用箱形拱结构设计建造的特大型拱桥。2000年10月25日开工建设。大桥全长3 900米,主桥为全钢结构,长750米,宽28.75米,一跨过江,主跨直径达 550 米，居世界同类桥梁之首，被誉为"世界第一钢拱桥"。主桥按 6 车道设计，引桥按 6 车道、4 车道设计，设计航道净空为 46 米，通航净宽为 340 米。主拱截面为 9 米、5 米宽，桥下可通过 7 万吨级的轮船。它是世界上首座完全采用焊接工艺连接的大型拱桥。工程总投资 20 多亿元，2003 年 6 月 28 日建成通车。

卢浦大桥融入了斜拉桥、拱桥和悬索桥 3 种不同类型桥梁的设计工艺，其桥身呈优美的弧形，整座桥犹如长虹架于黄浦江之上。卢浦大桥将观光平台安在巨弓般的拱肋顶端，这样的设计不但使观光高度增高，而且游客可沿拱肋的"斜坡"步行 300 多级台阶进行观光游览，增加其观光性、趣味性和运动性。游客先乘高速观光电梯直达 50 米高的桥面，再沿大桥拱肋步道拾级攀 280 米斜坡，可登临拱肋顶端高 100 米的观光平台。游客至此，黄浦江上的美景可尽收眼底，这里是鸟瞰上海世博园区的最佳位置。

旅游区域及进出条件：

卢浦大桥架设于鲁班路至济阳路之间的黄浦江江面上。交通便利，公交 17 路、36 路等多条线路以及轨道交通 4 号线、8 号线等可到达。

保护与开发现状：

对外开放。

名称：花园饭店

编号： HP49

资源类型： FDD

单体资源等级： 4

行政位置： 茂名南路 58 号

地理位置： 31°13′17.04″N
121°27′20.46″E

性质与特征：

花园饭店的前身为法国侨民在沪建立的法国总会。1989 年改建为五星级的花园饭店。

法国总会始建于 1924 年，1926 年竣工使用。由法商赉安洋行设计，姚记营造厂施工承建。花园饭店为法国宫廷式建筑，钢筋混凝土结构，建筑面积 6 000 平方米。该建筑坐北朝南，高两层；在主入口处呈弧形平面凸出，底层为仿粗石拱门券、窗，

卢浦大桥

二层楼的两侧为爱奥尼式柱廊。室内装饰华贵而高雅。走进内厅，有带壁龛的用金色马赛克贴铺的墙壁、造型精致的金属花饰扶手、以姿态优美的女神浮雕作支撑的前厅立柱，还有椭圆大厅中间凹陷处装有弹簧的弹性地板以及彩色玻璃拼成的船脊造型的透光天花板。

1949年后改为上海文化俱乐部。1959年，毛泽东巡视上海时下榻于此处。1960年，划归锦江饭店管理，改称"58号俱乐部"。1984年，由日本野村证券株式会社投资1.28亿美元兴建成花园饭店，主楼楼高三十四层，建筑高度约120米，1989年竣工，翌年3月开始营业。饭店新建的主楼与保留着法国总会原有建筑风貌的裙楼体现了新潮与传统的共存。

旅游区域及进出条件：

花园饭店邻近淮海中路。交通便利，公交24路、26路、41路等多条线路以及轨道交通1号线、10号线等可到达。

保护与开发现状：

对外开放。1994年被上海市人民政府列为上海市优秀历史建筑。

名称：**韬奋纪念馆**
编号：HP50
资源类型：FDD
单体资源等级：4
行政位置：重庆南路205弄53号、54号
地理位置：31°12′57.69″N
　　　　　121°27′59.51″E

性质与特征：

韬奋纪念馆为法式三层里弄住宅，邹韬奋1930年迁居于此，一直住到1936年。现53号为陈列馆，54号为故居。纪念馆展出实物绝大部分是原件，并配以图片、实物和文字来介绍邹韬奋生平事迹。陈列有藏品3 378件。

邹韬奋（1895～1944年）（名恩润），江西余江人，著名新闻记者、出版家和政论家。邹韬奋1921年毕业于上海圣约翰大学。1926年主编《生活》周刊。1932年创办"生活书店"。1935年创办《大众生活》周刊和《生活》日报。1936年因参加救亡运动而被捕，为著名"七君子"之一。后

花园饭店

韬奋纪念馆

在上海、武汉、重庆等地主编《抗战》、《全民抗战》等刊物。皖南事变后被迫出走，在香港复刊《大众生活》。1942年赴苏北抗日民主根据地。逝世后被追认为中国共产党党员。

旅游区域及进出条件：

韬奋纪念馆近复兴中路。交通便利，公交17路、24路、36路等多条线路以及轨道交通1号线、9号线、10号线等可到达。

保护与开发现状：

对外开放。韬奋故居1977年被上海市人民政府列为上海市文物保护单位。韬奋纪念馆2005年被上海市红色旅游工作协调小组命名为上海红色旅游基地；现为上海市爱国主义教育基地。

名称：大韩民国临时政府旧址
编号： HP51
资源类型： FDD
单体资源等级： 4
行政位置： 马当路306弄4号
地理位置： 31°13′08.93″N
　　　　　　 121°28′12.58″E

性质与特征：

大韩民国临时政府旧址为砖木结构的三层石库门建筑，建于1925年，1993年修复开放。清宣统二年（1910年）日本吞并朝鲜半岛，1919年的"三·一起义"后，大批韩国爱国志士流亡到中国，继续从事反日活动。1919年4月11日，"大韩民国临时政府"在上海成立，在第一次临时政府代表会议上，通过了临时宪法，并选举李承晚为临时政府总统。临时政府成立后，以1919年为大韩民国元年。1920年后，金九成为临时政府负责人。1926年，大韩民国临时政府迁入今址，成为韩国临时政府在境外办公时间最长、保存最完整的旧址。其时，由金九任国务领（相当于总统）。1932年4月29日，韩国志士尹奉吉在虹口公园投弹，炸死、炸伤侵华日军司令白川义则等7人。事后，韩国临时政府被迫撤离上海。大韩民国临时政府旧址修复之后正式对外开放，曾接待过3位韩国总统、2位韩国国务总理、3位国会议长。20年来，作为韩国独立运动的圣殿、中韩共同抗日的象征，大韩民国临时政府旧址至今已接待了逾百万名各国参观者。

旅游区域及进出条件：

大韩民国临时政府旧址位于马当路与淡水路之间。交通便利，公交17路、109路等多条线路以及轨道交通1号线、8号线、10号线等可到达。

保护与开发现状：

对外开放。1990年被卢湾区人民政府列为卢湾区文物保护单位。

大韩民国临时政府旧址

名称：周公馆

编号：HP52

资源类型：FDD

单体资源等级：4

行政位置：思南路 73 号

地理位置：31°12′57.78″N
　　　　　121°27′50.17″E

性质与特征：

周公馆是 1946 年 6 月至 1947 年 3 月周恩来在上海的寓所，也是中国共产党代表团驻沪办事处，又称"周恩来将军寓所"，俗称"周公馆"。周恩来多次在此举行记者招待会，会见社会各界著名人士。1949 年后，在原址设立纪念馆。1979 年修复开馆。

周公馆建于 20 世纪 30 年代，为砖木结构的法式花园住宅。由法商出资建造，占地面积 668.5 平方米，建筑面积 608 平方米，总体布置为屋高三层，中部四层。建筑顶部为红瓦砖镶嵌，局部作转折屋檐，外墙立面置卵石，清水砖镶嵌，局部墙面采用水泥拉毛饰面，有多种式样窗口。南向两层，大阳台旁设置室外楼梯通往花园，屋内另设半地下室。楼底层为厨房、服务人员的住房和门房，1 楼为会客室，东西两侧为起居室、卧室和卫生间。2 楼为起居室、卧房和浴间。3 楼除卧室、卫生间外，还设有储藏室。底层楼外设露天扶梯，2 楼、3 楼室内另设盘旋式柚木扶梯。1 楼和 2 楼均设南向内阳台，装花铁栅栏，门窗、地板、护壁板均以柚木制成，屋顶盖筒瓦，屋面四坡顶，外墙立面为水泥拉毛。

周公馆楼前是一片草地，垒有假山，设有喷水池。四周植有冬青、龙柏、雪松、棕榈树等树木，环境幽静宜人。在绿茵茵的草坪中央，栽有一棵枝叶茂盛的大塔松。夏秋时节，周恩来喜欢在晚饭后踱步到塔松下，坐在藤椅上，与工作人员一起讨论工作。

1979 年，周公馆经大规模的整修，其建筑从原来的木结构改为钢筋混凝土结构，楼面用钢梁、钢柱加固，并尽量保持其原貌。一层是周恩来办公室兼卧室（东）；三层朝北为董必武办公室兼卧室。周恩来卧室、董必武卧室等部分恢复原来的摆设；中国共产党代表团驻沪办事处旧址内家具陈设为复制品。陈列室陈列有周恩来墨迹等珍贵纪念物。

旅游区域及进出条件：

周公馆位于思南路复兴中路口。交通便利，公交 36 路、41 路等多条线路以及轨道交通 1 号线、9 号线、10 号线等可到达。

保护与开发现状：

对外开放。1977 年被上海市人民政府列为上海市文物保护单位。2005 年被上海市红色旅游工作协调小组命名为上海红色旅游基地。现为上海市爱国主义教育基地。

名称：**瑞金宾馆**

编号：HP53

资源类型：FDD

单体资源等级：4

行政位置：瑞金二路118号

地理位置：31°12′33.61″N
　　　　　121°27′25.62″E

性质与特征：

瑞金宾馆原为英商马立斯花园住宅和日商三井花园住宅，占地面积约7.72万平方米，建筑面积9 855平方米，由4幢高雅别致、风格各异的花园住宅组成。

马立斯花园住宅的主楼（瑞金宾馆1号楼）为英国古典主义建筑样式，建于1917年。该楼为二层楼住宅，建筑面积1 335平方米，由马立斯洋行设计。建筑格局宏伟，红砖清水墙面，转角设隅石装饰，红砖和石材的色彩与质地的对比，使外墙显得简洁而清丽。该建筑两侧略带对称，门前一对中国石狮神态威武。2楼有宽敞的露天阳台、平拱的百页木窗、坡度较陡的四坡顶屋面，屋面铺盖着红色的洋瓦。山墙一侧别致的壁炉烟囱2～3个一组伸出屋面，这一切均体现出设计者的别出心裁。底层中间三开间，外面是一个略带圆弧形的双柱廊，采用塔司干双柱式，使室内外空间富有过渡层次，古朴淳厚。廊前有水池，建有雕塑及花坛等小品，环境十分优美。楼内餐厅、卧室、书房等用桃花木雕护壁、柚木拼花地板、石膏平顶装饰。大餐厅有水晶大吊灯、大理石地坪，室内装饰十分考究。山墙及楼层部分露深色构架，檐口、窗框及阳台、栏杆等用细石作简洁的古典装饰，为典型的英国乡村式别墅。同济大学园林建筑学家陈从周为其取名"卧茵楼"，因其静静地横卧在绿草如茵的草坪上而得名。主楼与辅楼（瑞金宾馆2号楼）连成一体，建筑平面构成"L"形。

1924年，花园东北部出售给日商三井洋行，与西面加墙相隔，称为三井花园。花园里面也有几座楼房，今瑞金宾馆4号楼为独立式意大利文艺复兴时期风格的庄园别墅，抗日战争时期为日军最高指挥部的指挥所。今瑞金宾馆3号楼（绮思楼）楼口耸4根大理石方柱，彩绘水晶玻璃墙有名画仿作，曾用作国民党中统机关励志社。在今瑞金宾馆的花园深处有一对石狮守护着一扇拱形门廊，为宋代"淡井庙"入口地。

1949年后，马立斯花园住宅和三井花园住宅由人民政府接管，拆除几处围墙，恢复为一体，改为国宾馆，接待世界各国来访的国家元首和重要人士。20世纪80年代改建为瑞金宾馆。因长期用作国宾馆，故整个建筑保存完好，风姿依旧。

旅游区域及进出条件：

瑞金宾馆位于瑞金二路永嘉路口。交通便利，公交24路、41路、96路等多条线路以及轨道交通1号线、9号线、10号线等可到达。

保护与开发现状：

对外开放。瑞金宾馆1号楼1989年被上海市人民政府列为上海市文物保护单位和上海市优秀历史建筑。瑞金宾馆3号楼、4号楼1999年被上海市人民政府列为上海市优秀历史建筑。

名称： 复兴公园
编号： HP54
资源类型： FAD
单体资源等级： 4
行政位置： 复兴中路516号
地理位置： 31°12′30.18″N
　　　　　　121°27′27.78″E

性质与特征：

复兴公园原名顾家宅公园、法国公园、大兴公园，是上海地区历史悠久的公园之一。清光绪二十六年（1900年），法租界公董局以白银7.6万两买下顾家宅的土地10.13万平方米，并将其中7.47万平方米租给法军建造兵营，所以此地也被称为顾家宅兵营。清光绪三十四年六月初三（1908年7月1日），公董局全体会议通过，决定把顾家宅兵营辟建为公园，同年建园工程开工，聘用法籍园艺家柏勃（Papot）为工程助理监督。清宣统元年（1909年）四月落成，同年五月二十七日（7月14日，为法国国庆日）开放，并命名顾家宅公园，俗称"法国公园"。1945年公园改名为复兴公园。复兴公园东邻重庆南路，南临复兴中路，西近思南路，北与科学会堂等为界，占地面积8.89万平方米。

公园早期按欧洲风格作规则式布局，园内有几何形花坛和大草坪，在草坪边建有音乐演奏亭，后来增加一座避雨棚，设有其他园林建筑。1912年，为纪念清宣统三年四月初八（1911年5月6日）在上海上空作飞行表演而失事身亡的法国人环龙（Vallon），在公园北部建立"环龙纪念碑"。1917年，公董局聘法籍工程师如少默（Jousseaume）负责公园的大规模扩建和

复兴公园

比较彻底的改建，1926年基本完成。当时，公园北部有两个并列的大花坛。原南昌路入口处的玫瑰园是一个椭圆形图案式大花坛，今雁荡路入口处是一个方形图案式大花坛。公园中部北面是一个长方形的花坛，其两边为连续花坛群，中间有喷水池；中部南面为大草坪，边沿有音乐亭；园西南部及南部为中国园，有假山、瀑布、荷花池、小溪；在南北干道以东，北面为一个小花园，南面是一个小动物园。公园饲养动物始于1916年，起初是法侨赠送的几只鹤和两只天鹅，以后又增加了一些小动物。1937年拆除了音乐亭，1950年拆除了环龙纪念碑，其余部分大体都保留下来了。

如今的复兴公园，是以规则式与自然式相结合的布局。北部、中部以规则式布局为主，有毛毡花坛，中心喷水池，月季花坛，以及南北、东西向主要干道；西南部以自然式布局为主，有假山区、荷花池、小溪、曲径小道、大草坪。融中西式为一体，突出法国规则式造园风格，为公园的一大特点。其中，毛毡花坛位于大草坪北面、公园东西向两条干道之间，呈长方形，面积为2742平方米。花坛地形低于四周，为法国式沉床花坛。其内有6只图案式花坛，中间以小径分隔。沉床花坛中心面积154平方米，有喷泉和孩童戏水不锈钢雕像。水池周围有环状花坛，围以铁链栏杆。花坛以绿草为底，一年四季以红绿草、三色堇、金盏菊、朝天椒、扶郎花、瓜叶菊、太阳花等植物不断更换，形成各种图案。这些图案色彩绚丽夺目，远看如织锦，又极似美丽的地毯，故称为毛毡花坛，为公园的主要景色。当喷水池喷射时，水花向四周散发，形成多层的喷水景观，如冲天水柱，又如珠帘倒垂，与池旁红花绿草相映成景。

旅游区域及进出条件：

复兴公园位于复兴中路重庆南路口。交通便利，公交36路、911路等多条线路以及轨道交通1号线、9号线、10号线等可到达。

保护与开发现状：

对外开放。2002年被上海市绿化和市容管理局评为上海市四星级公园。

名称：**步高里**
编号：HP55
资源类型：FDC
单体资源等级：4
行政位置：陕西南路287弄
地理位置：31°13′03.90″N
　　　　　121°27′17.52″E

性质与特征：

步高里是上海保存比较完整的整组里弄住宅建筑，占地面积6940平方米，建筑面积1万余平方米，1930年由法商建造。

步高里融合了欧洲联排屋的建筑风格，由78幢砖木结构二层楼房组成了一个完整的里弄街坊格局。在空间构成上保持了传统住宅的中心轴，沿袭了中国传统住宅样式，对局部造型的处理更多地采用了西洋建筑的手法，属于中西折中的石库门里弄样式。步高里南面和西面弄堂口的中国式牌楼独具特色，主弄宽约2.5米，支弄弄堂口都有半圆拱形顶。由主弄走进去，经过3条支弄，左右各有坐北朝南的房屋4排；等走到第四条支弄的时候，房屋朝向又有一变，接下来是坐西朝东的2排建筑分列左右，沿着第四条支弄向西走到尽头，就是西面的过街楼。

屋顶分为西面屋顶和南面屋顶。西面

步高里

屋顶是"人"字形连着小"八"字形，水泥封顶，正当中有一扇半圆形水泥封边小窗；南面屋顶较之西面屋顶又有不同，小"八"字形的墙面向下延伸约1米，以倾斜等宽九级阶梯支撑，斜面看上去有些像"搓衣板"，正当中是正八边形小窗，中间以横条相连。房子坐北朝南，为三层，有的住户仍保留着瘦长的木质百叶窗。建筑平面以单开间为主，红瓦屋脊，老虎窗藤蔓盘绕，乌漆大门，背后有小天井，堆放晾衣竿、搓衣板等居家用品。步高里52号为巴金旧居，巴金曾在此创作《海的梦》。

旅游区域及进出条件：

步高里位于陕西南路与建国西路交界处。交通便利，公交17路、24路、41路等多条线路以及轨道交通9号线、10号线等可到达。

保护与开发现状：

现为住宅。1989年被上海市人民政府列为上海市文物保护单位和上海市优秀历史建筑。

名称：兰心大戏院

编号： HP56
资源类型： FBC
单体资源等级： 4
行政位置： 茂名南路57号
地理位置： 31°12′51.78″N
　　　　　　121°27′23.18″E

性质与特征：

兰心大戏院是上海地区早期的欧洲式剧场。清同治五年（1866年）在沪外国侨民组成爱美剧社，因英国人占多数，又称大英剧社。后在圆明园路（今虎丘路）建了一座简陋的木结构剧场，此是中国第一座西式剧场。清同治六年（1867年）3月1日，首次公演《势均力敌》和《梁上君子》两剧，开了中国话剧的先河。1929年易地今址新建兰心大剧院，1931年2月竣工开业，当月5日由兰心董事、英国驻沪领事白利南主持启门典礼。1953年更名为"上海艺术

剧场"，1991年恢复原名"兰心大戏院"。

兰心大戏院建筑为钢筋混凝土结构，高三层。外墙贴棕色面砖，2楼有3扇券窗，3楼有并列的3扇框窗，均有铁栏杆阳台，窗栏、窗框和墙角用假石装饰。观众厅有723个座位，楼下490个，楼上233个。舞台面积为19.5米宽，纵深10米，其面积几乎与观众厅相等，可演出交响乐。台下有乐池，舞台两侧有库房，储存及更换布景均有机械设备从库房中推动上台，有自动定位吊杆25道。后台有小型化妆间8个，东面有更衣室，楼上还有排演室。各层内墙和平顶的花纹线脚均甚细巧。剧院内华丽而舒适，处处显示出精准的设计，无论观众坐在哪个座位都能看到舞台的正中。所以除演话剧、放电影外，还举办交响乐、室内乐和独唱音乐会。这样的设施装备，在当时的上海首屈一指。

兰心大戏院开业之初因话剧演出不多，便开始兼营电影，首场是美国派拉蒙公司出品的电影《女儿经》。兰心大戏院主要以上演话剧及歌舞剧为主，曾演出《雷雨》、《日出》、《秋》、《文天祥》、《岳飞》、《夜店》等名剧。1945年10月10日，阔别舞台10年已蓄须明志（不为日伪唱戏）的梅兰芳，在兰心大戏院首次出演《刺虎》。

旅游区域及进出条件：

兰心大戏院邻近花园饭店及锦江饭店。交通便利，公交 24 路、26 路、41 路等多条线路以及轨道交通 1 号线、2 号线、10 号线等可到达。

保护与开发现状：

对外开放。1994 年被上海市人民政府列为上海市优秀历史建筑。

名称：科学会堂历史建筑
编号： HP57
资源类型： FAA
单体资源等级： 4
行政位置： 南昌路 47 号
地理位置： 31°13′12.25″N
　　　　　　　121°27′47.12″E
性质与特征：

科学会堂历史建筑原为法国总会，建于 1917 年，由法籍建筑师万茨和舍伦设计，姚新记营造厂施工承建。1925 年法国总会迁出，此处用作公董局学校和法国学校。1949 年后用作上海市科学技术协会办公楼。1958 年成立科学会堂，由陈毅题字"科学会堂"。

科学会堂历史建筑坐北朝南，二层砖混结构。建筑体量较大，立面对称。外立面以米黄色为主色调，配以彩色瓦砖组合成的红色屋顶，与楼前大片茵茵草地相映，美丽又和谐。在红色瓦砖砌成的屋檐上，镶嵌着米色的时钟。大门为法国古典式弧形门厅，大堂内弧形花窗由彩色玻璃镶嵌，走廊为拼接得天衣无缝的弹格式木地板。南向二层均通外廊、阳台；红瓦屋面错落起伏，中部为盔式四坡顶，南北坡上立有装饰性山墙花；外墙多用券窗，檐下为木制牛腿。

旅游区域及进出条件：

科学会堂历史建筑位于南昌路雁荡路口，邻近复兴公园、孙中山故居和周公馆。交通便利，公交 167 路、198 路、926 路等多条线路以及轨道交通 1 号线、10 号线等

科学会堂历史建筑

可到达。

保护与开发现状：

现为机构用房。1994年被上海市人民政府列为上海市优秀历史建筑。

名称：《新青年》编辑部旧址

编号： HP58

资源类型： FDD

单体资源等级： 4

行政位置： 南昌路100弄2号

地理位置： 31°13′16.38″N
121°27′50.88″E

性质与特征：

《新青年》编辑部旧址为二层砖木结构的石库门建筑，建于1912年，时为安徽都督柏文蔚私宅。1920年1月，陈独秀夫妇由京迁沪，居楼上厢房。1920年9月，《新青年》编辑部迁入楼下客厅办公。

《新青年》编辑部旧址在1921年中国共产党成立后一度为中共中央所在地，《新青年》也一度为中共中央机关刊物。《新青年》编辑部旧址楼下客堂间挂有小黑板，上面写着："会客谈话以十五分钟为限"。厢房用作《新青年》编辑部。亭子间为《共产党》月刊（由中国共产党上海发起组创办）的编辑室，陈望道、沈雁冰、李汉俊等一并在此办公或居住。

《新青年》编辑部旧址

旅游区域及进出条件：

《新青年》编辑部旧址位于南昌路，近雁荡路。交通便利，公交42路、167路、198路等多条线路以及轨道交通1号线、10号线等可到达。

保护与开发现状：

现为居民住宅。1980年被上海市人民政府列为上海市文物保护单位。

名称：陕南邨

编号： HP59

资源类型： FDC

单体资源等级： 4

行政位置： 陕西南路157～187号

地理位置： 31°12′56.26″N
121°27′22.80″E

性质与特征：

陕南邨原名亚尔培公寓，又名皇家公寓，坐落于陕西南路（原名亚尔培路）东侧，复兴中路（原名辣斐德路）北侧，东近茂名南路（原名迈尔西路），北近淮海中路（原名霞飞路），由法国天主教普爱堂投资，建造于1932年，占地面积1.67万平方米，建筑面积2.31万平方米，为花园公寓式里弄住宅，抗日战争前为在沪外国人居住区。1949年后改名陕南邨。

陕南邨共有16幢建筑，为欧洲近代住宅风格，由蝶式点状四层住宅组成一个建筑群，多坡红瓦屋顶，清水红砖墙，淡黄色水泥拉毛饰面构成线条团装饰，建筑正面设大玻璃阳台，通风采光条件良好。总体设计中房屋采取错开布置，单体设计中采用蛙形平面，以增加采光和朝南房间，同时也丰富了立面造型。16幢建筑共32个单元，每个单元有3室户8套，合计128套；二层砖木结构楼房3排、37个单元，另有汽车间86间。每套一户居住，包括起居室、卧室、餐室、厨房、浴厕间和佣人卧室等，分前后两段，前面为主要房间，室内均有壁橱，卧室与浴厕间相通。隔墙为起居室，在起居室南端设有半圆形八角亭

陕南邨

相通。起居室与餐室之间设活动拉门分隔，后面为次要房间，即厨房间、佣人卧室及小件套卫生间、佣人使用的便梯。公寓底层入口处均有小门厅，二层以上不另设门厅，直达扶梯间。陕南邨每个单元的小门厅也都精雕细刻，水门汀的地板，有马赛克镶出台阶的边缘。每幢公寓均单独设锅炉间、煤仓以及垃圾管道等。公寓间距为1∶0.5～1∶0.8，利用点状空隙得当，因此通风采光不受影响。结合地形布置汽车间和道路，空隙土地植以花卉和树木，绿化面积达1 600平方米，四季常青，并有花岗石砌筑的人行小道纵横在绿茵草坪之间，形成一个优雅的居住环境。陕南邨的老公寓集中体现了公寓式建筑的优点：宽敞优雅，充满阳光，还有浓浓的人情味。

陕南邨居住过不少文化名人，有著名记者舒宗侨、电影明星王丹凤、作家黄裳等。

旅游区域及进出条件：

陕南邨位于陕西南路复兴中路口。交通便利，公交41路、96路等多条线路以及轨道交通1号线、10号线等可到达。

保护与开发现状：

现为住宅。1994年被上海市人民政府列为上海市优秀历史建筑。

名称： 淮海坊
编号： HP60
资源类型： FDC
单体资源等级： 4
行政位置： 淮海中路927弄
地理位置： 31°13′25.26″N
　　　　　　121°28′31.86″E

性质与特征：

淮海坊又名霞飞坊，由教会普爱堂投资建造于1924年，占地面积1.73万平方米，是上海著名的新式里弄住宅。

淮海坊共有三层砖木结构房屋199幢。里弄宽敞，取消了石库门，围墙降低到2.5米，改用铸铁大门，天井也缩小了。由于地形狭长，总平面布置采用行列式，特别是将30个单元拼接在一起，这在上海里弄住宅中也是不多见的。建筑式样上摆脱了石库门的模式，仿法国式住宅，安装钢窗。布置壁炉烟道和抽水马桶间，厨房内安装煤气。淮海坊所在地段闹中取静，因此房屋出租率很高，但是3楼没有卫生间，只能与2楼合用，给居民带来不便。

淮海坊南朝南昌路，北面是淮海中路，东面为茂名南路。这里住过众多的文化界人士。5号曾是进步人士杨杏佛的住宅，

淮海坊

33号曾住过剧作家陈西禾，42号曾住过科学家竺可桢，63号曾住过开明书店顾均正。作家夏丏尊从1937～1946年居住于3号。此外，从开明书店迁来的叶圣陶、金仲华、索非、唐锡光、萧军、萧红等初到上海时，首先租住在法租界拉都路北段"元生泰"杂货铺后楼的亭子间里，以后又搬至北四川路西侧的永乐里，再迁至淮海坊。1937年，徐悲鸿也曾在淮海坊居住过。20世纪30年代末，巴金住在淮海坊59号，今门外有牌子"著名文学大师巴金1937年曾在此居住"，3楼为巴金住宅，他在此撰写了《春》、《秋》、《寒夜》等名作。1936年底，许广平携子周海婴居住在淮海坊64号，直至1948年离开上海为止。许广平母子在此生活了十几年，周建人一家其时也与他们相邻，彼此互相照顾。鲁迅的著作就由许广平精心保存在淮海坊63号的3楼。周海婴后来在撰写《我与鲁迅七十年》时，也运用了大量的笔墨写到此间的轶事。

旅游区域及进出条件：

淮海坊位于茂名南路与陕西南路之间。交通便利，公交24路、926路等多条线路以及轨道交通1号线、10号线等可到达。

保护与开发现状：

现为住宅。2005年被上海市人民政府列为上海市优秀历史建筑。

名称：**玫瑰婚典**
编号：HP61
资源类型：HDA
单体资源等级：4
行政位置：黄浦区
地理位置：无

性质与特征：

玫瑰婚典起始于1998年，是由上海市旅游局、原卢湾区人民政府在上海旅游节期间创意推出的大型主题婚礼活动，曾被中国国家旅游局作为旅游与社会协调发展的一个成功案例在APEC会议上作专题介绍。玫瑰婚典关注大众，服务民生，经过10余年的精心打造，先后在苏、浙、鲁、冀等省市中的10个城市，以及马来西亚、新西兰、法国、瑞士、德国、奥地利、韩国、美国夏威夷、俄罗斯、爱尔兰、中国香港等十几个国家和地区，有2.5万多对新人通过玫瑰婚典步入神圣的婚礼殿堂，有2 000多对新人组团来上海参加玫瑰婚典。玫瑰婚典倡导时尚婚礼，开创婚礼文化的先河，造就大型主题婚典的典范，成为每年上海旅游节期间广受欢迎的主题活动之一。

花车巡游是玫瑰婚典重要的展示活动，花车经日本花艺大师精心装扮，新人携手乘花车途经繁华典雅的淮海中路，飞扬的玫瑰花瓣传递出最甜蜜的祝福。玫瑰婚典因其形式新颖独特而受到社会各界的普遍认同，因此，每年都会受到媒体的特别关注。

1999年底，玫瑰婚典同新加坡旅游局、丽星游轮公司合作，首次带领新人走出国门。2004年，玫瑰婚典应邀参加中法文化交流年闭幕式上海周的活动。28对新人在法国巴黎的都日里公园分别展示传统婚礼与时尚的玫瑰婚典。10多年来，中国"玫瑰"飘香在多个国家和地区，举办了海滩、海底潜水、皇家园林、皇家宫殿、教堂等各种形式的婚礼，受到青年人的喜爱。

旅游区域及进出条件：

玫瑰婚典之花车巡游活动每年上海旅

玫瑰婚典

游节期间在淮海中路举行。交通便利，公交42路、167路等多条线路以及轨道交通1号线、10号线等可到达。

保护与开发现状：

对外开放。与境外旅游局、知名品牌合作举办蜜月旅游。

名称：思南公馆

编号：HP62

资源类型：FDD

单体资源等级：4

行政位置：思南路51～59号

地理位置：31°12′52.43″N
　　　　　121°28′04.99″E

性质与特征：

思南公馆旧名义品村，为独立式花园住宅，占地面积5万余平方米，建于1921年。1999年底，原卢湾区启动保护改造"思南公馆"项目，历经10年，于2010年正式对外开放。

思南公馆被列为上海市历史文化风貌区和优秀历史建筑保留保护改造试点项目，东起重庆南路，西至思南路西侧花园住宅边界，南邻上海交通大学医学院，北抵复兴中路，位于原卢湾区第47、48街坊，是上海成片花园住宅较集中的区域，历史人文底蕴也相当深厚，孙中山故居、周公馆、柳亚子故居、梅兰芳故居等一大批近代名人住宅都在此区域内。思南路项目分东、西两块，东块为原卢湾区47街坊，西块为原卢湾区48街坊，需要保留保护的老建筑51幢（包括周公馆2幢），其中有39幢先后被确定为上海市优秀历史建筑。研究表明，上海近代曾出现10种历史建筑类型，除了石库门和高层公寓2种外，还包括了独立式花园住宅、联排式住宅、联立式花园住宅、新式里弄住宅、花园里弄住宅、现代公寓式住宅、外廊式住宅、带内院独立式花园住宅这8种住宅类型，堪称上海历史建筑博物馆。思南公馆总建筑面积7.88万平方米，其中保留保护的老建筑近3万平方米，新建建筑2.7万平方米以及2.2万平方米的地下空间。

思南公馆有23幢欧式花园别墅，砖木混合结构，以三层楼高为主。红瓦四坡顶，有木屋架，木板封檐，顶上有壁炉烟道孔。外墙为素色水泥嵌杂色鹅卵石，底部为600毫米水泥勒脚，上有仿石砌分割线。每幢住宅有3处形式各异的门洞：西立面砖砌圆拱门，南立面为平拱门廊，东立面为尖拱门。双层木窗，外层为百叶窗，水泥窗台。南立面二层和三层的阳台宽大开敞，北立面有托架支撑的悬挑阳台和木饰栏杆。壁炉分布在二层和三层，精致木装修，炉口贴绿色琉璃砖。阳台为水磨石

思南公馆

光明中学历史建筑

或拼花地砖。中国共产党代表团驻沪办事处曾设于思南路73号。经过改造,大多数洋房已改建成为兼具私密性和舒适性的会所型宾馆,成为具有上海近代独特文化和历史底蕴的高品质生活居住区。

旅游区域及进出条件:

思南公馆位于思南路复兴中路口。交通便利,公交36路、41路等多条线路以及轨道交通1号线、9号线、10号线等可到达。

保护与开发现状:

现为酒店与餐饮用房。1994年被上海市人民政府列为上海市优秀历史建筑。

名称:光明中学历史建筑

编号:HP63

资源类型:FAA

单体资源等级:3

行政位置:西藏南路181号

地理位置:31°13′41.52″N
121°28′34.53″E

性质与特征:

光明中学所在地原为清光绪十二年(1886年)建造的"法文书馆",是法租界公董局设立的以教授华人法语为主的一所学校,原址在金陵东路63号(旧称公馆马路)。清宣统三年(1911年)改为"中法学堂",学校实行法国学制。1913年5月15日落户于今址。1923年增建三层砖混结构的教学大楼,占地6 000平方米,建筑面积为6 725平方米,呈现出"山"字形内廊式平面布局。建筑外墙为清水黄砖墙,白石灰勾缝。立面以竖向线条为主,分层装饰白色腰线,庄重而简洁。女儿墙有一行花饰,大楼前是一个操场,操场可作为一个小型足球场,操场四周设田径跑道和体操设施。1946年改名"中法中学",1951年改名"光明中学"。

旅游区域及进出条件:

光明中学历史建筑位于淮海东路西藏南路口。交通便利,公交17路、18路、23路等多条线路以及轨道交通1号线、8号线、10号线等可到达。

保护与开发现状:

现为教育机构。1994年被上海市人民政府列为上海市优秀历史建筑。

名称：人民公园
编号：HP64
资源类型：FAD
单体资源等级：3
行政位置：南京西路231号
地理位置：31°14′03.96″N
121°27′59.88″E

性质与特征：

人民公园所在地原为清咸丰十年（1860年）建造的上海跑马总会，1952年改建为人民公园，2000年再度进行综合改建。人民公园占地面积10万平方米。

人民公园体现了现代自然园林的风格。公园内有海棠园、翠碧湖、荷花池、西山瀑布等传统景观区域，玉兰园、玫瑰园等现代景观区域，旱喷泉、健康步道、儿童乐园、英语角等文化娱乐区域。花卉展示厅是人民公园的标志性建筑，全透明的玻璃幕墙与上海大剧院、上海城市规划展示馆等景观建筑融为一体。园北"五卅运动纪念碑"由陈云题字、陆定一撰写碑文。园中"南极之石"为中国南极考察队从南极乔治岛带来的纪念物。

旅游区域及进出条件：

人民公园位于南京西路，邻近上海美术馆和人民广场。交通便利，公交18路、20路、37路等多条线路以及轨道交通1号线、2号线、8号线等可到达。

保护与开发现状：

对外开放。2002年被上海市绿化和市容管理局评为上海市四星级公园。

名称：上海老城隍庙
编号：HP65
资源类型：FAC
单体资源等级：3
行政位置：方浜中路249号
地理位置：31°13′40.20″N
121°29′16.74″E

性质与特征：

上海老城隍庙是上海重要的道教宫观。相传明永乐年间（1403～1424年）上海知县张守约将方浜路上的金山神庙（又名霍光神祠）改建为城隍庙。现城隍庙庙宇为1926年重建，钢筋水泥结构，殿高16米，进深21米，彩椽画栋、翠瓦朱檐。抗日战争胜利后，为了与原址在金陵西路连云路口的新建城隍庙相区别，此庙被称为上海老城隍庙。其鼎盛时期的总面积曾达3.3万平方米，如今的总面积2 000平方米，1994年开始恢复宗教活动。

城隍是道教中城市的保护神。上海老城隍庙曾供奉东汉名将霍光、元末明初秦裕伯和清朝江南提督陈化成3位城隍爷，

人民公园

上海老城隍庙

相沿成习，霍光成为上海资格最老的城隍爷。秦裕伯是元末明初河北名人，曾在上海居住过。传说他是一个孝子，因其母感叹未见过金銮殿，故专门建造一座像金銮殿的建筑。后被人告密，皇帝派人来查时，他连夜将金銮殿改成金山神庙，躲过一劫。清军南下，遭到上海百姓的强烈抵抗。在屠城前夜，清军将领梦见了秦裕伯，秦警告说不准杀人，于是清军将领便取消了屠城计划。因秦裕伯"显灵"而救了上海百姓，故被尊为城隍爷。1937年抗日战争爆发后，上海市民从"陈公祠"中请出了清道光二十二年（1842年）第二次鸦片战争中血染吴淞口、在吴淞炮台战死的江南提督陈化成的塑像供奉在大殿后进。陈化成被民间雕塑家塑成满面火红、神采飞扬、目光炯炯的英雄形象。这三尊城隍爷在文革期间被"扫地出门"。如今已经归位。

上海城隍庙由正一派道士管理。主要有霍光殿、甲子殿、财神殿、慈航殿、城隍殿、娘娘殿、父母殿、关圣殿、文昌殿9座建筑。

旅游区域及进出条件：

上海老城隍庙位于豫园以南。交通便利，公交26路、64路、926路等多条线路以及轨道交通10号线等可到达。

保护与开发现状：

对外开放。2002年被上海市人民政府列为上海市文物保护单位。

名称：江西中路200号大楼

编号： HP66

资源类型： FDD

单体资源等级： 3

行政位置： 江西中路200号

地理位置： 31°14′15.12″N
121°28′58.74″E

性质与特征：

江西中路200号大楼原为金城银行，占地面积1 775平方米，建筑面积9 783平

江西中路200号大楼

方米，1926年落成。1986年改由交通银行总管理处及交通银行上海分行使用。

江西中路200号大楼为钢筋混凝土框架结构，正立面由6根方柱划为三大块面，形成凹凸面。大门设于希腊多立克柱中间，门楣等局部为巴洛克式装饰。大门圆柱上架有三角形花岗岩横梁，梁上雕有龙、凤等圆形图案；外门置活络门；内门两侧为拉门，中门为四叶转门。临街紫铜钢窗。大门上四层部位有挑出阳台。

旅游区域及进出条件：

江西中路200号大楼位于江西中路福州路口。交通便利，公交17路、42路、64路等多条线路以及轨道交通2号线、10号线等可到达。

保护与开发现状：

现为机构用房。1989年被上海市人民政府列为上海市文物保护单位和上海市优秀历史建筑。

名称：南京西路150号大楼

编号：HP67

资源类型：FDD

单体资源等级：3

行政位置：南京西路150号

地理位置：31°14′07.68″N
　　　　　121°28′03.18″E

性质与特征：

南京西路150号大楼原为西侨青年会，占地面积1 933平方米，建筑面积1.13万平方米，1928年由美国人筹款建造，1932年建成。1957年改由上海市体育俱乐部、上海市体育运动委员会使用，后更名为体育大厦。

该建筑的外形及装饰略带古典式风格，外墙贴不同深浅的棕色面砖，立面竖向和横向均采用欧洲古典主义建筑风格中横三段和纵三段的构图手法，三层以上中间部分后退，留出空间，形成"凹"字形，这种设计既增强了建筑的立体效果，又满足了旅馆的通风采光等功能。上细下粗的巨柱和穹形大长窗框装饰，使得一层到三层的立面线条流畅气派。四层以上墙面呈直线凸凹状，钢窗下的窗肚墙上饰以浅色花饰。顶层钢窗外采用与二层到三层相同风格的穹形窗框，使得建筑风格上下呼应。大楼前幢九层，后幢十一层。底层设有滚球房和200平方米的室内恒温游泳池，是上海市区早期的温水游泳池；二层设健身房、弹子房、棋牌室和交谊大厅；三层为餐厅。

西侨青年会建成后，成为西侨青年的

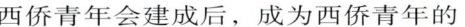

南京西路150号大楼

活动中心，各种演讲会、讨论会和社交活动都在这里举行。美国妇女俱乐部、美国体育联谊会、上海工部局美国联队在这里建立总部，还建立了西侨学习华语的学校。这里还经常举办中西青年运动员比赛。太平洋战争爆发后，被日军接管，改名为东亚体育馆。抗日战争胜利后，又为美军活动的场所。1950 年 8 月人民政府接管后，上海市文化局曾在此办公。1953 年 10 月大楼划归上海市体育运动委员会，改建为上海市体育俱乐部，1957 年 12 月对外开放。

旅游区域及进出条件：

南京西路 150 号大楼毗邻国际饭店。交通便利，公交 20 路、37 路等多条线路以及轨道交通 1 号线、2 号线、8 号线等可到达。

保护与开发现状：

现为机构用房。1989 年被上海市人民政府列为上海市优秀历史建筑和上海市文物保护单位。

沐恩堂

名称：沐恩堂

编号：HP68

资源类型：FAC

单体资源等级：3

行政位置：西藏中路 316 号

地理位置：31°14′06.90″N
　　　　　121°28′15.66″E

性质与特征：

沐恩堂（原名慕尔堂）曾是基督教美国卫理斯教派的活动场所，占地面积 1 347 平方米，建筑面积 3 138.5 平方米。1929 年在"中西女塾"原址上动工兴建，1931 年落成。1958 年更名为沐恩堂。

沐恩堂为砖木混合结构，美国学院复兴哥特式外观，有大堂、钟楼、附屋等建筑。大堂四角有三层楼房，西南角为塔楼。大堂内的方形柱子和楼座栏杆用錾假石饰面，堂顶为水泥尖拱顶，窗户嵌铅条彩绘玻璃。堂内可容纳 1 000 人活动。大堂西行，经门厅入小礼堂，小礼堂为木结构尖拱顶。大堂西南有塔楼，顶部十字架高 5 米。

旅游区域及进出条件：

沐恩堂位于西藏中路汉口路口。交通便利，公交 18 路、167 路等多条线路以及轨道交通 1 号线、2 号线、8 号线等可到达。

保护与开发现状：

对外开放。1989 年被上海市人民政府列为上海市优秀历史建筑。1993 年被上海市人民政府列为上海市文物保护单位。

名称：文庙

编号：HP69

资源类型：FAC

单体资源等级：3

行政位置：文庙路 215 号

地理位置：31°13′10.14″N
　　　　　121°29′00.90″E

性质与特征：

文庙是上海中心城区的一个祭祀儒家文化创始人孔子的庙学合一的古建筑群，占地面积 1.1 万平方米。元至元二十八年（1291

年）建立上海县后即建文庙，除供士绅祭祀外，还作为县中秀才读书深造的学府。清咸丰三年（1853年），上海小刀会起义，在文庙设指挥部，清军攻陷上海县城，文庙被炮火摧毁。清咸丰五年（1855年），迁现址重建。在文革期间，文庙遭受严重破坏。1996年开始修缮，1999年10月重新对外开放。

文庙建筑群布局严谨、气势宏敞，有两条纵轴线贯穿其中。一条是祭祀线，从棂星门、大成门、大成殿到崇圣祠，其中歇山重檐、庄严肃穆的大成殿是主殿。另一条是学宫线，从学门、仪门、明伦堂到尊经阁，园内有儒学署、魁星阁、天光云影池等，亭台楼阁，小桥流水，绿树掩映，具有浓厚的江南园林风格。

重檐歇山的大成殿屹立在0.5米高的平台上，殿前是1987年先哲孔子诞辰2 540年时香港陈春先生敬立的孔子铜像。铜像高约1.7米，先哲青带束发，双目炯炯，神采奕奕，双手合于胸前，似在循循善诱。大成殿正中神龛内是台胞所赠用香樟木贴金雕饰的孔子坐像，两侧站立的是孔门高徒颜回和曾参。殿中梁上悬有3块匾：最上面是清嘉庆皇帝所题"圣集大成"匾，中间是道光皇帝所题"圣协时中"匾，下面是咸丰皇帝所题"德齐帱载"匾。殿柱上有楹联曰："好学近乎智，力行近乎义，知耻近乎勇，先哲明训；富贵不能淫，贫贱不能移，威武不能屈，今人右铭。"大成殿东西壁上镶嵌1.64万余字的《论语》全文碑刻，这在全国所有孔庙中是独一无二的。明伦堂、尊经阁间庑廊刻有上海县元、明、清279位进士名录，其中有3位状元。天光云影池有魁星阁，周围庑廊，内侧设置上海百位名人书法碑林，外侧沿学宫设置店铺。沿老道前街（西侧）设置旅游文化纪念品商店，建筑为明清格调，更显示整体风格的统一。

旅游区域及进出条件：

文庙位于上海老城厢。交通便利，公交23路、24路等多条线路以及轨道交通8号线、9号线、10号线等可到达。

保护与开发现状：

对外开放。2002年被上海市人民政府列为上海市文物保护单位。

文庙

名称：圣三一堂

编号：HP70

资源类型：FAC

单体资源等级：3

行政位置：九江路 219 号

地理位置：31°14′19.68″N
　　　　　121°28′55.32″E

性质与特征：

圣三一堂是上海地区历史悠久的基督教堂，是英国圣公会设立的侨民教堂，建于清同治八年（1869 年），它曾经是中华圣公会的总座堂，现在为中国基督教全国"两会"总部教堂。

圣三一堂的设计体现了多种建筑风格的融合。整栋建筑尖券遍布，唯有入口门廊采用了半圆券。教堂内外两侧皆为尖券排柱长廊。建筑平面长47 米、宽 18 米，堂身高 19 米。后部的至圣所为半穹顶结构。堂内为大理石地面，设有圣坛、讲台、洗礼池（在东北角），并饰有精美浮雕。清光绪十九年（1893 年）增建的钟楼，大大地增强了这座教堂的哥特式风格。钟楼为四方形平面，尖椎形屋顶，四角有 4 个小尖顶。钟楼内安置八音大钟，能按圣诗的音韵敲打。在 20 世纪 30 年代，圣三一堂的钟楼曾经是上海的制高点和最醒目的地标，尤其是对乘坐轮船进出上海的乘客而言。由于圣三一堂建筑外墙为清水红砖，通常又被称为"红礼拜堂"。

旅游区域及进出条件：

圣三一堂近九江路江西中路口。交通便利，公交 17 路、49 路、64 路等多条线路以及轨道交通 2 号线、10 号线等可到达。

保护与开发现状：

对外开放。1989 年被上海市人民政府列为上海市文物保护单位和上海市优秀历史建筑。

名称：古城墙和大境道观

编号：HP71

资源类型：FAC

单体资源等级：3

行政位置：大境路 239 号

地理位置：31°13′35.16″N
　　　　　121°28′43.56″E

性质与特征：

古城墙和大境道观为上海老城厢的纪念地，始建于明嘉靖至万历年间（1522～1619 年）。1992 年维修，1995 年开放。

上海从元至元二十八年（1291 年）由镇升格为县以后的 260 多年中，一直没有建造城墙，直到明嘉靖三十二年（1553 年），为抵御倭寇来犯，赶工在 3 个月内建成了椭圆形的上海城墙，全长 4 500 米，高 7～8 米。城墙初开有 6 个城门，即朝宗门（俗称大东门）、宝带门（小东门）、晏海门（老北门）、仪凤门（老西门）、跨龙门（大南门）和朝阳门（小南门）。城外开凿有宽约 20 米、深 6 米、围约 5 000 米的护城河。东临黄浦江的 3 个城门——宝带门、朝宗门、朝阳门及西面的老西门都设有水门，东门、西门跨肇嘉浜，小东门处跨方浜。清咸丰十年（1860 年）修筑障川门（新北门）。清宣统元年（1909 年）新辟尚文门（小西门）、拱辰门（小北门）和福佑门（新东门）。1912 年 1 月至 1914 年冬，具有 361 年历

古城墙和大境道观

史的上海城墙陆续被拆除,在原址上建中华路和人民路围成的环城圆形路。

古城墙和大境道观为上海城墙仅存部分,长约30余米。大境道观初为明万历年间(1573~1619年)城墙西北箭台所建关帝庙,清嘉庆二十年(1815年)改建为三层楼阁,清道光十六年(1836年)建石牌坊,两江总督陈銮题"大千胜境",故称大境阁;关帝庙由道士主持,称大境关帝殿、大境道观。

旅游区域及进出条件:

古城墙和大境道观位于大境路人民路口。交通便利,公交17路、18路、23路等多条线路以及轨道交通8号线、10号线等可到达。

保护与开发现状:

对外开放。1984年被上海市人民政府列为上海市文物保护单位。

名称:**金门大酒店**

编号:HP72

资源类型:FDD

单体资源等级:3

行政位置:南京西路108号

地理位置:31°14′09.18″N
121°28′05.70″E

性质与特征:

金门大酒店原为华安人寿保险公司,占地面积1 973平方米,1926年建成开业;1940年改建为金门大酒店,1958年改名为华侨饭店,1992年恢复原名。

金门大酒店楼高38.7米,共八层。大楼外形呈"工"字形,1~2楼由花岗岩砌成石柱、石梁、石阶、石壁等,大堂内雕梁画栋,气势恢宏。屋顶盖9米高的钟楼和鎏金圆顶。金门大酒店拥有各式套房

金门大酒店

中山东一路3号大楼

182间（套），豪华设施一应俱全；餐厅提供由资深名厨主理的闽、潮、粤等名馔，尤以"佛跳墙"、"鸡汁海蚌"等特色佳肴赢得食客青睐。

旅游区域及进出条件：

金门大酒店邻近南京路西路西藏中路口。交通便利，公交20路、37路等多条线路以及轨道交通1号线、2号线、8号线等可到达。

保护与开发现状：

对外开放。1989年被上海市人民政府列为上海市文物保护单位和上海市优秀历史建筑。

名称：中山东一路3号大楼

编号：HP73

资源类型：FDD

单体资源等级：3

行政位置：中山东一路3号

地理位置：31°14′10.55″N
　　　　　121°29′12.30″E

性质与特征：

中山东一路3号大楼原名有利大楼，占地面积2 241平方米，建筑面积1.38万平方米，建于1922年。2004年，上海都市生活新地标"外滩三号"在此开业。

该大楼是上海第一幢采用钢框架结构建造的建筑大楼，由英商公和洋行设计，裕昌泰营造厂承建。1937年有利银行购得该大楼产权，由此得名"有利大楼"。建筑设计采用新古典主义建筑风格，以广东路北立面正门为中轴线，两侧对称。外墙装饰为巴洛克艺术风格，有丰富的雕刻装饰图案。立面为纵横三段式。大门有爱奥尼克立柱装饰，立面饰以巴洛克式曲线、曲面、短檐、山花等，两侧的窗格采用富于变化的旋转图案。在中山东一路、广东路转角处的楼顶部分，建有巴洛克风格的塔亭，并使用变形的古典柱式；20世纪80年代初，在西部屋顶上又加建了两层。

作为都市生活新地标，目前"外滩三号"在七层楼面里有4家精菜餐厅以及品牌专卖店、水疗中心、画廊、音乐沙龙等。其中1楼为阿玛尼（Armani）专卖店，2楼是品牌专卖店，3楼有依云水疗中心和沪申画廊，4楼为让·乔治（Jean Georges）法国餐厅，5楼是黄浦会，6楼有陆唯轩，7楼则是新视角餐厅酒廊和三度音乐沙龙，顶层还设有望江阁。

旅游区域及进出条件：

中山东一路3号大楼位于广东路外滩段。公交26路、42路、123路等多条线路以及轨道交通2号线、10号线等可到达。

保护与开发现状：

对外开放。

名称：中山东一路5号大楼
编号：HP74
资源类型：FDD
单体资源等级：3
行政位置：中山东一路5号
地理位置：31°14′10.86″N
　　　　　　121°29′10.98″E

性质与特征：

中山东一路5号大楼原为日清洋行，又名海运大楼，占地面积1 280平方米，建筑面积5 484平方米，建于1925年。2006年，改建为上海都市生活新地标"外滩五号"，大楼东部一层由华夏银行使用。

日清洋行本名日清轮船株式会社（The Nishin Navigation Company），20世纪初，日本为掠夺中国的内河航运权，由几家日本轮船公司合资组建而成。1921年，日清洋行开始新建大楼，由上海地区著名的建筑设计事务所英商德和洋行（Lester, Johnson & Morriss）设计，1925建成。大楼高六层，当时由于资金不足，日方与犹太人合资各建三层。日方建造下三层与地下室，外观装饰简约而明快，具有日本近代西洋建筑风格。上三层装饰则比较讲究，有古典立柱和雕刻花饰，凹凸感强。大楼的建筑外立面均用花岗石贴砌，除部分门窗借助柱子体现变化外，基本都采用方形窗框。大门两旁有爱奥尼克立柱；五层到六层有较深的挑

中山东一路5号大楼

黄浦区
HUANGPUQU
SHANGHAI LYZY TUZHI

檐，檐下窗框上有浮雕图案，给略显呆板的建筑增添了些许活泼。20世纪80年代，在大楼西部又加建一层。

旅游区域及进出条件：

中山东一路5号大楼位于广东路外滩段。交通便利，公交26路、42路、123路等多条线路以及轨道交通2号线、10号线等可到达。

保护与开发现状：

现为机构用房。1999年被上海市人民政府列为上海市优秀历史建筑。

名称：**中山东一路6号大楼**
编号：HP75
资源类型：FDD
单体资源等级：3
行政位置：中山东一路6号
地理位置：31°14′12.45″N
　　　　　121°29′10.59″E

性质与特征：

中山东一路6号大楼原为中国通商银行，占地面积1 698平方米，建筑面积4 541平方米，清光绪三十二年（1906年）翻建。因大楼右边有条小路名元芳弄，由此得名"元芳大楼"。2006年，改建为"外滩六号"，香港侨福国际企业有限公司进驻。

清光绪二十二年（1896年），大理寺少卿盛宣怀奏请清廷成立第一家由中国人自筹资金开设的商办银行——中国通商银行，总行设在上海。

中国通商银行大楼由上海地区早期的建筑设计事务所——英商玛礼逊洋行的格兰顿（F. M. Gratton）设计，砖木结构，假四层，第一、第二层是典型的哥特式建筑风格的花窗棂窗户，第三、第四层有小尖塔，顶层为坡式屋顶，中间为哥特式尖顶，装饰一排尖角形窗。墙面原为清、红砖相砌的清水墙，后加水泥粉刷，由众多细长柱子勾勒墙面线条。窗洞自下而上用半圆券、平券，屋顶老虎窗用尖券，坡顶陡峭。屋脊和房屋转角处原有小尖塔状的饰物，墙面原有装饰线脚，修正粉刷后已不复存在。

中山东一路6号大楼

中山东一路7号大楼

屋面四角耸出哥特式小尖顶。3楼西隅原有平台，后被改建成会议室，4楼南有观光平台，可饱览浦江风光。

旅游区域及进出条件：

中山东一路6号大楼位于广东路外滩段。交通便利，公交26路、42路、123路等多条线路以及轨道交通2号线、10号线等可到达。

保护与开发现状：

现为机构用房。1994年被上海市人民政府列为上海市优秀历史建筑。

名称：中山东一路7号大楼

编号：HP76
资源类型：FDD
单体资源等级：3
行政位置：中山东一路7号
地理位置：31°14′13.02″N
　　　　　121°29′09.78″E

性质与特征：

中山东一路7号大楼初为丹麦商人开办的大北电报公司营业楼，清光绪三十三年（1907年）建成。1990年，改由泰国盘谷银行上海分行、泰国驻沪领事馆使用。盘谷银行（Bangkok Bank Public Company Limited）是泰国第二大银行、东南亚第五大银行，总行位于首都曼谷。

清光绪八年（1882年）2月，大北电报公司在外滩7号建立了上海第一个磁石式人工电话交换所，3月1日开放通话。翌年，英商开办的中国东洋德律风公司接办经营。大楼高四层（假五层），砖石结构，建筑立面为欧洲文艺复兴时期的风格，注重统一、对称、稳重，装饰讲究，三段式处理手法十分明显。每层都采用古典风格的柱子，或用来承重，或只作为装饰。窗框上有三角形窗楣，窗户四周图形多样，立体感强，窗的两侧设置大小不同的巴洛克式立柱。顶部两端建有洛可可艺术风格的屋顶，黑色穹窿与立面的白墙形成反差，庄重、优雅，充满了艺术韵味。

旅游区域及进出条件：

中山东一路7号大楼位于福州路外滩段。交通便利，公交26路、42路、123路

中山东一路9号大楼

等多条线路以及轨道交通2号线、10号线等可到达。

保护与开发现状：

现为机构用房。1994年被上海市人民政府列为上海市优秀历史建筑。

名称：中山东一路9号大楼

编号： HP77

资源类型： FDD

单体资源等级： 3

行政位置： 中山东一路9号

地理位置： 31°14′14.88″N
　　　　　　121°29′09.46″E

性质与特征：

中山东一路9号大楼是"万国建筑博览会"中历史悠久、风格独特的一栋，它见证了上海外滩沧海桑田发展的历史。最初为美国旗昌洋行（Russell & Co.）总部。旗昌洋行早期主要从事鸦片航运和贸易，鸦片战争后于清道光二十六年（1846年）将总部迁往上海，购下外滩9号地址，新建一幢三层楼房，成立旗昌轮船公司，首开中国长江航运，并在一段时间内垄断了长江航运。清光绪三年（1877年），旗昌轮船公司连同在外滩9号的办公大楼卖给在清同治十二年（1873年）成立的、受李鸿章保护的中国官商合办企业轮船招商局。清光绪二十七年（1901年），轮船招商局重建该楼，后来成为招商局上海分公司。1994年后，大楼由上海港务监督局等单位使用，故又叫港监大楼。

该建筑由英商通和洋行设计，为三层新古典主义风格的建筑，砖木结构，占地面积为455平方米，建筑面积为3538平方米，底层为石砌外墙和拱形门窗，上面两层是清水红砖墙，每层都有明显的腰线，白色的塔司干和科林斯式立柱与红色砖墙形成鲜明的对比，显现出古典主义风格建筑的韵味。顶层共有一大四小共5个尖拱屋顶。门楣上"轮船招商总局"几个鎏金大字清晰可见，楼内房间都高达5米，楼内的木制楼梯曲折，扶手处有雕花，栏杆也十分精致，楼梯间墙上陈列着招商局的历史照片。

旅游区域及进出条件：

中山东一路9号大楼位于福州路外滩段。交通便利，公交26路、42路、123路等多条线路以及轨道交通2号线、10号线等可到达。

保护与开发现状：

对外开放，现为夏姿·陈上海旗舰店。

名称：中山东一路15号大楼

编号：HP78

资源类型：FDD

单体资源等级：3

行政位置：中山东一路15号

地理位置：31°14′22.74″N
121°29′07.86″E

性质与特征：

中山东一路15号大楼原为华俄道胜银行（Russo-Chinese Bank），清宣统二年（1910年）拆除重建，占地面积1 460平方米，建筑面积5 643平方米。1994年改由中国外汇交易中心使用。

中山东一路15号是清道光二十三年（1843年）上海开埠后第一号道契所列地块之一。华俄道胜银行是近代中国第一家、也是唯一一家由清政府与外资合办的银行，清光绪二十一年（1895年）12月10日成立，资本来自法、俄、中三国，总行设在俄罗斯圣彼得堡。清光绪二十五年（1899年），华俄道胜银行在上海设立分行，兴建银行大楼。1928年，由国民党政府接管，归中央银行使用，称为"中央银行大楼"。1949年后，大楼曾用作上海民主党派集中办公楼，后又有多家机构租用。20世纪80年代，上海航天局进入办公。1994年4月18日，上海外汇交易中心成为第一家通过置换进驻

中山东一路15号大楼

本大楼的金融机构。

中山东一路15号大楼由倍高洋行设计，项茂记营造厂施工。这幢建筑不仅豪华，还采用了不少新技术和新设备。大楼为三层钢筋混凝土框架结构，建筑以正门为中轴线形成对称结构，外墙底层用苏州花岗石轩石筑勒脚，用白色釉面砖与花岗石镶嵌，色调和谐。底层大门入口门廊两侧为塔司干式双柱，两旁有四个券窗，外墙以釉面砖与花岗石镶砌。二层中部有3个券窗，两旁长方窗框上凸出三角形，三层各窗上均有装饰性的人像浮雕，二层到三层东立面是黄色面砖，有2根爱奥尼克立柱，窗户两边也有古典立柱装饰。三层檐下及柱顶均饰以欧洲神话人物的头像。底层的中庭式中央大厅高三层，以彩绘玻璃天棚覆盖，室外阳光可透过天棚照到厅内。大厅内有一座对称的白色大理石扶梯直通2楼营业大厅。二层到三层的四周有精致典雅的彩绘玻璃回廊，营业大厅的沿廊壁上有雕刻精美的人物浮雕。

旅游区域及进出条件：

中山东一路15号大楼位于九江路外滩段。交通便利，公交33路、37路、55路等多条线路以及轨道交通2号线、10号线等可到达。

保护与开发现状：

现为机构用房。1994年被上海市人民政府列为上海市优秀历史建筑。

名称：中山东一路16号大楼

编号： HP79

资源类型： FDD

单体资源等级： 3

行政位置： 中山东一路16号

地理位置： 31°14′24.00″N
　　　　　　121°29′07.86″E

性质与特征：

中山东一路16号大楼原为台湾银行（The Bank of Taiwan），占地面积969平方米，建筑面积4 008平方米，1924年拆除重建。现为招商银行上海分行、上海工艺进出口公司等单位的办公楼。

台湾于清光绪二十一年（1895年）沦为日本殖民地后，日商台湾银行是台湾地区较大的银行，总部设在台北。清宣统三年（1911年），日商台湾银行又在上海设立分行。抗日战争胜利后，国民党政府将台湾银行作为敌产予以没收，并划归中国农业银行上海分行所有。

中山东一路16号大楼由英资公和洋行设计，钢筋混凝土结构，楼高四层，是一幢近似古典复兴式且带有日本近代西洋艺术风格的建筑。同时，它又广泛吸取了各国建筑的长处，比如在大楼东立面配有

中山东一路16号大楼

4根粗大的欧洲古典主义风格的柱子，其余三面为方壁柱，且均为混合柱式，成为一个多种建筑风格的混合体。原楼高三层，后加盖为四层，建筑立面比例因而受损，第三、第四层层高明显小于第一、第二层。基本采用平拱窗框。

旅游区域及进出条件：

中山东一路16号大楼位于九江路外滩段。交通便利，公交33路、37路、55路等多条线路以及轨道交通2号线、10号线等可到达。

保护与开发现状：

现为机构用房。1994年被上海市人民政府列为上海市优秀历史建筑。

名称：**中山东一路17号大楼**
编号：HP80
资源类型：FDD
单体资源等级：3
行政位置：中山东一路17号
地理位置：31°14′24.42″N
　　　　　121°29′07.68″E

性质与特征：

中山东一路17号大楼原为字林大楼（North China Daily News Building），曾是外国人在上海地区开设的大型新闻出版机构——《字林西报》报馆，建筑面积9 043平方米，1923年建成。实为十一层，地下室及第一、第五、第六层为《字林西报》自用，其余楼层由友邦保险公司和其他洋文报馆等租用。1996年，美国友邦保险有限公司上海分公司取得业主使用权，并改称友邦大厦。

《字林西报》创刊于清道光三十年（1850年）8月，是上海最早的英文报纸，清光绪二十七年（1901年）该报馆迁入中山东一路17号大楼。

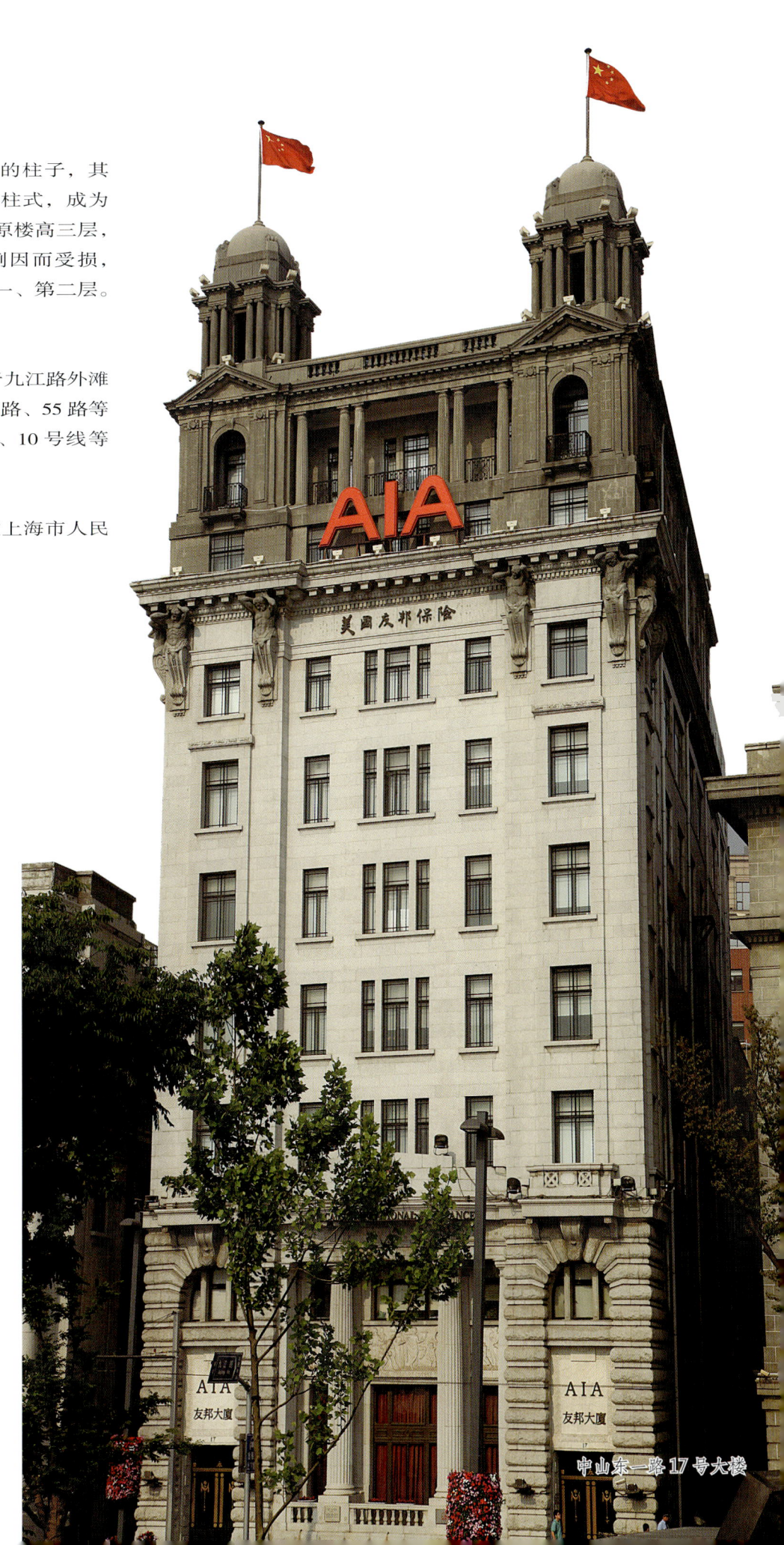

大楼由英资德和洋行设计,茂生洋行承建,1921年建造,1923年6月完工,1924年2月举行竣工典礼。该大楼为钢筋混凝土结构,占地面积1043平方米,当时曾是上海最高的建筑。外立面为三段式;以大门为轴线,两面对称,顶部两边配以巴洛克式塔楼;正立面为花岗石墙面,底部立面两层墙面做基座处理,拉毛花岗石贴面,粗犷而质朴;正门两侧各有一扇落地罗马拱券长窗,大门口有多立克柱和大理石门额,进门处原有2座女神石雕,后毁于文革时期;中部立面第三到第七层建筑外观采用近现代派简洁而明快的设计手法,排列整齐的简洁方窗,饰以新古典主义风格的多立克柱和文艺复兴时期风格的浮雕,既有建筑变化又有艺术和谐,给单调的平面增加了活泼感,具有折中主义建筑特色。第八层两边为穹形券窗,中有双柱,建内阳台;檐下原有8个人体雕塑,后被水泥封抹。顶部南北两侧建有巴洛克式塔楼。

旅游区域及进出条件:

中山东一路17号大楼位于九江路外滩段。交通便利,公交33路、37路、55路等多条线路以及轨道交通2号线、10号线等可到达。

保护与开发现状:

现为机构用房。1994年被上海市人民政府列为上海市优秀历史建筑。

名称:中山东一路18号大楼
编号: HP81
资源类型: FDD
单体资源等级: 3
行政位置: 中山东一路18号
地理位置: 31°14′24.90″N
　　　　　　121°29′07.56″E
性质与特征:

中山东一路18号大楼原为麦加利银行,占地面积1755平方米,建筑面积1万平方米,1922年重建。2002年经威尼斯古建筑专家修复,2004年改建为上海都市生活新地标"外滩十八号"。

英商麦加利银行(又名渣打银行)于清咸丰三年(1853年)由英国王室特许成立,清咸丰八年(1858年)开设了第一批3个海外分行:加尔哥答、孟买和上海。上海分行的首任经理为麦加利,所以该银行也被称为"麦加利银行"。清光绪十八年(1892年),上海第一家外资银行丽如银行破产,丽如银行行址由麦加利银行购入,并迁此营业。1949年后,改名春江大楼,曾由中波轮船公司等使用。

中山东一路18号大楼由英资公和洋行设计,钢筋混凝土结构;古典式立面构图,横竖面都有严格的三段式划分;底层外墙为粗石基座,花岗岩贴面,匀称协调又给人以资本雄厚的感觉;大门是主轴线,雕

中山东一路18号大楼

花铁门,建筑造型左右对称。二层到四层外立面较简洁,贯通两根爱奥尼克式石柱。四层上挑出檐口,五层中间的3对窗柱间又以2根方柱划分为三格,刻花瓣造型。进大门为黑色大理石地坪,大厅内铺白色大理石。屋顶上有平台,顶楼加三角形屋顶,使建筑更具有高度感,又显得玲珑别致。

2002年,台资企业上海珩意房地产经营有限公司买下该楼20年的经营权,并投资1 800万美元,聘请威尼斯古建筑修复专家卡奎工作室(Kokai Studio)对大楼进行精心修复和改建,2004年11月20日改建完工。"外滩十八号"云集了众多国际知名品牌在中国的独家专卖旗舰店,与"外滩三号"、"外滩六号"并称为上海三大顶级消费场所。

旅游区域及进出条件:

中山东一路18号大楼位于南京东路外滩段。交通便利,公交33路、37路、55路等多条线路以及轨道交通2号线、10号线等可到达。

保护与开发现状:

现为机构用房。1994年被上海市人民政府列为上海市优秀历史建筑。2006年被联合国教科文组织授予亚太文化遗产保护奖。

名称:中山东一路24号大楼
编号:HP82
资源类型:FDD
单体资源等级:3
行政位置:中山东一路24号
地理位置:31°14′30.60″N
　　　　　121°29′07.92″E

性质与特征:

中山东一路24号大楼原为老沙逊洋行(David Sasson and Sons Company),1923年由日本横滨正金银行购入并拆除重建,占地面积2 500平方米,建筑面积1.9万平方米,1924年竣工。

横滨正金银行是日本半官方性质的外汇专业银行,成立于清光绪六年(1880年)。清光绪十九年(1893年),横滨正金银行到中国开展业务,并开设了上海分行。起初在南京路租房营业,后购进中山东一路32号地皮建造行屋。1923年,又买下中山东一路24号老沙逊洋行行址,拆除原有的房屋,请英商公和洋行设计,德罗考尔洋行承建,并于1924年8月建成。该大楼楼高六层。1945年,改作中央银行行址,易名为中央大楼。1949年后,成为中国人民银行华东区行办公楼。1956年,上海市纺织工业局迁入大楼办公。现为中国工商银

中山东一路24号大楼

中山东一路26号大楼

行上海市分行。

中山东一路24号大楼为钢筋混凝土结构；底层外墙以花岗石贴面，粗缝石砌，横线条清晰、明朗；墙面饰花岗石；三层到五层采用爱奥尼克柱式，增加了庄重和典雅之感；两侧阳台、窗框作装饰；五层顶部石板墙面刻有银行英文名称，上饰以腰线。六层顶部希腊式檐口与腰线呼应，建筑立面强调轴线对称和横三段构图手法，外形端庄。

旅游区域及进出条件：

中山东一路24号大楼位于滇池路外滩段。交通便利，公交33路、37路、55路等多条线路以及轨道交通2号线、10号线等可到达。

保护与开发现状：

现为机构用房。1994年被上海市人民政府列为上海市优秀历史建筑。

名称：中山东一路26号大楼

编号：HP83

资源类型：FDD

单体资源等级：3

行政位置：中山东一路26号

地理位置：31°14′31.22″N
　　　　　121°29′07.95″E

性质与特征：

中山东一路26号大楼旧称扬子大楼（Yangtze Insurance Building），原是美商旗昌洋行在清同治二年（1863年）创办的扬子水火保险公司的办公楼。清光绪十七年（1891年），旗昌洋行倒闭，扬子保险公司成为独立的公司。抗日战争胜利后，保宁、中华、保家、保安等保险公司纷纷租借该大楼营业办公，因此这幢大楼成为"保险大楼"。1949年后，大楼改由上海食品进出口公司使用。现为中国农业银行上海分行。

中山东一路26号大楼1917年由公和洋行设计，1920年竣工。占地面积620平方米，楼高七层，钢筋混凝土结构。一层到二层墙面使用岩石，处理粗犷；三层到五层为磨石对缝墙面，其上有挑出檐口。第六层当中的3间为爱奥尼克双柱廊，顶部为孟莎式风格的屋顶，外形设计采用折中主义建筑风格。

旅游区域及进出条件：

中山东一路26号大楼位于北京东路外滩段。交通便利，公交33路、37路、55路等多条线路以及轨道交通2号线、10号线等可到达。

保护与开发现状：

现为机构用房。1999年被上海市人民政府列为上海市优秀历史建筑。

名称：中山东一路27号大楼

编号：HP84

资源类型：FDD

单体资源等级：3

行政位置：中山东一路27号

地理位置：31°14′33.36″N
　　　　　121°29′08.04″E

性质与特征：

中山东一路27号大楼原为怡和洋行，占地面积2 100平方米，建筑面积1.43万平方米，1922年竣工。英国怡和洋行是最早进入上海的三个外国洋行之一，为当时上海资本总额最大的一家外商洋行，以鸦片贸易为主。后在华拓展轮船、航运、纺织以及军火生意等众多业务，并建造了中

中山东一路27号大楼

国第一条铁路——吴淞铁路。该大楼由马海洋行思九生设计，华商裕昌泰洋行施工。该大楼为钢筋混凝土框架结构，高七层，平面呈"凹"字形，西面凹进。朝东立面呈横三段样式，二层以下为第一段，饰以粗凿的大块长方形拉毛花岗岩石块，这是上海早期大楼建筑的流行做法。平整石块铺砌大门台阶，包铜的大门显得牢固，门两侧装有一对壁灯。大门和双侧窗框都用罗马半圆拱券石拱造型，正门上方有羊头浮雕装饰，显得庄重又坚实。窗户面积较大，室内光线明亮。三层到五层为第二段，有4根巨大的罗马科林斯大理石立柱作为装饰和支撑，柱头和柱底为四方形，气魄雄伟，显示出浓郁的西欧古典色彩。立柱间为阳台和栏杆，整段窗框上方用石雕镶嵌。五层以上则为第三段，层顶有较宽的檐口，顶部为大平台，平台前有栏杆，中间是石屏，紧贴石屏建有一座圆顶，圆顶中心插有旗杆。大楼内不设营业大厅，但是每间办公室的设计和装饰都十分豪华。内部底层四壁及地面均用大理石铺砌。

旅游区域及进出条件：

中山东一路27号大楼位于北京东路外滩段。交通便利，公交33路、37路、55路等多条线路以及轨道交通2号线、10号线等可到达。

保护与开发现状：

对外开放。1989年被上海市人民政府列为上海市优秀历史建筑。

名称：中山东一路28号大楼
编号： HP85
资源类型： FDD
单体资源等级： 3
行政位置： 中山东一路28号
地理位置： 31°14′34.33″N
　　　　　　121°29′08.76″E

中山东一路28号大楼

性质与特征：

中山东一路 28 号大楼为原德资禅臣洋行于清同治七年（1868 年）购地建造。第一次世界大战后，德国战败，德商被迫撤离上海，该地块被怡泰公司收购，作为蓝烟囱轮船公司大楼，取名为格林邮船大楼（Glen Line Steamship Co.Building）。太平洋战争爆发以后，大楼被日军占用。抗日战争胜利后，该大楼租给美国海军及美联社等新闻机构使用。美国的海军宪兵机关和军邮局也设在此楼。1951 年，上海人民广播电台迁入这幢大楼。

中山东一路 28 号大楼由英国公和洋行设计，1922 年 3 月重新建成。占地面积 1 951 平方米，建筑面积 1.28 万平方米，总共七层，局部八层，高 27.5 米，钢筋混凝土结构。按照中国传统坐北朝南的习俗，并根据大楼沿外滩的宽度又较窄的实际情况，将正门置于北京路上（今北京东路 2 号）。大楼外立面装饰简洁而明朗，线条做工讲究。从地面勒脚至 2 楼外墙用大块花岗石作贴面，沟缝很深，外观坚固。大门和边门均设计成罗马拱券，门上有券形花环花饰，两旁立花岗石柱。二层到五层有两根爱奥尼克式柱子支撑，还附有外展的阳台。在临外滩的七层顶部设计成一座塔楼，远远望去犹如一座远洋巨轮的瞭望台，新颖而又独特。室内装修注重用料，进口处有一半圆形大厅，玻璃天顶，造型典雅，工艺精美，以黑白大理石作装饰地坪，楼梯也用大理石铺就，走廊地坪用抛光马赛克相拼而成。

旅游区域及进出条件：

中山东一路 28 号大楼位于北京东路外滩段。交通便利，公交 33 路、37 路、55 路等多条线路以及轨道交通 2 号线、10 号线等可到达。

保护与开发现状：

现为机构用房。

中山东一路 29 号大楼

名称： 中山东一路 29 号大楼

编号： HP86

资源类型： FDD

单体资源等级： 3

行政位置： 中山东一路 29 号

地理位置： 31°14′35.34″N
　　　　　　121°29′08.76″E

性质与特征：

中山东一路 29 号大楼原为法国东方汇理银行，占地面积 1 236 平方米，建筑面积 2 772 平方米，始建于清宣统三年（1911 年），1914 年建成并投入使用。1949 年后，东方汇理银行停业；1956 年，由上海市房管局管理，改名东方大楼，长期为上海市

467

公安局交通处使用。1996年，改由中国光大银行上海分行使用。

东方汇理银行（Banque de I' Indochine）成立于清光绪元年（1875年），总部位于法国巴黎，起初经营法国的亚洲殖民地印度支那业务。清光绪二十五年（1899年），东方汇理银行又把分行开到了上海，从此开始了在上海长达50余年的经营历史。

中山东一路29号大楼是上海外滩建筑群中唯一一幢由法国人出资建造的大楼，总高21.6米，但只有三层（不包括夹层），平均层高达7米以上，在外滩建筑中占平均层高之首。该大楼由通和洋行设计，华商怀盛营造厂施工。大楼为钢筋混凝土框架结构，其立面比例严谨，带有法国情调的巴洛克式古典主义建筑风格。建筑外墙用长方形石块叠砌，勾勒出平整的线条，显得既匀称又厚实；1楼中间为高大的拱门，入口门廊具有巴洛克式风格，门楣饰以巨石刻成的一方卷涡状的断山花涡漩图案；下两层的门窗被处理成高大的拱券；正面二层到三层中部有2根通贯的巨大爱奥尼克立柱，使门窗与墙面的比例保持均衡。2楼窗外有廊式阳台。整个墙面的窗框设计不尽相同，在均衡的立面中显示"寓动于静"的艺术效果。大楼顶部出檐较深，檐口饰以精致的雕饰花纹。大楼内部地面与墙面都用大理石铺砌。柚木门套、窗套，壁炉架木质坚硬，线条和花饰工整。营业大厅采用玻璃天棚，具有很好的采光效果。

旅游区域及进出条件：

中山东一路29号大楼位于北京东路外滩段。交通便利，公交33路、37路、55路等多条线路以及轨道交通2号线、10号线等可到达。

保护与开发现状：

现为机构用房。1989年被上海市人民政府列为上海市优秀历史建筑。

名称：福州路文化用品街
编号：HP87
资源类型：FDB
单体资源等级：3
行政位置：福州路
地理位置：31°14′05.58″N
　　　　　121°28′29.94″E

性质与特征：

福州路文化用品街有"中华文化第一街"之称，形成于19世纪末期。

福州路在上海开埠前原是通向外滩的4条土路之一。19世纪50年代初，外滩至界路（今河南中路）一段，筑泥砂石子马路，称"劳勃三渥克路"，因附近设有基督教伦敦会传教机构，故又称"布道路"、"教会

福州路文化用品街

路"。清咸丰六年（1856年），向西延伸至第二跑马场（今湖北路）。清同治三年（1864年），筑完全程抵泥城浜（今西藏中路），次年12月命名为"福州路"，俗称"四马路"，全长1 453米。至19世纪末期，福州路及其附近的横马路上，报馆、书局、笔墨、文具店林立，戏园、电影院、茶园、书场、游乐场、舞厅等文化娱乐场所密布，专业戏班演出频繁。此时，文化街已初露端倪；同时，酒肆、旅馆等服务业聚集，洋行、药铺、百货店、照相馆、钟表行、拍卖行、烟号、茶食店等众多，形成申城早期的现代街市。1949年后，福州路虽历经沧桑，但还是基本保持了以文化产业为主体的商业街特征。

旅游区域及进出条件：

福州路文化用品街东起中山东一路，西至西藏中路。交通便利，公交18路、49路等多条线路以及轨道交通1号线、2号线、8号线、10号线等可到达。

保护与开发现状：

对外开放。2007年被上海市商务委员会命名为上海特色商业街。

名称：**乍浦路桥**
编号：HP88
资源类型：FFA
单体资源等级：3
行政位置：黄浦区、虹口区
地理位置：31°14′45.00″N
　　　　　121°28′59.46″E

性质与特征：

乍浦路桥初建于清同治十二年（1873年），原为木结构桥。上海开埠后，美国圣公会主教蓬恩（文惠康）在此渡口西建造了一座浮桥，后将浮桥改建为木桥，外国人称蓬恩桥，中国人称头摆渡桥，亦称白渡桥；为与东邻的外白渡桥相区别，又称二白渡桥。1927年拆除木桥，改建成钢筋混凝土的新桥，并以乍浦路桥命名之。

乍浦路桥新桥为钢筋混凝土结构，长71.94米，宽17.3米，其中车行道宽12.9米，人行道各宽2.2米，桥面面积1 244.5平方米。上部为钢筋混凝土悬臂梁，下部为木桩基重力式桥台和空心桥墩。桥下有3孔，中间1孔跨径为36.55米，通航净宽度为35米，梁底中间标高6.12米，两侧标高各

黄浦区

乍浦路桥

为 5.85 米。桥南堍平均坡度 3.427%，局部最大坡度 4.14%。

旅游区域及进出条件：

乍浦路桥跨苏州河，南接虎丘路，北连乍浦路。交通便利，公交 19 路、21 路、65 路等多条线路以及轨道交通 2 号线、10 号线等可到达。

保护与开发现状：

对外开放。1994 年被上海市人民政府列为上海市优秀历史建筑。

名称：延安东路143号大楼

编号： HP89

资源类型： FDD

单体资源等级： 3

行政位置： 延安东路 143 号

地理位置： 31°14′44.03″N
121°29′50.75″E

性质与特征：

延安东路 143 号大楼初为中汇银行，占地面积 2 166 平方米，建成于 1934 年。当年，由杜月笙掌控的中汇银行是用重金向法国公董局购入的，该大楼被用作银行办公楼。1993 年被用作甲级写字楼。

延安东路 143 号大楼由中国建筑师黄日鲲及法国建筑师赖安吉爱共同设计，久记营造厂承建。该大楼为法国立体式建筑风格，钢筋混凝土结构，楼高十五层，正面为高塔，清水红砖外墙面。该大楼集银行、写字间、公寓于一体，北部下四层

延安东路143号大楼

和南部下二层为中汇银行自用。辟正门于今延安东路，外门为卷篷式铁链门，内门用铜质饰面。银行大厅立柱、地板及柜台均为大理石铺砌。天棚以钢条作径，嵌小方玻璃，新奇夺目，在当时堪称沪上一绝。四周墙面全用玻璃砖贴砌。三层到九层共有 200 余间写字间；每层均设宽大休息场所，供租户会客之用；因四面临街，房间光线充足。十层到十二层为西式公寓。大厦内有电梯 3 部。1949 年后，中汇银行停业。1959 年，改建为上海博物馆。1993 年，上海博物馆迁出，该大楼改建为综合性大厦。

旅游区域及进出条件：

延安东路 143 号大楼位于延安东路河南南路口。交通便利，公交 17 路、26 路、926 路等多条线路以及轨道交通 2 号线、8 号线、10 号线等可到达。

保护与开发现状：

现为机构用房。1994 年被上海市人民政府列为上海市优秀历史建筑。

名称：广场公园

编号： HP90

资源类型： FAD

单体资源等级： 3

行政位置： 黄浦区、静安区

地理位置： 31°13′30.43″N
121°28′07.79″E

性质与特征：

广场公园（延中绿地）位于上海"申"字形高架道路网的中心节点地区，是上海市中心面积最大的开放式公共绿地，占地面积 23 万平方米，横跨黄浦和静安两个区，西起瑞金二路，东至西藏南路，北到大沽路，南达金陵东路、巨鹿路和长乐路。公园整体规划方案由加拿大蒙特利尔市的景观建筑师和城市规划师共同策划。2001 年公园一期工程建成开放。公园的景观设计处处体现中国山水园林景观及其历史文化的和谐交融。公园由始绿园、感觉园、岩

广场公园

石园、疏林野草地、自然生态园、梦之园等板块组成。公园内地形起伏、绿树葱郁，瀑布飞溅、溪水淙淙，并植有雪松、银杏、榉树、香樟、白玉兰、紫薇、桂花、红叶李等300多种植物。

旅游区域及进出条件：

广场公园位于黄浦区和静安区交界处、延安路和成都北路两侧。交通便利，公交01路、26路、48路等多条线路以及轨道交通1号线、2号线、8号线、10号线等可到达。

保护与开发现状：

对外开放。2004年、2005年先后被上海市绿化和市容管理局评为上海市五星级公园。

名称：沉香阁
编号：HP91
资源类型：FAC
单体资源等级：3
行政位置：沉香阁路29号
地理位置：31°13′44.22″N
　　　　　121°29′07.56″E

性质与特征：

沉香阁（曾名慈云禅寺）为佛教比丘尼道场，占地面积2 378平方米，始建于明万历二十八年（1600年）。清嘉庆二十年（1815年）重建，改名为慈云禅寺，但民间仍称之为沉香阁。1989年开始修复工程，历时5年。

沉香阁是一个供奉沉香观音像的寺院。据清同治《上海县志》记载："明万历二十八年，有沉香观音像浮至淮口，时潘允端督漕淮上，奉归建阁。"故得名沉香阁，为潘允端的家庵。

沉香阁内的观音像由整块沉香木精工细作雕就，线条流畅、造型别致，逢雨天则芳馥四溢。观音像呈坐势，屈右足，右手垂于膝上，左手支撑，头微侧，作凝思状，姿态优美，又称"如意观音"，其文物价值及艺术价值极高。

旅游区域及进出条件：

沉香阁邻近上海老城隍庙和豫园。交通便利，公交64路、66路等多条线路以及轨道交通8号线、10号线等可到达。

保护与开发现状：

对外开放。1996年被国务院列为全国重点文物保护单位。

沉香阁

名称：**三山会馆旧址**

编号：HP92

资源类型：FDF

单体资源等级：3

行政位置：中山南路 1551 号

地理位置：31°12′26.82″N
　　　　　121°29′28.44″E

三山会馆旧址

性质与特征：

三山会馆旧址是上海地区一座保存完好的晚清会馆古建筑，其院落开阔，四周护有 10 米高的清水红砖围墙，始建于清宣统元年（1909 年）。2009 年修复开放。

三山会馆由福建旅沪水果商人集资兴建。福州城东南有于山、西南有乌石山（道山）、北有越王山（闽山），故有"三山"之名。主体建筑占地面积 1 000 平方米，整幢建筑殿宇高大，且雕梁画栋、别致秀丽，富有福建地方特色。会馆大殿原供奉一尊湄州天后神女像，所以"三山会馆"的门额上方刻有"天后宫"字样和图案。古戏台与大殿遥相对应，建造精美，古戏台两边建有观楼，戏台中央顶上有覆盂形的藻井，木质结构，四周雕刻有上海老城城门的模型，台上演戏时能起到扩音效果。古戏台前 2 根青石柱刻有对联："集古今大观、时事虽异；得管弦乐趣，情文相生。"古戏台藻井与四周的"鱼尾龙"均为初建时所贴的金，至今仍保存完好。坐北朝南的红砖门楼上嵌青石横石，阴刻"三山会馆"4 个字，再上端嵌以雕花竖石，中间有"天后宫"字样，今雕花已损毁，看不出原花纹面貌。门两边墙基上垒方石，石上浮雕古朴清雅，极富装饰性。

三山会馆是上海工人三次武装起义指挥部遗址，1926 年 10 月、1927 年 2 月、1927 年 3 月，上海工人在中国共产党领导下，为响应北伐、推翻军阀政府在上海的反动统治，先后举行了三次武装起义，指挥部均设立于三山会馆。

旅游区域及进出条件：

三山会馆旧址近中山南路南车站路口。交通便利，公交 45 路、66 路等多条线路以及轨道交通 4 号线、8 号线等可到达。

保护与开发现状：

对外开放。1980 年被上海市人民政府列为上海市文物保护单位。2005 年被上海市红色旅游工作协调小组命名为上海红色旅游基地。现为上海市爱国主义教育基地。

名称：**小桃园清真寺**

编号：HP93

资源类型：FAC

单体资源等级：3

行政位置：小桃园街 52 号

地理位置：31°13′22.44″N
　　　　　121°29′06.24″E

性质与特征：

小桃园清真寺（又名清真西寺、上海西城回教堂）是上海穆斯林举行宗教、教育、文化活动的场所，1919～1948 年曾为中国穆斯林从海路赴麦加朝觐的集散地。因寺门正对着小桃园街，故称"小桃园清真寺"，初建于 1917 年。1925 年在现址重建。1953 年和 1978 年两次整修。现小桃园清真寺设有上海清真寺管理委员会、上海市伊斯兰教协会等机构。

小桃园清真寺具有西亚伊斯兰建筑艺

小桃园清真寺

术风格。大门北向为拱形花格铁门，上额嵌书"清真寺"三字，门头横嵌《古兰经》经文一节，入内是长方形庭院；庭院西侧的礼拜大殿建筑面积为 500 平方米，分上下两层，上层的大跨拱顶结构为国内伊斯兰教建筑所罕见；底层门额悬"显扬正教"匾额一方，门间镶有两块红木的阿拉伯经文对联，上额砌有《古兰经》经文一节；大殿顶部平台正中央大圆拱顶上有望月亭 1 座，伊斯兰教寺院的标志"星月杆"竖立在拱形亭顶之上。平台四角有 4 座阿拉伯式拱形圆顶，西南角、西北角各有石方台 1 块、长凳 4 条，供穆斯林诵经、休息之用。庭院东侧有厅堂结构的三层楼房 1 幢，第二、第三层是图书室、阅览室，藏有各种版本的《古兰经》和伊斯兰教珍贵文物。底层为讲经厅堂，厅内放有 1 部清代中国木刻《古兰经》和 1 部乌尔都文注释的印度版巨型《古兰经》。墙壁有中堂、条幅以及经文香炉、香案、花瓶等陈设。现为上海和各地来沪的伊斯兰教教徒举行宗教活动的重要场所。

旅游区域及进出条件：

小桃园清真寺位于河南南路复兴东路口。交通便利，公交 64 路、66 路等多条线路以及轨道交通 8 号线、9 号线、10 号线等可到达。

保护与开发现状：

现为机构用房。1994 年被上海市人民政府列为上海市优秀历史建筑。2000 年被黄浦区人民政府列为黄浦区文物保护单位。

名称：**逸夫舞台**
编号：HP94
资源类型：FBC
单体资源等级：3
行政位置：福州路 701 号
地理位置：31°14′02.04″N
　　　　　121°28′22.80″E

性质与特征：

逸夫舞台旧称天蟾舞台，是上海规模较大的京剧演出场馆。其声誉卓著，被称为"远东第一大剧场"，梨园有"不进天蟾不成名"之说，建于 1930 年。

"天蟾"取神话月精蟾蜍折食月中桂枝的典故，蕴含有压倒丹桂第一台的意思。

逸夫舞台

473

1989 年，天蟾舞台归属上海京剧院。后由上海市人民政府投资，香港邵逸夫爵士等热心京剧艺术的人士捐助进行改建，并命名为逸夫舞台，为同期成立的"天蟾京剧中心"的下属单位。改建后的舞台于 1994 年举行开台典礼。1995 年，即创下全年公演京剧 300 场的佳绩，成为上海文化演艺市场的一个引人入胜的热点。

逸夫舞台装饰典雅，设施先进。二层观众厅共有座位 928 席，舒适宽畅，席位视角的聚光效应、板墙的声学性能俱佳。舞台两侧装有电子显示屏，演出时显示字幕，以方便观众看戏。舞台前端乐池可升降，后台有化妆室 4 间，道具室位于舞台演出区后部。

旅游区域及进出条件：

逸夫舞台位于福州路云南中路口。交通便利，公交 18 路、49 路、108 路等多条线路以及轨道交通 1 号线、2 号线、8 号线、10 号线等可到达。

保护与开发现状：

对外开放。

名称：东台路

编号：HP95

资源类型：FDB

单体资源等级：3

行政位置：东台路

地理位置：31°13′49.21″N
　　　　　121°28′46.15″E

性质与特征：

东台路近西藏南路、复兴中路，北起崇德路，南至肇周路，长 586 米，宽 12.1～12.6 米，车行道宽 7.4 米。

清光绪二十八年（1902 年）修筑，初名泰山路。清光绪三十二年（1906 年），以法租界公董局副总董之名改为安纳金路。1943 年以江苏东台市的地名改为东台路。

1989 年，东台路旁的浏河路建为上海第一个受监管的旧工艺品市场，许可经营 1912 年以后中国和外国制作的陶瓷器、书

东台路

画、碑帖、碑拓、图书、邮票、货币、工艺美术品等文物监管范围内的旧工艺品。后成为东台路古玩市场。至 20 世纪 90 年代中期，东台路在海内外已形成一定的影响力，海外慕名而来者不乏其人，有上海"琉璃厂"的美名。

旅游区域及进出条件：

东台路位于西藏南路、复兴中路、浏河路围合的路段，近上海新天地。交通便利，公交 17 路、18 路等多条线路以及轨道交通 8 号线、10 号线等可到达。

保护与开发现状：

对外开放。

名称：田子坊

编号：HP96

资源类型：FAZ

单体资源等级：3

行政位置：泰康路 210 弄

地理位置：31°12′34.65″N
　　　　　121°27′51.74″E

性质与特征：

田子坊是由石库门民居和里弄工坊改建而成的创意产业聚集区，1998年第一家文化公司入驻，从此，拉开了田子坊作为艺术一条街的序幕。

田子坊取名源自《庄子·外篇》中的《田子方》，"田子坊"与"田子方"谐音（黄永玉命名）。田子坊以室内设计、视觉艺术、工艺美术为主要业态，被誉为"上海的苏荷"、视觉艺术的"硅谷"。其创意工坊风格多样：陈逸飞工作室古朴凝重，隆冬时节可围炉喝咖啡、谈艺术；尔冬强工作室天棚透光板采用现代建材，钢架上走着两台老式行车；手工版画制作恍若隔世；杰米工作室则引来无数外国游客竞相学习陶艺。

旅游区域及进出条件：

田子坊位于泰康路、思南路、建国中路、瑞金二路围合的区域内，在泰康路、建国中路各有出口。交通便利，公交17路、24路、41路等多条线路以及轨道交通9号线、10号线等可到达。

保护与开发现状：

对外开放。2010年被全国旅游景区质量等级评定委员会评为国家AAA级旅游景区。

名称： 中国社会主义青年团中央机关旧址
编号： HP97
资源类型： FDD
单体资源等级： 3
行政位置： 淮海中路567弄6号
地理位置： 31°13′20.23″N
　　　　　　 121°27′50.29″E

性质与特征：

中国社会主义青年团中央机关旧址为二层砖木结构石库门建筑，建于1919年。1920年8月22日上海社会主义青年团（书记俞秀松）在此成立。1920年9月，又在此成立了外国语学社（社长杨明斋），以教授俄文作掩护，门悬白底黑字社牌。1922年初，中国社会主义青年团成立，团中央机关设于霞飞路渔阳里6号（今淮海中路567弄6号）。1957年修复旧址，1987年再次修建。

中国社会主义青年团中央机关旧址底层的客堂间为教室，客堂楼上为中国社会主义青年团中央机关办公室；2楼厢房是刘少奇、任弼时等的宿舍。外国语学社在此教授俄文，输送有志青年赴苏联学习，是中国共产党早期的干部学校。2001年，在

田子坊

中国社会主义青年团中央机关旧址

此成立旧址纪念馆，通过图片、实物和实景等展示了共青团事业的发展历史。

旅游区域及进出条件：

中国社会主义青年团中央机关旧址位于淮海中路成都南路口。交通便利，公交42路、926路等多条线路以及轨道交通1号线、10号线等可到达。

保护与开发现状：

对外开放。1987年被上海市人民政府列为上海市文物保护单位。1961年被国务院列为全国重点文物保护单位。2005年被上海市红色旅游工作协调小组命名为上海红色旅游基地。2009年被中共中央宣传部命名为全国爱国主义教育示范基地。现为上海市爱国主义教育基地。

名称：国泰电影院

编号：HP98

资源类型：FBC

单体资源等级：3

行政位置：淮海中路870号

地理位置：31°13′16.38″N
121°27′33.30″E

性质与特征：

国泰电影院（Cathay Theatre）是上海地区早期较著名的电影院，占地面积1 893平方米（另一说为1 559平方米），建筑面积2 153平方米。1932年对外营业，2003年进行改建。

国泰电影院由外商筹资兴建（另一说由英籍广东人卢根兴建），鸿达洋行设计，建于1930年，1931年竣工。钢筋混凝土结构，外墙作竖直线条处理，统长窗与深褐色面砖相间隔。立面用紫红色的泰山石，白浆嵌缝，立面中央是阶梯状塔楼，为法国式建筑风格，显得庄重又素雅。内部装饰富丽堂皇。旧时，放映厅无立柱，视线开阔，观众无论坐在哪个座位都能看到舞台中央。座椅上有"译意风"，室内有冷暖空调。舞台两侧有2条竖立的灯柱，与场内左右梯式横直相间的灯光交相辉映，十分气派。二层到三层是供观众娱乐的弹子房。1932年1月1日正式营业，放映美国米高梅影片公司的文艺片《灵肉之门》。当天，《申报》广告称："富丽宏壮执上海电影院之牛耳，精致舒适集现代科学之大成。"

国泰电影院最初由外商联合电影公司经营，后来由国光联合影业公司管理。1941年太平洋战争爆发后，被汪伪中华电影联合公司控制，1946年1月恢复营业。国泰电影院的经理一直由外国人担任，其放映的电影也是以英美影片为主。1950年改称为国泰电影院。"国泰"两字是英文"Cathay"的译音，是古代中国的英文名称。在文革期间曾改名为人民电影院。2003年全面改建，将978座平坡式放映厅改建成3个风格迥异、豪华舒适的电影厅，其中一厅 225 个座位，二厅 241 个座位，三厅 123 个座位。另外，休息厅面积 150 平方米。2003 年 6 月 28 日正式重新营业。

旅游区域及进出条件：

国泰电影院位于淮海中路茂名南路口。交通便利，公交 24 路、41 路、926 路等多条线路以及轨道交通 1 号线、10 号线等可到达。

保护与开发现状：

对外开放。1994 年被上海市人民政府列为上海市优秀历史建筑。

名称：江南造船博物馆

编号： HP99

资源类型： FAE

单体资源等级： 3

行政位置： 鲁班路 600 号 2 楼

地理位置： 31°11′59.64″N
　　　　　121°28′17.76″E

性质与特征：

江南造船博物馆所在地原为江南造船厂的厂史博物馆，占地面积 1 800 平方米，2004 年建成开放。

江南造船博物馆为中国造船业的行业博物馆，分为历史馆、民船馆、军舰馆、重工馆 4 个馆区。陈列展品有实物 77 件、图片 459 张、船模 21 个、大型电动模型 2 个。馆内展示了从清同治四年（1865 年）至今，中国近代军事工业和造船工业的发展历程，还展示了江南造船厂在磁悬浮列车轨道、卢浦大桥、国家大剧院等建造方面所作出的重要贡献。博物馆充分利用声、光、电、多媒体等现代科技手段，使参观者能直观地感受到科学技术的巨大力量。

旅游区域及进出条件：

江南造船博物馆位于中山南一路鲁班路口的江南造船大厦二层到三层，近卢浦大桥。交通便利，公交 17 路、36 路、45 路等多条线路以及轨道交通 4 号线等可到达。

保护与开发现状：

对外开放。2005 年被中共中央宣传部命名为全国爱国主义教育示范基地。2012 年被上海市科学技术委员会命名为上海市科普教育基地。现为上海市爱国主义教育基地。

名称：中华职业教育社旧址

编号： HP100

资源类型： FDD

单体资源等级： 3

行政位置： 雁荡路 80 号

地理位置： 31°13′14.40″N
　　　　　121°27′57.60″E

性质与特征：

中华职业教育社旧址为西式砖混结构建筑，楼高六层，立面为暗红色泰山面砖，

江南造船博物馆

中华职业教育社旧址

具有装饰艺术派风格。建于1930年。

中华职业教育社由著名教育家黄炎培先生联合教育界、实业界及政界知名人士蔡元培、梁启超、张謇、宋汉章等48人于1917年5月6日在上海募资并创立，其宗旨是倡导、研究和推行职业教育，以改革脱离生产劳动、脱离社会生活的传统教育。中华职业教育社对职业教育的改革和发展不断作出贡献，在我国教育史上写下了光辉的一页。1992年更名为"上海中华职业教育社"。

旅游区域及进出条件：

中华职业教育社旧址位于雁荡路南昌路口。交通便利，公交42路、167路、926路等多条线路以及轨道交通1号线、10号线等可到达。

保护与开发现状：

现为学校用房。2002年被上海市人民政府列为上海市文物保护单位。

名称：**丰子恺旧居**
编号：HP101
资源类型：FDD
单体资源等级：3
行政位置：陕西南路39弄93号
地理位置：31°13′12.96″N
　　　　　121°27′27.64″E

性质与特征：

丰子恺旧居位于陕西南路长乐邨内，为西班牙式的三层小楼，门前有一个小花园。1954年，丰子恺率家人搬入，直至1975年逝世，他在此整整生活了21年，这里是丰子恺一生居住时间最长的地方。

丰子恺是我国著名的教育家和翻译家，新文化运动的启蒙者之一。2008年前后，丰子恺的后代在政府有关部门的牵头下，将故居修旧如旧。二楼室内的南窗部分曾作为丰子恺的书房，透过这里的天窗，可以看到天空中的日月运转，所以丰子恺

丰子恺旧居之一

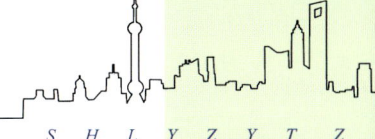

丰子恺旧居之二

把住所称为"日月楼"。在阳台的一侧，放置着一张陈旧古朴的写字桌，上面笔墨纸砚俱全，一盏老式吊灯垂到桌沿。这里曾经是丰子恺写作、翻译、绘画的地方，他翻译了屠格涅夫的《猎人笔记》，撰写了《缘缘堂新笔》、《续笔》等文章，以及《听我唱歌难上难》、《子恺儿童漫画》、《丰子恺画集》等著作。自2010年起，这里展出了丰子恺生平资料，文学及翻译作品、书法作品等，以及具有代表性的漫画和书法复制品，并陈列有其在民国时期出版的各类书籍。

旅游区域及进出条件：

丰子恺旧居邻近陕西南路长乐路口。交通便利，公交24路、26路等多条线路以及轨道交通1号线、10号线等可到达。

保护与开发现状：

对外开放。

名称：绍兴路

编号： HP102

资源类型： FDB

单体资源等级： 3

行政位置： 绍兴路

地理位置： 31°13′24.54″N
　　　　　　121°28′32.76″E

性质与特征：

绍兴路为东西走向，东起瑞金二路，西至陕西南路，长480米，宽12.3～18.5米。1926年由上海法租界公董局修筑，以意大利的开国国王爱麦虞限二世的名字命名，称爱麦虞限路。在第一次世界大战时，法、意是同盟国，所以当时的法租界多以意大利国王的名字来命名新筑的道路。1943年，汪精卫政权接收租界时改名为绍兴路。

绍兴路是上海的文化地标，以出版一条街著称，又以文化气息和宁静闲适而闻名；分布有出版社、杂志编辑部、书店和咖啡馆等，同时也是上海有名的高档住宅区。

绍兴路5号是一幢浅黄色略带弧形的西班牙式建筑，原为当时南市电力公司老板朱季琳的住宅。其建筑外墙青砖立面，朴实而大气，檐口处的连续拱券花纹透出西班牙式建筑风格。穿过弧形门洞进入，便可看见一个带有大草坪的花园，面向花园的建筑设有伸出的露天大理石楼梯，此为主入口。拾级进入一层大厅，两侧为会客室；室内楼梯设在中央，双抱柚木楼梯有着精致的栏杆。现用作上海市新闻出版局和上海市版权局办公楼。

绍兴路7号现为上海文艺出版总社大楼，原为同盟会元老张群的公馆。张群1929年3月27日至1932年1月16日任上海市第三任市长。该三层现代建筑为钢筋混凝土结构，立面不对称，逐层退台，部分墙面为曲面造型，有水平窗、转角窗。登上台阶，步入门廊，可见其顶部仅用一根单柱支撑，具有简洁之美。楼梯口有铜制的流线型扶手，抬头可见巨大的长方形彩绘玻璃窗，上面绘着花草和树木图案。由里向外的窗户与楼梯口一样，全部都是彩绘玻璃，华丽而精致。

绍兴路9号现为上海昆剧院驻地，曾是法国军人俱乐部，建于20世纪30年代。该三层现代建筑的外部形态并不张扬，而内部则具有典型的装饰艺术特征，颇具特色的是两边的楼梯，沿楼梯而上，顶部是古典吊灯，环墙是古色古香的彩格窗户，典雅又明亮。周末在兰馨舞台常举办昆剧票友、准票友的聚会。

绍兴路54号主楼为中西混合式的三层建筑，水泥外墙面，木质门窗，檐口采用西班牙式建筑常用的花纹和小券装饰，屋顶有玻璃天棚。主入口门廊很高，两侧各有一对壁柱支撑。大厅高大而空旷，所有房间均围绕走廊布局，底层东北侧的室内主楼梯通向二层，雕花扶手古色古香。二层中间围以长方形空间，有4根水磨石立柱，柱头带有爱奥尼克卷涡。所有房间都是以这个长方形空间作为轴心来设计和布置的。三层布局与二层相同。

绍兴路96弄是目前上海地区保存较完好的石库门弄堂，许多表现老上海题材的电影和电视剧都到这里来取景。绍兴路102弄曾经是白俄犹太人聚居的地方。

旅游区域及进出条件：

绍兴路位于瑞金二路、永嘉路、陕西南路、建国西路围合的路段。交通便利，公交24路、41路、96路等多条线路以及轨道交通1号线、9号线、10号线等可到达。

保护与开发现状：

对外开放。2007年被上海市商务委员会命名为上海特色商业街。

名称：**尚贤坊**

编号：HP103

资源类型：FDC

单体资源等级：3

行政位置：淮海中路358弄

地理位置：31°13′29.85″N
　　　　　121°28′05.20″E

性质与特征：

尚贤坊原为法国天主教会产业，1924年在原尚贤堂所在地建造，占地面积6 120平方米，总建筑面积1万多平方米。

尚贤坊为石库门里弄房屋，淮海中路入口处是总弄，另有3条横向支弄，形成"丰"字形，沿街为三层，楼下开设商店。弄内各幢均为二层。除店房外，弄内有4组联排式房屋，每排两端每幢2开间，即上海人所谓"二上二下"，中间各幢为单开间，即"一上一下"。全弄共74幢，总弄有骑楼，俗称过街楼。外墙是清水红砖墙，墙基有约1米高的水泥护壁。与老式石库门建筑相比，其形式变化不大，仅在用材、扶梯的设置以及装修方面，较多采用了西洋风格的线脚、花纹等装饰。黑漆大门，内为天井，客堂也是长隔扇（俗称落地长窗），客堂后面有白漆屏门6扇，最后是厨房间和后门。厨房间之上是亭子间，再上面还有晒台。尚贤坊沿街的三层楼房立面带有西班牙巴洛克式风格，只是沿街商店装修店面时已将原有的风格完全改变了，仅3楼山墙尚能依稀看出一些痕迹，呈弧形，线脚简洁。

尚贤坊是郁达夫和王映霞第一次相遇的地方。1926年年底，王映霞随孙百刚夫妇从温州来到上海，一起住在尚贤坊40号。郁达夫到霞飞路尚贤坊去探望既是同乡又是留日同学的孙百刚，与不满20岁的王映霞在此邂逅，两人立刻堕入情网。王映霞在杭州女中和浙江省立杭州女子师范就读时有"校花"之誉，居当时杭州城四大美人之首。郁达夫对王映霞一见倾心，遂求再见、三见。于是，上演了现代文坛一段轰轰烈烈的恋爱传奇。1927年6月5日，郁达夫和王映霞在杭州聚丰园餐厅正式宴客订婚，翌年2月在上海结婚。

旅游区域及进出条件：

尚贤坊位于淮海中路，近黄陂南路。交通便利，公交26路、109路等多条线路以及轨道交通1号线、8号线、10号线等可到达。

保护与开发现状：

现为住宅。1989年被上海市人民政府列为上海市文物保护单位和上海市优秀历史建筑。

尚贤坊

名称：**万宜坊**

编号：HP104

资源类型：FDC

单体资源等级：3

行政位置：重庆南路205弄

地理位置：31°12′58.75″N
　　　　　121°27′58.77″E

性质与特征：

万宜坊由法商万国储蓄会集资建造，始建于1928年，1932年建成，1930年起陆续整幢出售。弄内房屋4排，有90个单元（幢）；沿街店面房屋1排，有11个单元（包括205弄的过街楼），建筑面积1.7

万宜坊

万平方米。

万宜坊住宅是砖混结构，弄内为假三层，沿街为三层，单开间平面布置，仅屋顶略有区别，沿街为前后二坡顶，弄内为折坡式带有假三层屋顶，拉毛粉刷墙面。行列式布局，房屋坐东朝西，南北毗连。弄内住宅前后平列4排，南北朝向，房屋门前留有汽车行驶的回转用地，并利用多余边角地建造汽车间，整体布局合理、紧凑。万宜坊弄内住宅的底层前部，有1.8米进深的小天井，以矮围墙与里弄分隔，底层起居室透过矮围墙，借用里弄空间通风采光。起居室前廊檐建有游廊，正对大门处一段是走道口。起居室后有扶梯间，扶梯下为贮藏室，正对扶梯起步处是厨房间。从厨房侧面天井内进出，小天井为厨房通达后门的过道。2楼扶梯转弯平台处为亭子间，前部有大卧室1间，内有壁橱和阳台，另有3件套卫生间。3楼有大、小卧室各1间，设3件套卫生间，不设阳台、壁橱，仅利用折坡式屋顶下层空间设置贮藏室。沿街房屋底层是店铺，2楼、3楼设置与弄内住宅大致相同，2楼设有半挑阳台，但室内面积稍大于弄内住宅。

万宜坊与吕班公寓（今重庆公寓）、淡水邨等都是法租界精心规划的高级住宅小区。1930年，1幢三层房子的月租金要90元，售价250～280两黄金，故万宜坊的住户大多是有经济实力的富商实业家、中高级官员以及一些知名的高级知识分子，如大同大学校长、著名数学家胡敦复（住13号）；中华老店胡开文文具店店主胡洪开（住23号）；文学家钱杏邨（住38号）；求新造船厂老板朱志尧（住41号）；商务印书馆创始人之一鲍咸昌（住60号）；曾任上海无线电工程学校校长的无线电专家方晃卫（住71号）；曾任国民政府资源委员会化验室主任，后为中国科学院学部委员、复旦大学一级教授顾翼东（住72号）。此外，20世纪30年代初，文学家丁玲、胡也频夫妇以及蒋光慈、阿英等也曾居住在万宜坊。

旅游区域及进出条件：

万宜坊位于重庆南路合肥路口，邻近上海交通大学医学院。交通便利，公交17路、24路、36路等多条线路以及轨道交通1号线、9号线、10号线等可到达。

保护与开发现状：

对外开放。2005年被上海市人民政府列为上海市优秀历史建筑。

名称：**重庆公寓**

编号：HP105

资源类型：FDA

单体资源等级：3

行政位置：重庆南路185号

地理位置：31°13′02.99″N
　　　　　121°27′59.98″E

性质与特征：

重庆公寓原名吕班公寓，建于1931年，为独幢钢筋混凝土结构五层公寓大楼，占地面积5 896平方米，建筑面积1.35万平方米。该建筑方正整齐，由二排大楼相接而成，墙壁的咖啡色砖间漆以白色涂料，全楼为单层钢窗，墙体较厚，楼层较高。正门为文艺复兴时期复古特色的拱形门，门厅主入口设塔司干式白色双柱门廊，庄重而浑厚，地板由小块马赛克和水磨石相间而成。楼梯护栏为钢结构木扶手，楼梯由水磨石铺设而成。美国女记者艾格尼丝·史沫特莱于1929~1931年寓居此地。李安拍摄电影《色·戒》时也曾在这里取景。

旅游区域及进出条件：

重庆公寓位于重庆南路复兴中路口。交通便利，公交17路、24路、36路等多条线路以及轨道交通1号线、9号线、10号线等可到达。

保护与开发现状：

现为住宅。1999年被上海市人民政府列为上海市优秀历史建筑。

名称：**申报馆**

编号：HP106

资源类型：FDD

单体资源等级：3

行政位置：汉口路309号

地理位置：31°14′15.18″N
　　　　　121°29′47.44″E

性质与特征：

申报馆是近代中国发行时间久、影响力大的报纸《申报》的报社大楼。1918年重建为五层钢筋混凝土结构的大厦，建筑面积3 680平方米。大楼外部檐口下和壁柱均有花纹。二楼挑出阳台，栏杆美观，阳台座下有装饰性图案。当年，底层是印刷厂，有排字房、铸字房、纸版房、铅板房及铜锌版制造工场等；2楼是营业厅；3

黄浦区

重庆公寓

楼是经理室、董事会、餐厅、会客厅；4楼、5楼有图书馆、校对室、照相间。编辑室则分布在各层楼。当年以申报馆为核心，汉口路一带聚集着上海数十家新闻出版机构。由此，汉口路也成为一条名副其实的报业街。1949年申报停刊后，该大楼转给解放日报社使用。如今楼下改为餐厅对社会开放。

旅游区域及进出条件：

申报馆位于汉口路山东中路口。交通便利，公交20路、49路、66路等多条线路以及轨道交通1号线、2号线、8号线、10号线等可到达。

保护与开发现状：

现为机构用房。1994年被上海市人民政府列为上海市优秀历史建筑。

申报馆

太平桥绿地

名称：太平桥绿地

编号：HP107

资源类型：FAD

单体资源等级：3

行政位置：黄陂南路、湖滨路

地理位置：31°13′57.24″N
　　　　　121°28′24.49″E

性质与特征：

太平桥绿地为城市开放式公共绿地，占地面积4万平方米，2001年建成开放。

太平桥绿地以湖光、山色、丛林为特色来营造城市的山水园林景观。绿地沿东西长轴方向形成3个层次：北侧为宽阔的湖滨亲水平台，中部为1.2万平方米开阔的湖面水景，南侧为山林、草坡。整个绿地山体、湖面、植被互为衬托，相映成辉。兴业路口设有亲水平台式的小广场一直延伸至湖边，人们能在太平桥绿地眺望中共一大会址纪念馆。

旅游区域及进出条件：

太平桥绿地东起吉安路，西至黄陂南路，南至自忠路，北至湖滨路。交通便利，公交17路、109路等多条线路以及轨道交通1号线、8号线、10号线等可到达。

保护与开发现状：

对外开放。

名称：淮海公园

编号：HP108

资源类型：FAD

单体资源等级：3

行政位置：淮海中路177号

地理位置：31°13′13.42″N
　　　　　121°27′33.30″E

性质与特征：

淮海公园所在地原为八仙桥公墓。清同治四年（1865年），英美租界工部局以4 000两银子购买了如今公园的中、南部及原南市区体育馆的地基共3.4万平方米，于清同治七年闰四月十一日（1868年6月1日）建成英美租界新公墓（后称八仙桥公墓）。清同治九年（1870年），法租界公董局购买了今公园北部的土地1.45万平方米，于翌年建成法租界新公墓（后亦称八仙桥公墓）。这两处公墓分别于1925年和清光绪三十一年（1905年）满穴，共有墓穴4 339个，其中外国人占93%。1958年3月17日开始改建为公园，同年6月20日竣工，7月1日对外开放。公园在筹建时定名为嵩山公园，建成后又定名为淮海公园，占地面积2.56万平方米。

淮海公园呈"J"形布局。公园内有观赏植物120种4万株，绿地覆盖率达70%。公园北部为开放式前庭绿化区，以水景、树景、灯景见长。南部为中央花园区、草坪区、山林区和服务区，有竹、枫、橘、山茶、玉兰、紫薇、桂花、腊梅等专类花园，山林中香樟、石楠、乌桕、樱花、杜鹃等花木叠翠。水池及花坛位于淮海中路正门内。喷水池面积35平方米，为立柱状喷泉。环绕水池有4个方形台阶式花坛，

淮海公园

花坛内铺有草皮，各植1株黄杨球和各色花卉，后面以高绿篱障景。假山位于公园东南部，紧靠普安路，南北长约125米，东西宽约25米，占地面积3 100多平方米。山体是在防空洞上覆土叠石而成，有南北两个小山丘。北部山丘占地面积约2 600平方米，在山上的树荫下设置几处小平台，置有石桌、石凳，山中几条小路旁的黄石块侧石亦可作坐凳用。南部山丘占地面积约500平方米，置有木结构草亭1座。长廊位于公园中部，为半廊，南空北实，混凝土结构，平顶，面积约89平方米。廊呈"Z"形，分东西两廊，中间以花墙和月洞门相连。廊南面有坐凳，供游人休息，廊北面为阅报及宣传画栏。廊南为大草坪，廊北为树丛，长廊在此处兼起分景作用。廊外树林中设

有石桌、石凳。回廊位于公园西北部，呈"凹"字形。混凝土结构，平顶，两边为廊柱，面积55平方米。回廊四周长满紫藤，夏日绿荫浓蔽，凉爽宜人。服务区内设有儿童游乐场、七重天娱乐总汇等。

旅游区域及进出条件：

淮海公园南至太仓路，北临淮海中路。交通便利，公交42路、109路等多条线路以及轨道交通1号线、8号线、10号线等可到达。

保护与开发现状：

对外开放。2004年被上海市绿化和市容管理局评为上海市三星级公园。

名称：福佑路清真寺
编号：HP109
资源类型：FAC
单体资源等级：3
行政位置：福佑路378号
地理位置：31°13′47.52″N
　　　　　121°29′30.00″E

性质与特征：

福佑路清真寺（曾名穿心街礼拜寺、清真北寺、穿心街回教堂）为上海穆斯林宗教和文化活动场所，占地面积约1 000平方米，始建于清同治九年（1870年），

黄浦区

福佑路清真寺之一

1936年改建。

福佑路清真寺主楼为三层钢筋混凝土结构，楼顶平台建望月楼亭。寺门为拱形花格铁门，门额嵌"清真寺"字样。穿过内门为长方形庭院，南侧三进礼拜大殿为中国宫殿式木构厅堂建筑。殿顶明三暗五、梁椽交错，有玻璃格子窗和雕花落地门。正面是绿色瓷砖窑门，上有木雕"清真言"匾。二殿、三殿梁柱悬经文横幅，两边挂红木宫灯，殿内置经文条幅及香炉、香案、花瓶等。上海第一所穆斯林学校务本小学、上海清真董事会、上海清真商团营部皆设于此处。

旅游区域及进出条件：

福佑路清真寺位于福佑路侯家路口。交通便利，公交17路、66路、926路等多条线路以及轨道交通8号线、10号线等可到达。

福佑路清真寺之二

保护与开发现状：

对外开放。2000年被黄浦区人民政府列为黄浦区文物保护单位。

名称：**茂名南路**
编号：HP110
资源类型：FDB
单体资源等级：3
行政位置：茂名南路
地理位置：31°13′08.88″N
　　　　　121°28′23.82″E

性质与特征：

茂名南路全长1 275米，宽11.0～24.4米，车行道宽6.0～14.2米。1919年修筑，以比利时主教名字命名为迈尔西爱路。1943年，又以广西桂林地名改名为桂林路。1946年，再一次以广东茂名这一地名改为茂名南路，并沿用至今。

南昌路以南的茂名南路主要为酒吧一条街，南昌路以北至淮海中路，是旗袍与中式服饰商店一条街。门口有显眼的"定做"店招，正宗上海裁缝以传统造衫手艺为顾

客量体裁制旗袍、婚纱、西服等，其设计、选料、剪裁及手工制作等各环节极其讲究。较著名的有茂名南路72号的金枝玉叶旗袍店、茂名南路61号的上海滩锦江店和茂名南路161号的和平旗袍店等。顺着街道两旁一直延伸，通过各店的橱窗陈设，就能观赏到当今沪上最新的中式服饰流行元素与"穿衣经"。茂名南路以度身定做服装而闻名，号称"最花样的上海就在茂名南路"。

淮海中路以北的茂名南路两侧为锦江饭店和花园饭店。

旅游区域及进出条件：

茂名南路北起延安中路，南至永嘉路。交通便利，公交24路、26路、926路等多条线路以及轨道交通1号线、10号线等可到达。

保护与开发现状：

对外开放。2008年被上海市商务委员会命名为上海特色商业街。

名称：法租界公董局旧址

编号：HP111

资源类型：FDD

单体资源等级：3

行政位置：淮海中路381号

地理位置：31°13′27.54″N
　　　　　121°28′04.44″E

性质与特征：

法租界公董局旧址为法国新古典主义风格建筑，原为淮海中路375号，现为淮海中路381号中环广场裙楼。清宣统元年（1909年）落成，占地面积6 307平方米，建筑面积7 800平方米。该裙楼连屋顶层阁楼共三层，砖木结构。房屋沿今淮海中路、淡水路、兴安路和马当路作周边式布置，中央是个大院。平面规整对称，两端及中部向南北两侧略有前出。墙体为红砖镶砌的清水外墙面，立面为带有早期现代派倾向的新古典主义艺术风格的构图。法租界公董局成立于清同治元年（1862年），为法租界的最高行政机构。清宣统元年（1909年）大楼建成后，公董局由公馆马路（今金陵东路174号）迁入。

1958年，比乐中学迁入。1999年，在建设中环广场时，法租界公董局建筑大部分被拆除，仅留沿街的部分建筑。设计师努力使南侧新建的三十八层中环广场的外观风格向老建筑靠拢，并把老建筑作为新建筑裙房的主要部分。通过中庭，把老建筑和相距15米远的新建筑相连接。其中庭采用斜面玻璃天棚，这样既解决了采光问题，又便于人们从不同的角度透过玻璃欣赏老建筑的风采。在改建时，保留和照原样恢复了旧楼的老虎窗、檐口、门楼等部位，主入口女儿墙仍采用仿石式样，保留了部分木结构屋顶。外墙面以高压喷沙清洗砖石表面，去除风化部分后予以修补，保持了原有材料的本色，成为现代城市建设中保护优秀历史建筑的典型范例之一。

旅游区域及进出条件：

法租界公董局旧址位于淡水路与马当路之间。交通便利，公交26路、109路等多条线路以及轨道交通1号线、8号线、10号线等可到达。

保护与开发现状：

对外开放。1994年被上海市人民政府列为上海市优秀历史建筑。

法租界公董局旧址

名称：**金谷邨**
编号：HP112
资源类型：FDC
单体资源等级：3
行政位置：绍兴路 18 弄
地理位置：31°13′24.54″N
　　　　　121°28′32.76″E

性质与特征：

金谷邨为新式里弄住宅，1930 年由当时的上海市长吴铁城化名吴子祥建造。

金谷邨有 6 排共计 99 幢楼房。房屋为砖混结构，人字方木屋架，折腰式大坡顶，假三层顶开有老虎窗，檐口至室外地坪高 10.75 米。前天井围墙高 1.9 米，后天井围墙高 2.6 米。后天井内有钢砼扶梯通往北二层。三层为晒台。

旅游区域及进出条件：

金谷邨位于绍兴路瑞金二路口。交通便利，公交 41 路、96 路、104 路等多条线路以及轨道交通 1 号线、9 号线、10 号线等可到达。

保护与开发现状：

现为住宅。2005 年被上海市人民政府列为上海市优秀历史建筑。

名称：**历峰双墅**
编号：HP113
资源类型：FDD
单体资源等级：3
行政位置：淮海中路 796 号
地理位置：31°13′12.78″N
　　　　　121°27′31.32″E

性质与特征：

历峰双墅原为沪上买办姜炳生的两栋住宅楼，有着浓郁的新古典主义建筑风格，建筑面积 4 000 平方米，花园面积 1 000 平方米，东楼建于 1921 年，西楼建于 1927 年。1949 年后曾先后作为民航局、上海市电影局办公楼，后又成为上海文广集团的资产。2002 年后，历峰商业集团对原有宅邸进行了全面的整理规划和修缮，使这座拥有近百年历史的经典宅邸重新焕发光彩，成为上海奢侈品时尚展示的新地标。2008 年开业，汇集了历峰旗下江诗丹顿（Vacheron Constantin）和登喜路（Alfred Dunhill）两大奢侈品牌，并携手香港顶尖私人会所 KEE 以及上海当代艺术画廊香格纳。其私密奢华的氛围与艺术美食的融合打破了传统奢侈品零售的模式，历峰也因此成为首个在中国呈现奢逸先锋生活理念的奢侈品集团。

1921 年，姜炳生按照当时流行的新古典主义建筑艺术风格建成了高四层、有纤细华丽的列柱以及连续敞廊、大量装饰玻璃和淡色墙面的东楼。6 年后，又照原样建成对称的西楼，并用一条走廊把东西两栋楼相连，成为一座双子别墅。历峰商业集团在改建过程中，遵循"追本溯源"的整修原则，如对原有木质楼梯和彩色玻璃窗予以完整保留和修缮，令其在保持原有历史风貌的基础上焕发新生。木制楼梯重现了 20 世纪 20 年代的原貌，彩色玻璃窗格让老一辈人重拾童年的记忆，采用淡暖色系改建后的屋檐房梁，展现出柔和亮丽的现代建筑设计效果。宅邸前是精心设计的传统英式花园，新建的画廊及办公楼位

金谷邨

历峰双墅

于其北边，西边和南边为服务辅楼，花园下面为地下停车场。

历峰双墅东楼目前为世界顶级奢侈品牌江诗丹顿的上海之家。西楼是创立于1893年的英国顶级男装、皮具和配饰奢侈品牌登喜路的上海之家。

旅游区域及进出条件：

历峰双墅位于淮海中路瑞金一路口。交通便利，公交24路、41路、926路等多条线路以及轨道交通1号线、10号线等可到达。

保护与开发现状：

对外开放。2005年被上海市人民政府列为上海市优秀历史建筑。

名称： 中国科学社暨明复图书馆旧址
编号： HP114
资源类型： FDD
单体资源等级： 3
行政位置： 陕西南路235号
地理位置： 31°12′32.52″N
　　　　　　121°27′42.15″E

性质与特征：

中国科学社暨明复图书馆旧址原为中国科学社建立的全国第一个公共科技专门图书馆，为纪念已故创办人胡明复，命名为明复图书馆，1931年开馆。1956年改名上海市科学技术图书馆，1958年合并入上海图书馆。1959年为卢湾区图书馆。现为黄浦区明复图书馆。

旧址主体建筑明复楼为砖混结构，共三层。立面装饰简洁，窄条竖窗，一层平整仿石立面，二层、三层为白色立面。1楼和3楼顶部有装饰板，上有具民族特色的图案。大门雕饰精美，楼梯保存完好。会心楼为原中国科学社总办事处。中国科学社是1915年在美国成立的，是我国早期成立的自然科学团体。蔡元培、竺可桢、

中国科学社暨明复图书馆旧址

茅以升、严济慈等为社员，1918年迁回国内，1928年定址上海。1945年12月30日在此成立中国民主促进会。

旅游区域及进出条件：

中国科学社暨明复图书馆旧址位于陕西南路，近永嘉路、绍兴路。交通便利，公交24路、41路、96路等多条线路以及轨道交通1号线、9号线、10号线等可到达。

保护与开发现状：

对外开放。2005年被上海市人民政府列为上海市优秀历史建筑。

名称：培文公寓

编号：HP115

资源类型：FDA

单体资源等级：3

行政位置：淮海中路449号

地理位置：31°13′17.93″N
　　　　　121°28′15.95″E

性质与特征：

培文公寓原名培恩公寓，占地面积5 200平方米，建筑面积1.66万平方米，1923年建造，为九层钢筋混凝土结构公寓。

培文公寓由法国赉安工程师事务所设计，原是法国人的产业。抗日战争爆发后，孔祥熙趁外国业主出售房产之际，低价收购培文公寓。公寓外观呈装饰艺术风格，由2幢建筑组成，主体是1幢沿街建造的长体形公寓大楼，其南为一排3单元的组合体，称"小培文公寓"。培文公寓是当时法租界内有名的公寓建筑。

公寓主体建筑是六层钢筋混凝土结构，沿淮海中路立面中部楼高九层，建筑高度40.5米，顶端为阶梯状塔楼造型，上立旗杆，下设主门，主门厅朝北。立面竖向构图，饰浅褐面砖，间以白色水泥墙面。六层外挑的混凝土屋檐、七层到九层的横贯阳台、一层的门檐形成粗犷的横线条构图。培文公寓体量庞大，有46套住房，底层设商店，二层主要为2室户，三层以上为标准层，有3室户、4室户和5室户等，每套房间均有壁橱或箱子间。厨房内备有烫衣板、小柜和集中供冷的固定冰箱。培文公寓有别于其他公寓的是，楼内装有垃圾管道，管道用圆铁管制成，孔口面积为0.80米×1.20米，出灰口设在院子内侧，倾倒垃圾十分方便。小培文公寓标准层由3室户单元组成。公寓原高四层，现已加建为五层。

1956年，培文公寓底层改建为上海市妇女用品商店，当年2月6日开业，是国内早期创建的女士用品专业特色商店。

培文公寓

旅游区域及进出条件：

培文公寓位于淮海中路重庆南路口。交通便利，公交26路、926路等多条线路以及轨道交通1号线、8号线、10号线等可到达。

保护与开发现状：

现为商业设施与住宅。1994年被上海市人民政府列为上海市优秀历史建筑。

名称：**南昌大楼**

编号：HP116

资源类型：FDA

单体资源等级：3

行政位置：南昌路294～316号

地理位置：31°13′00.86″N
121°27′44.41″E

性质与特征：

南昌大楼原名阿斯特屈来特公寓，1933年由永安公司地产投资建造，外籍设计师列文设计。该建筑八层，钢筋混凝土结构，占地面积2 000平方米，建筑面积1.12万平方米，为平面楔形。

南昌大楼建筑设计简洁大方，其外墙采用奶黄色面砖贴面；在大门入口的门楣和顶部尖塔，以及檐部、门厅地坪、门窗铁花等处，都具有装饰艺术的风格特征。大楼两面邻街，转角处为大门进口，底层是店面，沿着南昌路底层设2个过街楼出入口。2层以上是住宅，有1～4室不等的户型，户内有壁橱、厨房间和卫生间。每户都有半挑半凹的阳台。

南昌大楼旧时也被称为"等级森严的南昌公寓"，在上海滩赫赫有名。该大楼为1梯2户的设计，厨房和客厅的连接处还有约3平方米的独立备菜室，厨师可以把菜烧好放到备菜室中，再由佣人端上招待客人。电话线也是事先排有暗线，每户都配备电话。在沿街处于南昌路和茂名南路口的"V"形南昌大楼的后面，有一幢被南昌大楼包裹着的四层楼房，为保姆楼，南昌大楼的每个厨房里都有电铃设计，可以和住在这里的保姆联系，并且随叫随到。保姆楼里终日不见阳光，每个房间都是标准的7平方米。1楼原来是车库。旧时，这里每户都有冰箱和西餐台配置。厨房间里还有带烤箱的管道煤气灶。

旅游区域及进出条件：

南昌大楼位于南昌路茂名南路口。交通便利，公交24路、41路、926路等多条线路以及轨道交通1号线、10号线等可到达。

保护与开发现状：

现为住宅与机构用房。1994年被上海市人民政府列为上海市优秀历史建筑。

南昌大楼

名称：长乐邨

编号：HP117

资源类型：FDC

单体资源等级：3

行政位置：陕西南路 39 弄

地理位置：31°13′12.96″N
121°27′27.64″E

性质与特征：

长乐邨原名梵尔登花园、白费利花园，为上海花园式里弄住宅的代表。1925 年由华懋地产有限公司投资建造，英商安利洋行设计。分 3 批建造，1929 年全部竣工。这个地块原来是德国侨民乡村俱乐部，第一次世界大战爆发后，中国宣布与德国断交，法租界当局便于 1917 年 3 月 26 日没收了俱乐部；由于中国政府的反对，法租界只得出钱购置这批物业。同年 6 月 11 日，法租界公董局董事会决定将其改为公园，名梵尔登花园，并对外开放。1925 年改为法商球场总会，1942 年作为日本占领军司令部的一部分。1945 年日本投降后，仍归法国人所有。1949 年春，划归上海市政协，为上海市文化俱乐部。其占地面积 2 万平方米，建筑面积 1.89 万平方米。后更名为"长乐邨"，1961 年由丰子恺题写弄名。

花园式里弄住宅是 20 世纪 40 年代后期在新式里弄基础上发展起来的。宅前辟有宽大的庭院，环境幽静。居室多横向布置，以间半式或双间式居多，卫生设备齐全。楼层数有三层、四层或兼有假层，其建筑设计注重朝向及通风采光。阳台用细花铁栏杆，门窗用几何图形装饰。建筑外观有西班牙式平屋顶和近代立体式等多种式样。

长乐邨弄内宽敞，共有 129 幢欧式楼房，排列式布局，砖木结构。每个单元都是前部二层、后部三层的坡屋顶住宅。进门经走廊入室，南部为起居室，主梯在起居室内。底层是厨房、餐厅，佣人楼梯设

长乐邨

于厨房内，梯下为储藏室，并有炉子间、佣人室、小卫生间和后门等。二层南部是卧室和室内阳台，中部是小卧室，北部则是多用途小厅（类似亭子间）。设计合理，布局紧凑，外形别致。长乐邨房前屋后植树种花，环境优美。

旅游区域及进出条件：

长乐邨位于陕西南路长乐路口。交通便利，公交 24 路、26 路等多条线路以及轨道交通 1 号线、2 号线、10 号线等可到达。

保护与开发现状：

现为住宅。1994 年被上海市人民政府列为上海市优秀历史建筑。

名称：法租界霞飞路巡捕房旧址

编号：HP118

资源类型：FDD

单体资源等级：3

行政位置：淮海中路 235 号

地理位置：31°13′24.87″N
　　　　　121°28′31.63″E

性质与特征：

法租界霞飞路巡捕房旧址占地面积约 6 667 平方米，建筑面积 6 715 平方米，1912 年设立，名为宝昌路巡捕房，1918 年易名为霞飞路（今淮海中路）巡捕房。1943 年日伪接收法租界后改名为泰山路分局。1947 年国民党政府将它改名为嵩山路分局。1949 年后一度曾用作嵩山公安分局。1960 年，东风中学（齐鲁中学、和建中学合并）迁入。

法租界霞飞路巡捕房旧址楼房为法国文艺复兴时期的建筑风格，砖木结构，三层或四层，清水红砖外墙，立面对称，各层有列柱外廊，三层廊柱有盾形纹饰。

旅游区域及进出条件：

法租界霞飞路巡捕房旧址位于淮海中路嵩山路口。交通便利，公交 42 路、109 路、926 路等多条线路以及轨道交通 1 号线、8 号线、10 号线等可到达。

法租界霞飞路巡捕房旧址

保护与开发现状：

对外开放。1999 年被上海市人民政府列为上海市优秀历史建筑。

名称：南园滨江绿地

编号：HP119

资源类型：FAD

单体资源等级：3

行政位置：龙华东路 800 号

地理位置：31°11′45.60″N
　　　　　121°28′12.90″E

性质与特征：

南园滨江绿地是离 2010 年上海世博会园区较近的大型公园，它以原南园公园为起点，向南延伸至黄浦江，坐落于龙华东路以南、日晖东路以东、鲁班路以西的浦江岸边。占地面积 8 万平方米，于 2010 年建成开放。

南园公园作为南园滨江绿地的前身，有着深厚的历史人文底蕴。1923 年由旅沪闽南籍同乡会购用，习称南园，并于 1927 年开办了泉漳中学。1929 年，中共江苏省委在此召开第二次党代会，在沪的中共中央领导人周恩来、李立三、陈云、任弼时等出席大会。1957年1月，上海市第二届人民代表大会同意将南园改建为公园。同年10月15日对外开放，沿用"南园"之名。后来经历3次关闭与开放。

南园滨江绿地的建设在"博"字上做文章，体现科技手段的先进性、生态的多样性、文化的多元性和表现手法的艺术性，充分展示了时代特征、上海特点。分为新欣南园、都市绿野、工业象素和滨河华灯4个主题功能区。

新欣南园位于原南园公园位置，内置自然形态的水体和喷泉，美化景观并能够收集雨水用于灌溉。都市绿野由五彩长廊、阳光草坪和白玉兰花瓣状的配套服务建筑组成。工业象素位于黄浦江畔（该处原为隧道公司），设计并改造了3个大型水泥筒仓为观景平台，保留钢制龙门架，结合沿江码头改造，形成滨江水岸的一道景观。滨河华灯延续了南园滨江绿地的整体设计，在滨江铺设亲水木平台，可供游人沿江散步，并采用太阳能技术及LED光源的灯光装饰，打造滨江夜景。

南园滨江绿地建设借鉴了国内外最新的造园技术，集成使用绿荫停车场、雨水回收、太阳能技术和智能化管理系统等低碳节能的环保科技。在植物配置上以榉树、朴树、白玉兰、东方杉、无患子、合欢等乡土树种为主。

旅游区域及进出条件：

南园滨江绿地西靠打浦路，北临龙华东路，近卢浦大桥。交通便利，公交17路、36路、45路等多条线路以及轨道交通4号线等可到达。

保护与开发现状：

对外开放。2005年被上海市绿化和市容管理局评为上海市二星级公园。

南园滨江绿地

五卅运动纪念碑

名称：五卅运动纪念碑

编号：HP120

资源类型：FCH

单体资源等级：2

行政位置：南京西路

地理位置：31°14′08.76″N
121°28′08.10″E

性质与特征：

五卅运动纪念碑为一组金属铸造的纪念性建筑，不锈钢雕塑重50吨，青铜雕塑重3吨，1990年落成。

五卅运动纪念碑主体是不锈钢雕塑，高15.6米，宽21米，由"五卅"两字组成，呈放射状，象征着振奋、腾飞向上的精神。青铜雕塑高3米、宽4米，由工人形象表现不屈不挠的革命精神。碑体和基座等采用泰山花岗岩砌筑。陈云题写碑名，陆定一题写碑文。碑后3块花岗岩石碑各有一组展现五卅运动斗争历史的青铜浮雕。

南京东路大光明钟表店门前，即为"五卅运动"中爱国群众流血牺牲的地点。

旅游区域及进出条件：

五卅运动纪念碑位于九江路南京西路口。交通便利，公交20路、37路等多条线路以及轨道交通1号线、2号线、8号线等可到达。

保护与开发现状：

对外开放。

名称：上海科技馆自然博物分馆

编号：HP121

资源类型：FAE

单体资源等级：2

行政位置：延安东路260号

地理位置：31°14′00.24″N
121°29′00.66″E

性质与特征：

上海科技馆自然博物分馆（原上海自然博物馆）是目前我国规模较大的自然史博物馆，1958年8月迁入现址（原为华商纱布交易有限公司）。该馆是一幢坐北朝南的六层大楼，占地面积2600余平方米，建筑面积1.2万多平方米。

上海科技馆自然博物分馆

上海科技馆自然博物分馆基本陈列面积共5700平方米。陈列内容包括古动物史、人类发展史、动物和植物的进化四大部分。整个陈列按照生物从低等到高等的顺序排列，反映了生物演化的历程。如以动物界各门、纲、目的代表物种为主体陈列，并配有各种生态景象的环境。馆内藏品和图书资料26万多件，其中具有很高学术价值的藏品有100种、184件，包括许多我国特产的物种以及一、二级保护动植物。在古动物史陈列厅展出的180件展品中，最引

人注目的是大厅中央的合川马门溪龙和黄河古象，前者身长22米，肩高3.5米，体重几十吨，发掘于四川合川县；后者体长8米，身高4米，一对门牙就有3米长，发掘于甘肃东部黄土高原。古尸陈列室陈列有5具古尸，其中包括中国著名的新疆楼兰女尸。馆内还经常举办各种专题展览以及动物标本制作和化石修复演示，并提供多种服务。

旅游区域及进出条件：

上海科技馆自然博物分馆位于延安东路河南中路口。交通便利，公交17路、26路、66路等多条线路以及轨道交通2号线、10号线等可到达。

保护与开发现状：

对外开放。1994年被上海市人民政府列为上海市优秀历史建筑。2012年被上海市科学技术委员会命名为上海市科普教育基地。

名称：上海市工人文化宫

编号： HP122

资源类型： FAE

单体资源等级： 2

行政位置： 西藏中路120号

地理位置： 31°13′57.36″N

　　　　　　121°28′22.68″E

性质与特征：

上海市工人文化宫原为东方饭店，1929年建成，次年开业，占地面积2 591平方米，建筑面积1.58万平方米，1950年改建为上海市工人文化宫，为综合性的文化娱乐场馆。

东方饭店由英籍犹太商人伊利亚斯·大卫·沙逊（老沙逊的儿子）投资，由建筑师乌鲁恩设计，为西洋式钢筋混凝土结构。整个建筑包括七层主楼和五层副楼两个部分；主楼虽然只有七层，但由于这里的地

上海市工人文化宫

形前窄后宽，远远望去犹如蹲立昂首的雄狮，可见设计师的匠心独运；主、副楼是两个长方体合成构造，建筑的檐、角、顶皆为直线，直线间形成大大小小的矩形平面。

为了使建筑物富于变化，在平面间采用或凸或凹的半圆形窗、高高的圆柱、弧状的黑色铸铁栏杆晒台。这种直与曲、方与圆的结合，使得整个建筑既庄严又活泼；尤其是牌楼式的楼顶设计，融合了中国建筑艺术的元素；硕大的半圆窗下方的双重式大门，两侧用花岗石贴面粗缝砌成；门厅用6根圆柱支撑至二楼平顶。主楼门窗以上有阳台，第一、第二层墙面花岗石与正面相同；副楼二层以上墙面为清水红釉砖墙。

东方饭店建筑的精华，是在正门立面上方三层到五层之间和建筑物两侧前部三层到五层之间，均采用了古希腊建筑艺术元素和爱奥尼克式石柱，正门上方2根石柱柱头尤为华丽精美。

目前，上海市工人文化宫设职工文体协会、职工爱好者联合会等群众组织，主要开展文艺创作、文化交流、图书阅览、文化讲座、教育培训、影视制作、会展演艺等文化活动。

旅游区域及进出条件：

上海市工人文化宫位于人民广场东侧。交通便利，公交01路、108路等多条线路以及轨道交通1号线、2号线、8号线、10号线等可到达。

保护与开发现状：

对外开放。1994年被上海市人民政府列为上海市优秀历史建筑。

名称： 四明公所牌楼
编号： HP123
资源类型： FDD
单体资源等级： 2
行政位置： 人民路830号
地理位置： 31°13′38.94″N
　　　　　　　121°28′43.38″E

性质与特征：

四明公所牌楼为"四明公所血案"的纪念性建筑，建于清嘉庆二年（1797年）。

四明公所为在沪经商宁波商人和手工业者的行会组织。清嘉庆二年（1797年），宁波人捐款在老城厢小北门外购地设义冢建起"四明公所"。清同治十三年（1874年），法租界公董局以筑路为由强迫迁冢让地，激起沪上宁波人的义愤。法方水兵登陆镇压，7人被害。事后，清政府与法方议定，四明公所房屋归宁波董事经管，才免于迁移。清光绪二十四年（1898年），法租界公董局又生事端，迫令迁移，且派水兵毁坏四明公所墙垣。宁波同乡会罢市反抗，法方水兵又开枪杀害17人，酿成惨案。现存红砖"四明公所"牌楼即为上海人民反对帝国主义扩张租界斗争的见证。

四明公所牌楼

旅游区域及进出条件：

四明公所牌楼位于人民路，近淮海东路。交通便利，公交18路、42路、926路等多条线路以及轨道交通8号线、10号线等可到达。

保护与开发现状：

对外开放。

名称：《中国青年》编辑部旧址
编号：HP124
资源类型：FDD
单体资源等级：2
行政位置：淡水路 66 弄 2～6 号
地理位置：31°13′33.10″N
　　　　　121°28′18.25″E

性质与特征：

《中国青年》编辑部旧址是单开间的石库门楼房，1924 年春迁至此址办公。1986 年修复。

《中国青年》是中国社会主义青年团中央于 20 世纪 20 年代出版的机关刊物。1923 年 10 月发刊于上海，后迁往广州、汉口等地出版。创办人与编辑者为恽代英、林育南、邓仲夏、萧楚女、任弼时、张太雷、李求实等。《中国青年》是五四运动以后提倡"革命文学"的刊物之一；它的前身《先驱》，早在 1922 年 2 月就设置"革命文艺"栏目。《中国青年》创刊后，陆续发表有关文学问题的文章近 30 篇，引导文艺青年关心社会现实，接近工农群众，投身革命斗争，培养革命感情，反对"为艺术而艺术"的主张，反对个人享乐与颓废悲观的倾向。其代表性的作品有秋士的《告研究文学的青年》，代英的《文学与革命》，仲夏的《贡献于新诗人之前》、《思想界的联合战线问题》，楚女的《艺术与生活》《〈中国青年〉与文学》，张刃光的《中国所要的文学家》等。

《中国青年》编辑部旧址底楼客堂是《中国青年》创始人萧楚女寓所，二楼客堂和亭子间是编辑部办公室，三楼的小阁楼作为印刷间。

旅游区域及进出条件：

《中国青年》编辑部旧址位于黄陂南路与重庆中路之间。交通便利，公交 26 路、48 路、71 路等多条线路以及轨道交通 1 号线、2 号线、8 号线、10 号线等可到达。

保护与开发现状：

对外开放。1977 年被上海市人民政府列为上海市文物保护单位。

名称：若瑟堂
编号：HP125
资源类型：FAC
单体资源等级：2
行政位置：四川南路 36 号
地理位置：31°13′58.08″N
　　　　　121°29′10.44″E

性质与特征：

若瑟堂又名圣约瑟堂、洋泾浜若瑟堂，在 20 世纪 20 年代是上海法租界唯一的天主教堂，清咸丰十一年（1861 年）建成。1986 年修复开放。

若瑟堂为哥特式建筑，砖混结构，单钟塔式立面构图。门窗为半圆券。内部为束柱和肋骨拱顶，镶嵌彩色玻璃窗。屋顶由 5 个尖塔组成。

若瑟堂早期为天主教耶稣会澳门圣若瑟堂设在上海的总账房（即总管理机构），神职人员均由澳门圣若瑟道院委派。清同治四年（1865 年），教堂创办类思学校（即今四川南路小学）。文革时停止宗教活动，1986 年开始恢复宗教活动。

《中国青年》编辑部旧址

若瑟堂

旅游区域及进出条件：

若瑟堂位于四川南路，近豫园。交通便利，公交 26 路、71 路等多条线路以及轨道交通 2 号线、10 号线等可到达。

保护与开发现状：

对外开放。1994 年被上海市人民政府列为上海市优秀历史建筑。

名称：清心堂
编号：HP126
资源类型：FAC
单体资源等级：2
行政位置：大昌街 30 号
地理位置：31°12′54.00″N
　　　　　121°29′26.70″E

性质与特征：

清心堂（上海长老会第一会堂）是北美长老会在上海建立的第一个教堂，信徒主要是"清心书院"所开设的清心中学（今上海市市南中学）、清心女中（今上海市第八中学）的学生，始建于清咸丰十年（1860年），1923 年择今址新建。1992 年修复。

清心堂建筑平面呈"人"字形。正门两旁有露天扶梯，可拾级而上进入两侧楼厢。自正门至圣台间距离较短，而两翼呈直角扇形向左右延伸较长，楼上楼下无 1 根柱子，平顶高悬。

旅游区域及进出条件：

清心堂位于陆家浜路，近河南南路。交通便利，公交 43 路、64 路等多条线路以及轨道交通 4 号线、8 号线、9 号线等可到达。

保护与开发现状：

对外开放。1994 年被上海市人民政府列为上海市优秀历史建筑。

清心堂

名称：老码头创意园
编号：HP127
资源类型：FAZ
单体资源等级：2
行政位置：中山南路 479 弄
地理位置：31°13′17.76″N
　　　　　121°30′02.10″E

性质与特征：

老码头创意园原为十六铺码头办公场所和库房等，占地面积 2.5 万平方米。

老码头创意园分 2 个区域。广场部分主要集聚特色酒吧、休闲会所、主题餐厅、个性零售等休闲设施，建水上 T 型秀台等景观。创意园区部分则导入创意工坊、先锋艺术家工作室、商务办公室

499

老码头创意园

等都市元素。

旅游区域及进出条件：

老码头创意园位于中山南路，近复兴东路。交通便利，公交55路、65路等多条线路以及轨道交通9号线等可到达。

保护与开发现状：

对外开放。2010年被上海市商务委员会命名为上海特色商业街。2011年被全国旅游景区质量等级评定委员会评为国家AAA级旅游景区。

名称：**上海老街**
编号：HP128
资源类型：FDB
单体资源等级：2
行政位置：方浜中路
地理位置：31°13′34.56″N
　　　　　121°29′04.44″E

性质与特征：

上海老街又名方浜中路，修筑于1913年，系填方浜修筑而成。上海老街在上海开埠后商贾云集，汇集了上海地区早期的钱庄、金店、银楼、酒肆、茶馆、戏楼和商行，是连接十六铺（小东门）和城隍庙、豫园地区的人流走廊。

上海老街以"馆驿街"为界分为东、西两段。东段经过修建，保留了清末民初的特色民居，恢复了花格窗、排门板、范氏栏杆、落地摇杆门等，并配以飞檐翘角、花边滴水和马头墙。西段是仿明清建筑，粉墙黛瓦，红柱飞檐，突出老城厢的民俗风情。西牌楼由汪道涵题字"上海老街"。上海老街汇集了童涵春、老同盛、吴良材、万有全、裘天宝、老上海茶馆、德顺酒菜馆、春风得意楼、西施豆腐房、丁娘子布庄、荣顺馆、博印堂等百年老店和丹凤茶楼、名医堂等特色商铺。

旅游区域及进出条件：

上海老街位于豫园商城南侧，西起河南南路，东至人民路。交通便利，公交64路、66路等多条线路以及轨道交通8号线、9号线、10号线等可到达。

保护与开发现状：

对外开放。2007年被上海市商务委员会命名为上海特色商业街。

名称： 四川路桥

编号： HP129

资源类型： FFA

单体资源等级： 2

行政位置： 黄浦区、虹口区

地理位置： 31°14′43.38″N
121°28′53.28″E

性质与特征：

四川路桥（又名白大桥、邮政局桥）是苏州河上4座欧洲风格桥梁之一，现桥总长为70.97米，桥面面积1 296平方米。四

上海老街

川路桥桥址原为二坝郎渡口,清光绪四年(1878年),工部局在渡口建宽3.66米的木桥,名里白渡桥,又名白大桥。清光绪九年(1883年),因桥陋毁损,工部局又在原址重建宽9.45米的木质新桥。清光绪十八年(1892年)进行了两次修整。1922年,拆除并改建为钢筋混凝土桥,1923年建成,为通往虹口区的主要通道。因桥北侧有建于1922年的上海邮政总局大楼,故称为邮政局桥。1943年被命名为四川路桥。

四川路桥为3孔钢筋混凝土悬臂梁结构,下部设木基础桩重力式桥台和空心桥墩,跨径中孔36.6米,南北孔各17.1米;宽度18.2米,包括车行

四川路桥

道12.8米，人行道左右各2.7米。桥下3孔，仅中间1孔可以通航，通航净跨为34米。桥中孔梁底标高6.56米，两侧标高为6.54米，桥下净空6.41米。可常年通航。

旅游区域及进出条件：

四川路桥跨苏州河，北接四川北路，南接四川中路。交通便利，公交19路、21路、65路等多条线路以及轨道交通2号线、10号线等可到达。

保护与开发现状：

对外开放。1994年被上海市人民政府列为上海市优秀历史建筑。

名称：新城饭店

编号：HP130

资源类型：FDD

单体资源等级：2

行政位置：江西中路 180 号

地理位置：31°14′13.86″N
121°28′58.98″E

性质与特征：

新城饭店（又名都城饭店）由第二次世界大战期间的上海犹太协会会长沙逊出资兴建，占地面积 1 240 平方米，建筑面积 1 万平方米，1934 年建成。

新城饭店为巴洛克式建筑风格，外观与汉弥尔登主楼相仿，正立面为半圆凹入塔造型，楼高十四层，建筑高度 65 米。第一、第二层设餐厅舞厅，其余各层为客房。饭店大堂内古朴的六角吊灯、回旋的金扶梯、廊柱间精致的纹雕、哥特式的艺术装饰，以及一盏灯、一簇花草都彰显着经典与优雅，与现代简约的建筑设计风格相比，尽显欧陆建筑风格的华美。

旅游区域及进出条件：

新城饭店位于江西中路福州路口。交通便利，公交 17 路、42 路、64 路等多条线路以及轨道交通 2 号线、10 号线等可到达。

保护与开发现状：

对外开放。1994 年被上海市人民政府列为上海市优秀历史建筑。

名称：蓬莱公园

编号：HP131

资源类型：FAD

单体资源等级：2

行政位置：南车站路 350 号

地理位置：31°12′24.84″N
121°29′13.62″E

性质与特征：

蓬莱公园为综合性公共园林，占地面积 2.76 万平方米，建于 1953 年。

蓬莱公园以江南园林和石锦文化为特色。主要有大假山、池塘、狮道、壶中天地、杜鹃园、九龙壁、浪涌蓬莱等。公园内有大量元、明、清动物石雕，并建狮道以展示其所收藏的石狮。曾先后举办过刘海粟、应野平、陆俨少、程十发等人的书画展。

旅游区域及进出条件：

蓬莱公园位于南车站路瞿溪路口。交通便利，公交 18 路、66 路、89 路等多条线路以及轨道交通 4 号线、8 号线等可到达。

保护与开发现状：

对外开放。2008 年被上海市绿化和市容管理局评为上海市三星级公园。

蓬莱公园

古城公园

名称：**古城公园**

编号：HP132

资源类型：FAD

单体资源等级：2

行政位置：人民路 333 号

地理位置：31°13′49.50″N
121°29′19.86″E

性质与特征：

古城公园为城市开放式公共绿地，占地面积 3.88 万平方米，2002 年建成开放。

古城公园着力营造与周边建筑和空间尺度平衡的大型城市公共空间。主要景观视觉通道由新开河伸向豫园，形成上海过去与未来（历史名园豫园和陆家嘴金融贸易区）的"对话"。沿下沉式广场至丹凤台的弧形坡道逐渐上升，意味着探索上海的历史轨迹，述说着城墙的故事。沿人民路为大片草坪和蜿蜒曲折的小溪，使人联想到老城厢的护城河。沿福佑路和安仁街为密植树林，既显示老城厢城市肌理与现代城市空间的缓冲和过渡，又体现出"钱业公所"的历史纵深感。站在全园制高点丹凤台上，可以从不同角度观赏周围的美丽景色。植物以本土树种和乔木为主，主要有桂花、榉树、银杏、枫杨等。

旅游区域及进出条件：

古城公园北界人民路，西至安仁街，南临福佑路。交通便利，公交 26 路、33 路、64 路等多条线路以及轨道交通 10 号线等可到达。

保护与开发现状：

对外开放。2004 年被上海市绿化和市容管理局评为上海市四星级公园。

名称：**海上白云观**

编号：HP133

资源类型：FAC

单体资源等级：2

行政位置：大境路 239 号

地理位置：31°13′36.06″N
121°28′45.84″E

性质与特征：

海上白云观（又名雷祖殿）为全真派十方丛林的知名道观，占地面积约 1 500 平方米，建筑面积约 2 300 平方米，清同治元年（1862 年）始建于北门外，清光绪八年（1882 年）迁老西门外重建，2002 年迁今址再重建。

清代末年，嘉定道士徐至诚在东星桥建雷祖殿。清光绪八年（1882 年）在仁济

善堂绅的资助下，将雷祖殿移至老西门外。清光绪十二年（1886年）扩建了斗姆殿、客堂及斋堂等建筑，清光绪十九年（1893年）在上海商会会长陈润夫等人的资助下，再次扩建了三清殿、吕祖殿、丘祖殿，当时占地面积约9 340平方米，成为一座规模较大的全真道观。清光绪十四年（1888年）住持徐至诚进京，在北京白云观方丈高仁峒与清廷官员的协助下，改雷祖殿为"海上白云观"，并请得明版《正统道藏》一部计8 000余卷，供于庙内藏经阁上以"留镇山门"，同时采用了较为健全的北京白云观规戒，确立了海上白云观的全真十方丛林地位。

海上白云观建筑分前后两部分，前殿部分，中为雷祖殿、藏经阁，东为客堂、丘祖殿，西殿分斋堂、斗姆殿等；后殿部分为三进，中为三清大殿，南为甲子殿，北为四御殿，东为救苦殿，西为吕祖殿、玉皇阁及钟鼓楼等建筑。三清殿内所供奉之张天师、许天师、真武大帝及五尊天将神像，均为清代铜铸，高达177厘米，仪态端庄，面容慈祥，铸工精良，堪为道教文物上品。现存的7尊明代铜像则为全国其他道观所未见。海上白云观镇观之宝明版《正统道藏》已移至上海图书馆珍藏。海上白云观现为上海市道教协会和道教文化研究中心所在地。

旅游区域及进出条件：

海上白云观位于大境路古城墙旁。交通便利，公交17路、18路、23路等多条线路以及轨道交通8号线、10号线等可到达。

保护与开发现状：

对外开放。2000年被黄浦区人民政府列为黄浦区文物保护单位。

名称：**诸圣堂**
编号：HP134
资源类型：FAC
单体资源等级：2
行政位置：复兴中路425号
地理位置：31°13′03.16″N
　　　　　121°28′09.26″E

性质与特征：

诸圣堂是基督教的宗教活动场所，占地面积1 326平方米，美国圣公会1925年建造。文革中终止宗教活动，1982年开始

诸圣堂

恢复宗教活动。

诸圣堂为17世纪圣公会教堂样式，木结构，红砖外墙，三角坡顶，尖顶，门柱为混凝土雕刻艺术，门廊上有圆形玫瑰窗。西北角有方形塔楼，内有63级台阶通往塔顶。大堂可容纳500人，加上小堂和附屋共可容纳1 000人。

旅游区域及进出条件：

诸圣堂位于复兴中路淡水路口。交通便利，公交17路、24路、36路等多条线路以及轨道交通1号线、8号线、9号线、10号线等可到达。

保护与开发现状：

对外开放。1999年被上海市人民政府列为上海市优秀历史建筑。

名称：**九子公园**
编号：HP135
资源类型：FAD
单体资源等级：1
行政位置：成都北路南苏州路
地理位置：31°14′30.84″N
　　　　　121°27′33.60″E

性质与特征：

九子公园是以民间健身游戏为主题的都市绿地，占地面积7 700平方米，绿地面积4 778平方米，建成于2006年。

九子公园内设有20世纪50~60年代上海老式弄堂流行的民间健身游戏项目：打弹子、滚轮子、掼结子、顶核子、抽陀子、造房子、跳筋子、扯铃子、套圈子，统称为"九子"。公园内建有不同几何形状的花岗石硬质场地和塑胶软质场地，"主题九子大道"两侧放置玩游戏的九组孩童雕像。公园西侧以景观墙、宣传画等对九子健身游戏加以诠释。公园内植物以乔木为主体，以春秋景观为特色。

旅游区域及进出条件：

九子公园北靠苏州河，西近成都北路。交通便利，公交19路、64路等多条线路以及轨道交通1号线、8号线等可到达。

九子公园

保护与开发现状：

对外开放。2008年被上海市绿化和市容管理局评为上海市二星级公园。

名称：**法藏讲寺**
编号：HP136
资源类型：FAC
单体资源等级：1
行政位置：吉安路271号
地理位置：31°13′21.47″N
　　　　　121°28′13.34″E

性质与特征：

法藏讲寺为上海地区的一个天台宗道场，占地面积2 713平方米，建筑面积6 357平方米。由高僧天台宗耆宿兴慈大师于1924年创建，1929年建成。它与玉佛禅寺、龙华寺、静安寺并称为上海"四大丛林"。1994年修复开放。

法藏讲寺殿宇庄严，布局严谨。主要建筑有大雄宝殿、弥勒殿、讲经堂和藏经楼等。大雄宝殿为塔式外形，殿内有释迦牟尼佛坐像，尊者阿难像、迦叶像左右侍

法藏讲寺

立；两侧十八罗汉像各具神采；殿后为海岛观音塑像、善财童子五十三参图。山门内弥勒殿供弥勒菩萨像、韦驮像、伽蓝像等，二十四诸天神像立于云峰山巅之间。讲经堂宽敞宏丽，可容千人。藏经楼有明刻《南藏》、清刻《龙藏》、影印本《频伽大藏经》和《续藏》等珍贵经典。法藏讲寺内的重要佛教文物有唐玄奘法师舍利塔、明代文殊菩萨铜像、古观音菩萨铜像等，为沪上各寺院所少见。

旅游区域及进出条件：

法藏讲寺位于复兴中路吉安路口。交通便利，公交17路、18路、23路等多条线路以及轨道交通8号线、10号线等可到达。

保护与开发现状：

对外开放。

名称：丽蒙绿地

编号：HP137

资源类型：FAD

单体资源等级：1

行政位置：丽园路蒙自路口

地理位置：31°12′31.86″N
　　　　　121°28′21.72″E

性质与特征：

丽蒙绿地（丽园公园）是具有休憩、健身、科普教育等多种功能的公共绿地，占地面积1.7万平方米，2003年建成开放。

丽蒙绿地以东、西向两条道路构成景观视觉通道，半圆形木质休息平台打破了狭长道路的单调感。丽蒙绿地纵向划分为3个层次：丽园路与蒙自东路两侧植被形成与道路的缓冲；中间草坪与大树形成开阔的视觉感受；两侧休闲广场则与绿地遥相呼应。

旅游区域及进出条件：

丽蒙绿地位于丽园路、局门路、蒙自路、蒙自东路围合的区域内。交通便利，公交43路、89路、109路等多条线路以及轨道交通4号线、8号线、9号线等可到达。

丽蒙绿地

保护与开发现状：

对外开放。2007年被上海市绿化和市容管理局评为上海市三星级公园。

名称：绍兴公园

编号：HP138

资源类型：FAD

单体资源等级：1

行政位置：绍兴路62号

地理位置：31°12′40.44″N
　　　　　121°27′32.40″E

绍兴公园

性质与特征：

绍兴公园旧址在1949年前垃圾成堆、污水横流，部分土地被贫苦市民搭建棚屋居住。1950年，经上海市人民政府批准，除保留西部原棚户用地以外，其余土地于1951年5月建成公园，并于当月28日开放，园名定为绍兴路儿童公园。1969年改名绍兴公园，1978年更名绍兴儿童公园，1999年改建后恢复为绍兴公园。公园以老年人为主要服务对象，以休闲健身为主要内容，以盆景为主要特色，占地面积2 411平方米。

绍兴公园分为前庭、中庭、后庭3个景区。前庭区有林荫小院、山石壁景、天趣洞天、茶艺馆等景观；中庭区有湖石假山、峭壁叠瀑、澄水碧池、景门漏窗等景观；后庭区有仿竹廊亭、岗阜林径等景观。全园树木葱茏，绿草如茵。

旅游区域及进出条件：

绍兴公园位于绍兴路、瑞金二路、陕西南路围合的区域内。交通便利，公交24路、41路、96路等多条线路以及轨道交通1号线、9号线、10号线等可到达。

保护与开发现状：

对外开放。2008年被上海市绿化和市容管理局评为上海市二星级公园。

名称：圣伯多禄天主堂

编号：HP139

资源类型：FAC

单体资源等级：1

行政位置：重庆南路270号

地理位置：31°12′55.56″N
　　　　　121°27′56.58″E

性质与特征：

圣伯多禄天主堂建于1933年，当时主要供附近的震旦大学师生使用。在文革中遭严重破坏。1995年因南北高架路建设工程，西移今址重建，1996年落成开放。

圣伯多禄天主堂现为浦西东区的总铎座堂。拜占庭风格，堂内无支柱，可容千人礼拜。主日除弥撒外，还举办唱经班、成人慕道班、少儿学习班以及图书资料阅览等活动。2002年6月起，原君王堂举办的英语弥撒移至圣伯多禄天主堂进行。

旅游区域及进出条件：

圣伯多禄天主堂位于重庆南路，近合肥路。交通便利，公交17路、24路、36路等多条线路以及轨道交通9号线、10号线等可到达。

保护与开发现状：

对外开放。

圣伯多禄天主堂

名称：**君王堂**

编号：HP140

资源类型：FAC

单体资源等级：1

行政位置：巨鹿路361号

地理位置：31°13′29.10″N
　　　　　121°27′19.68″E

性质与特征：

君王堂

君王堂原址位于原法租界蒲石路（今长乐路）165号，与震旦女子文理学院（今上海社会科学院）及震旦女中隔路相望，主要服务于讲英语的外国侨民，1928年兴建，1933年定为英语堂口。君王堂外观为圆形，内部装修精美，教堂后为两块大草坪，有弹子房、乒乓房、羽毛球场、网球场、茶点室等服务设施，为上海教堂之独有。君王堂旧堂1985年被拆除，原址建新锦江大酒店。君王堂新堂1993年在巨鹿路361号开堂。自2002年起，君王堂的英语弥撒移至圣伯多禄天主堂进行。

旅游区域及进出条件：

君王堂位于巨鹿路，近锦江饭店。交通便利，公交24路、26路、48路等多条线路以及轨道交通1号线、2号线、10号线等可到达。

保护与开发现状：

对外开放。

名称：**惠中堂**

编号：HP141

资源类型：FAC

单体资源等级：1

行政位置：徐家汇路40号

地理位置：31°12′46.38″N
　　　　　121°28′35.88″E

性质与特征：

惠中堂原属于基督教安息浸礼会，主楼为钢混结构，其余为砖木结构平房。始建于1926年，1982年倒塌，1996年在原址重建，1997年建成开放。

惠中堂新堂楼高三层半。一层、二层为礼拜堂，可容纳500人。三层设闭路电视，可容纳300人礼拜。顶楼有2个房间可使用。

旅游区域及进出条件：

惠中堂位于徐家汇路，近陆家浜路。交通便利，公交18路、23路、109路等多条线路以及轨道交通8号线、9号线、10号线等可到达。

保护与开发现状：

对外开放。

惠中堂

静安区

上 海 旅 游 资 源 图 志

概况

静安区位于上海市中心区中部，东与黄浦区毗邻，西与长宁区、普陀区交界，南与黄浦区、徐汇区相连，北与普陀区毗连，隔苏州河与闸北区相望。区域面积7.62平方千米。2012年度，静安区户籍人口30.10万，辖5个街道（静安寺街道、曹家渡街道、江宁路街道、石门二路街道、南京西路街道）。2012年度，全区实现地区生产总值618.67亿元。其中，第二产业实现增加值15.66亿元，第三产业实现增加值603.01亿元。2012年度，旅游业实现营业收入115.85亿元，同比增长37.44%；全区旅行社接待游客64.71万人次，组织出境和出市旅游者102.96万人次。

静安区因境内古刹静安寺而得名。境域在元、明、清三代隶属上海县高昌乡。清光绪二十五年（1899年），境域大部分划入公共租界西区。1914年，境域南部部分土地划入法租界，其余地域均属上海县法华乡（区）。1945年抗日战争胜利后，境内分属第十区（静安区）、第十一区（新成区）、第十二区（江宁区）。1949年，区名一度改为静安寺区，1950年又改为静安区。1956年，上海市区划调整，静安区建制撤销，以富民路、常德路为界，东境划归新成区，西境并入长宁区。1960年1月，区划再次调整，撤销新成、江宁两区，将新成区成都北路以西部分，以及江宁区全部、长宁区镇宁路以东部分合并重建静安区至今。

静安区拥有丰富的旅游资源，如马勒别墅、上海展览中心、静安别墅、枕流公寓、毛泽东旧居、中共二大会址纪念馆、静安寺、小德肋撒天主堂等。区内商业发达，著名的南京西路上汇聚了梅龙镇广场、中信泰富广场、恒隆广场等现代化商业商务大厦，还有吴江路等，一大批商业品牌吸引了络绎不绝的中外游客。

静安区境内的交通四通八达，十分便捷。延安中路、北京西路、南京西路、武宁南路，以及拓宽后的万航渡路、常德路等道路构筑成通畅的地面交通网络。轨道交通2号线、7号线穿越区境，既促进了地区商业的发展又便利于居民生活。

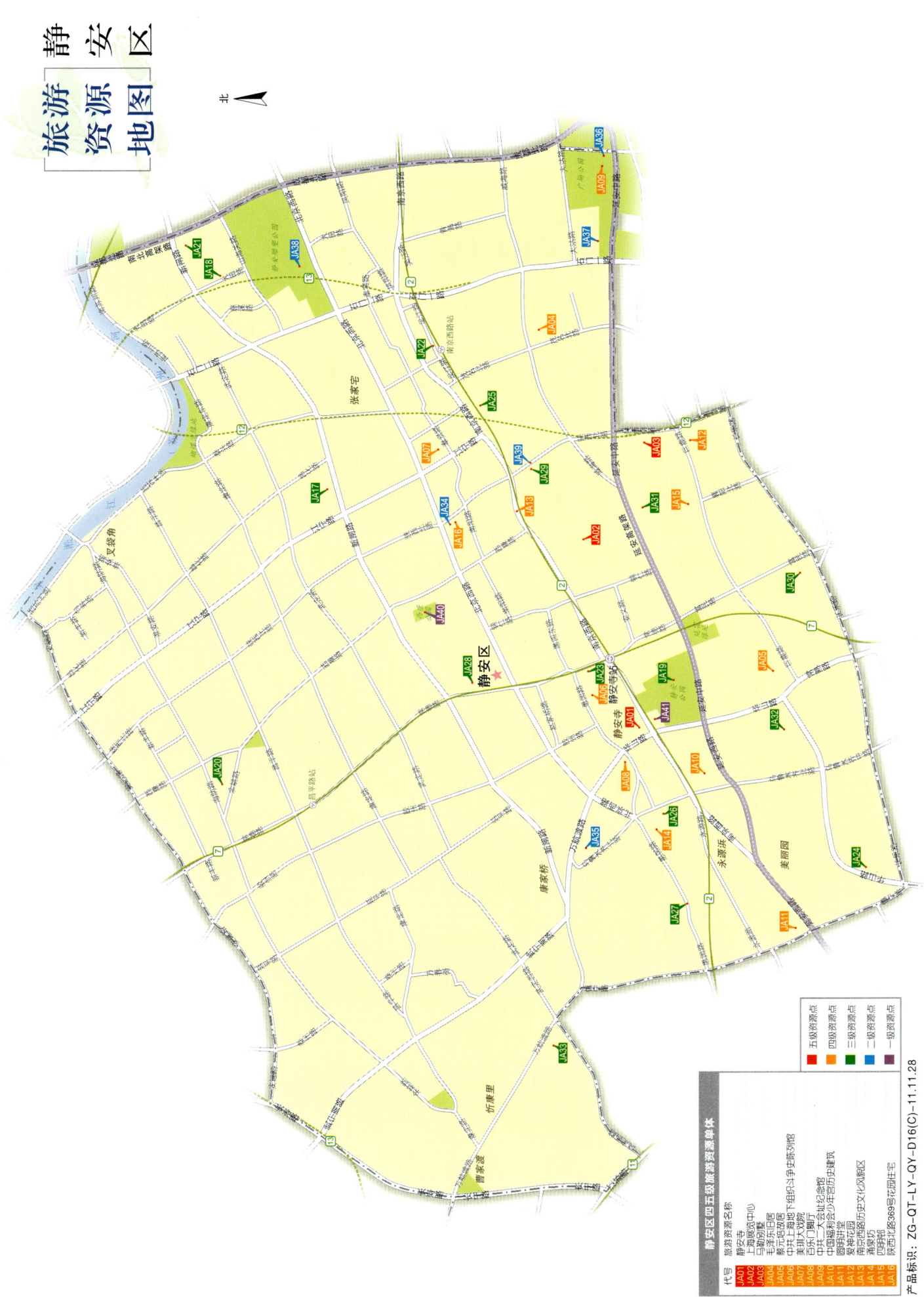

旅游资源列表

编号	名称	行政位置	资源类型	单体资源等级	地理位置
JA01	静安寺	南京西路1686号	FAC	5	31°13′29.60″N 121°26′28.60″E
JA02	上海展览中心	延安中路1000号	FBC	5	31°13′30.70″N 121°26′57.80″E
JA03	马勒别墅	陕西南路30号	FDD	5	31°13′30.20″N 121°27′07.80″E
JA04	毛泽东旧居	茂名北路120弄5~9号	FDD	4	31°13′34.40″N 121°27′35.50″E
JA05	蔡元培故居	华山路303弄16号	FDD	4	31°13′14.50″N 121°26′31.00″E
JA06	中共上海地下组织斗争史陈列馆	愚园路81号	FDD	4	31°13′35.50″N 121°26′31.50″E
JA07	美琪大戏院	江宁路66号	FBC	4	31°13′49.90″N 121°27′01.90″E
JA08	百乐门舞厅	愚园路218号	FBE	4	31°13′30.89″N 121°26′25.44″E
JA09	中共二大会址纪念馆	老成都北路7弄30号	FDD	4	31°13′34.30″N 121°27′44.50″E
JA10	中国福利会少年宫历史建筑	延安西路64号	FDD	4	31°13′21.10″N 121°26′23.30″E
JA11	圆明讲堂	延安西路458号	FAC	4	31°13′10.26″N 121°25′59.22″E
JA12	爱神花园	巨鹿路675号	FDD	4	31°13′17.66″N 121°27′23.12″E
JA13	南京西路历史文化风貌区	南京西路街道、石门二路街道、江宁路街道	FDC	4	31°13′32.90″N 121°27′05.00″E

续表

编号	名称	行政位置	资源类型	单体资源等级	地理位置
JA14	涌泉坊	愚园路395弄	FDC	4	31°13′12.50″N 121°26′16.90″E
JA15	四明邨	延安中路913弄	FDC	4	31°13′29.20″N 121°26′54.10″E
JA16	陕西北路369号花园住宅	陕西北路369号	FDA	4	31°13′52.10″N 121°26′56.15″E
JA17	沁园邨	新闸路1124弄	FDC	3	31°14′06.50″N 121°27′00.00″E
JA18	小德肋撒天主堂	大田路370号	FAC	3	31°14′19.00″N 121°27′29.50″E
JA19	静安公园	南京西路1649号	FAD	3	31°13′25.40″N 121°26′55.00″E
JA20	同乐坊	余姚路66号	FAZ	3	31°14′18.60″N 121°26′19.80″E
JA21	中国劳动组合书记部旧址陈列馆	成都北路893弄3~7号	FAE	3	31°14′23.50″N 121°27′34.40″E
JA22	吴江路	吴江路	FDB	3	31°14′18.70″N 121°26′19.70″E
JA23	常德公寓	常德路195号	FDA	3	31°13′36.70″N 121°26′34.30″E
JA24	枕流公寓	华山路699~731号	FDA	3	31°13′24.40″N 121°26′28.30″E
JA25	静安别墅	南京西路1025弄	FDC	3	31°13′49.60″N 121°27′11.30″E
JA26	愚谷邨	愚园路361弄	FDC	3	31°13′47.00″N 121°27′39.00″E

续表

编号	名称	行政位置	资源类型	单体资源等级	地理位置
JA27	愚园路历史文化风貌区	静安区、长宁区	FDC	3	31°13′34.93″N 121°26′27.09″E
JA28	上海佛教居士林	常德路418号	FAC	3	31°13′48.42″N 121°26′31.50″E
JA29	华业公寓	陕西北路173号	FDA	3	31°13′43.26″N 121°26′55.62″E
JA30	裕华新村	富民路182弄	FDC	3	31°13′12.24″N 121°26′49.38″E
JA31	模范邨	延安中路877弄	FDC	3	31°13′30.36″N 121°26′56.58″E
JA32	静安宾馆	华山路370号	FDD	3	31°13′13.44″N 121°26′28.20″E
JA33	上海美术电影制片厂动画艺术长廊	万航渡路618号	FAE	3	31°13′40.90″N 121°25′43.50″E
JA34	怀恩堂	陕西北路375号	FAC	2	31°13′52.40″N 121°26′55.60″E
JA35	新恩堂	乌鲁木齐北路25号	FAC	2	31°13′35.30″N 121°26′09.10″E
JA36	平民女校旧址	老成都北路7弄42~44号	FDD	2	31°13′34.30″N 121°26′44.50″E
JA37	八路军驻沪办事处旧址	延安中路504弄21号	FDD	2	31°13′34.30″N 121°27′35.50″E
JA38	静安雕塑公园	石门二路128号	FAD	2	31°14′06.48″N 121°27′56.17″E
JA39	陕西北路中华老字号街	陕西北路	FDB	2	31°13′45.48″N 121°27′01.26″E
JA40	西康公园	西康路255号	FAD	1	31°13′55.80″N 121°26′42.60″E
JA41	静安寺广场	南京西路华山路口	FCI	1	31°13′39.60″N 121°26′17.46″E

旅游资源单体

名称：静安寺
编号：JA01
资源类型：FAC
单体资源等级：5
行政位置：南京西路1686号
地理位置：31°13′29.60″N
　　　　　121°26′28.60″E

性质与特征：

静安寺是江南著名古刹，始建于三国吴赤乌十年（247年），初名沪渎重元寺。北宋大中祥符元年（1008年）改名静安寺，南宋嘉定九年（1216年）迁至今址。此后，又屡经毁建。1991年，举行大雄宝殿暨释迦牟尼玉佛坐像开光典礼。1999年，再次大规模修缮。

静安寺的主要建筑有赤乌山门、兜率殿、圆通殿、钟楼、鼓楼、牟尼殿、观音殿、大雄宝殿、三圣殿、公德堂、藏经阁、念佛堂和方丈室等。古有静安八景：赤乌碑、陈朝桧、虾子潭、讲经台、沪渎垒、涌泉、芦子渡、绿云洞。寺内文物有宋光宗所题石碑、明洪武二年（1369年）所铸大钟、真言宗坛场，并藏有苏轼、文征明、陈继儒、张瑞图、伊秉绶等人的书轴长卷，以及扬州八怪、吴昌硕、张大千等的人物画轴；还有王一亭佛画，汉魏以来的石刻、铜铸、鎏金、白瓷、漆金佛像，以及《频伽精舍校刊大藏经》、影印宋《平江府碛砂延圣院大藏经》和日本《大正新修大藏经》等。另外，静安寺素斋也久负盛名。

旅游区域及进出条件：

静安寺位于南京西路华山路口。交通便利，公交15路、20路、45路等多条线路以及轨道交通2号线、7号线等可到达。

保护与开发现状：

对外开放。

静安寺

上海展览中心

名称：上海展览中心
编号：JA02
资源类型：FBC
单体资源等级：5
行政位置：延安中路1000号
地理位置：31°13′30.70″N
121°26′57.80″E

性质与特征：

上海展览中心（曾用名中苏友好大厦、上海展览馆）原址为英籍富商哈同（Silas Aaron Hardoon）的私人花园——爱俪园（哈同花园）。1949年以后，在此建起了中苏友好大厦，占地面积9.3万平方米，建筑面积8万平方米，1955年建成开放，1984年改为现名。2001年修建。

上海展览中心为俄罗斯古典主义建筑艺术风格。设有多功能展厅42个，会议用房100间，办公用房1万平方米以及影剧院、宴会厅、咖啡厅等。户外场地由建筑物自然分隔为6个区域，一条环形道将1.5万平方米的广场、1.5万平方米的花园绿地、1 000多平方米的灯光音乐喷泉和7幢建筑串联在一起。上海展览中心承办了国内外重要的展会，同时承办过历年的上海市人民代表大会、上海市政治协商会议和上海市人民政府工作会议等。

旅游区域及进出条件：

上海展览中心北靠南京西路，南临延安中路。交通便利，公交24路、49路、71路等多条线路以及轨道交通1号线、2号线、7号线等可到达。

保护与开发现状：

对外开放。2005年被上海市人民政府列为上海市优秀历史建筑。

名称：马勒别墅
编号：JA03
资源类型：FDD
单体资源等级：5
行政位置：陕西南路30号
地理位置：31°13′30.20″N
121°27′07.80″E

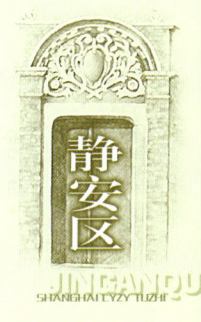

马勒别墅

性质与特征：

马勒别墅（Moller Villa）位于今延安中路陕西南路拐角处，原为英籍犹太富商马勒的私人住宅，占地面积5 269平方米，主屋建筑面积2 411平方米，花园面积2 000平方米。1930年，马勒买进该处地产，据称这所房子是依照当年花园主人马勒最宠爱的小女儿的一个梦境设计的。当时，小女孩梦到自己拥有了一座"安徒生童话般的城堡"。于是，马勒请来华盖建筑事务所设计了这座有着北欧挪威建筑艺术风格的城堡式别墅。他投入巨资，历时7年建成此别墅。1949年后，马勒别墅一度用作共青团上海市委办公场所。2002年，改建为衡山马勒别墅饭店。2008年再度修建。

马勒别墅主楼为三层，立面凹凸多变，屋顶陡峭。顶部矗立着高低不一的两个四坡顶，东侧的坡屋顶高近20米，上面有拱形凸窗，尖顶和凸窗上部均有浮雕装饰物。西侧的坡屋顶高约25米，屋顶陡直，塔坡四面筑有凸窗。塔坡材料采用特殊的青铅瓦。这一建筑具有典型的北欧挪威建筑艺术风格，高尖陡直的屋顶有利于抵御北欧的寒风侵袭，又可以减少屋面的积雪。马勒别墅主楼南立面上还有3个垂直于主屋脊的双坡屋顶和4个尖顶凸窗，外墙用泰山面砖砌贴，突出的平台栏杆砖柱上设置了一个个绿色圆球，屋顶上还耸立着多个壁炉烟囱。这些结构，与东西两座四坡屋顶交织在一起，宛如一座华丽的小宫殿。别墅中间双坡顶的装饰木构件清晰外露，构件间抹白灰缝条，表现出了斯堪的那维亚情调的乡村建筑艺术风格。

主楼各层平面布置很复杂，第一层有客厅、办公室、舞厅兼绘画室、桌球房、棋牌室和餐厅等；第二、第三层是起居室、卧室，共有大小房间106间，室内装饰豪华，到处是木护壁、木平顶，并用木板镶拼各种图案，虽然不是木雕图案，却很精致耐看。镶拼着各种图案的木地板，犹如

马勒别墅

一块块编织精美的地毯。室内普遍使用圆形线条,如气窗、窗套、门套、平顶墙角等均是圆拱形。每层楼梯口均设有采光天窗。主楼梯间圆形天窗是装有彩色玻璃的穹顶,阳光透过玻璃穹顶在室内呈现出斑斓柔和的色彩,在阴天,室内也是一片通亮。通往卧室的走廊上端有1个椭圆形围栏,围栏上空是2个八角形玻璃穹顶,可以透进柔和迷人的光线。

花园设在主楼南向,花园四周用彩色花砖铺地,并植有龙柏、雪松等名贵花木,中间是一片草坪。草坪一角有1个青铜马像和大理石的"马冢"。远处还有池塘,树木倒映在水中。另置有花房,内有暖气,地上铺有瓷砖。花园四周有高围墙,用泰山砖砌贴,以中国黄、绿色琉璃瓦压顶,富丽堂皇,很有气派。

20世纪50年代中期,共青团上海市委在此地办公。2001年1月团市委搬出后,有关方面投入千万元资金,对这幢建筑进行了"修旧如旧"的修缮工作,建成了如今为五星级标准的"衡山马勒别墅饭店"。

旅游区域及进出条件:

马勒别墅位于延安中路陕西南路口。交通便利,公交01路、24路、48路等多条线路以及轨道交通1号线、2号线、7号线、10号线等可到达。

保护与开发现状:

对外开放,现为衡山集团马勒别墅饭店使用。1989年被上海市人民政府列为上海市优秀历史建筑。2006年被国务院列为全国重点文物保护单位。

名称:**毛泽东旧居**
编号:JA04
资源类型:FDD
单体资源等级:4
行政位置:茂名北路120弄5~9号
地理位置:31°13′34.40″N
　　　　　121°27′35.50″E

性质与特征:

毛泽东旧居是1924年2月至12月底

毛泽东旧居之一

毛泽东旧居之二

毛泽东（携杨开慧、毛岸英、毛岸青等）第九次来沪时所居住宅，始建于1915年，1999年修复开放，2002年再度改建。

毛泽东旧居为"甲秀里"（原慕尔鸣路甲秀里318号）的一部分，为上海20世纪20～30年代的二开间石库门建筑。旧居弄口牌坊有"甲秀里"字样，弄内墙面、地面均为青砖，墙上镶嵌毛泽东诗词碑刻。楼下前厢房为毛泽东卧室，后厢房为杨开慧母亲向振熙与孩子的卧室。室内挂着毛泽东、杨开慧的单人照以及杨开慧与幼年毛岸英、毛岸青的合影。客堂置八仙桌和方凳，毛泽东与家人在此吃饭和会客。楼上厢房再现蔡和森、向警予夫妇当年的生活状况。旧居内陈列有《毛泽东在上海》图片、《毛泽东一家》铜雕、孙中山提名毛泽东等17人为国民党中央候补执行委员的公函、毛泽东出席国民党一届一中全会时在签名簿上的签字等珍贵史料。当时，毛泽东除了担任中共中央局秘书和负责组织工作外，主要是在国民党上海执行部担任执行委员、文书科代理主任、组织部秘书，负责苏、浙两地以及邻近地区的党务工作。

旅游区域及进出条件：

毛泽东旧居位于茂名北路威海路口。交通便利，公交23路、41路、49路等多条线路以及轨道交通1号线、2号线等可到达。

保护与开发现状：

对外开放。1977年被上海市人民政府列为上海市文物保护单位。2005年被上海市红色旅游工作协调小组命名为上海红色旅游基地。现为上海市爱国主义教育基地。

名称：蔡元培故居

编号： JA05

资源类型： FDD

单体资源等级： 4

行政位置： 华山路303弄16号

地理位置： 31°13′14.50″N

121°26′31.00″E

性质与特征：

蔡元培故居是蔡元培1937年在上海生活的一处寓所，为英式花园洋房，楼高三层，建筑面积526平方米，花园面积671平方米，2008年修复开放。

蔡元培故居部分恢复了蔡元培居住时的原貌。一楼的蔡元培史料陈列馆分为从刻苦攻读到教育救国；中国近代教育和科学事业的奠基人；志在民族革命，行在民主自由三大部分。介绍了蔡元培生平，展示有蔡元培生前使用过的打字机、行李箱等。三楼蔡元培故居实物馆，展出了珍贵文物120余件。

蔡元培（1868～1940年）是杰出的民主革命家、教育家。清朝进士，清光绪三十一年（1905年）加入中国同盟会。1912年，任中华民国南京临时政府教育总长，1917年任北京大学校长，1928年任上海交通大学校长。1932年，与宋庆龄、杨杏佛等在沪发起组织中国民权保障同盟，并任副主席。1936年，任鲁迅纪念委员会

主席。著作有《蔡元培全集》、《蔡元培教育文选》等。

旅游区域及进出条件：

蔡元培故居邻近常熟路巨鹿路口。交通便利，公交 15 路、45 路、93 路等多条线路以及轨道交通 1 号线、2 号线、7 号线等可到达。

保护与开发现状：

对外开放。1984 年被上海市人民政府列为上海市文物保护单位。现为上海市爱国主义教育基地。

名称：**中共上海地下组织斗争史陈列馆**

编号：JA06

资源类型：FDD

单体资源等级：4

行政位置：愚园路 81 号

地理位置：31°13′35.50″N

　　　　　121°26′31.50″E

性质与特征：

中共上海地下组织斗争史陈列馆是原中共中央上海局的秘密机关，1946～1949 年，时任中共中央上海局副书记的刘长胜在此居住；为花园住宅，砖木结构，楼高三层，占地面积 239 平方米，建筑面积 927 平方米；2004 年开馆。

中共上海地下组织斗争史陈列馆设有 3 个展示区：底楼介绍 20 世纪 30～40 年代上海地下党 3 个秘密联络点场景；二楼、三楼陈列有中共上海地方组织成立、前赴后继、不屈不挠的斗争、开展抗日救亡运动、争取和平民主、反对内战、里应外合解放上海的展览，介绍了中共上海地下组织发展的历程。馆内珍藏刘长胜遗物以及中共上海地下党捐赠的文物百余件。

刘长胜（1903～1967 年），山东海阳人，曾在莫斯科列宁学院学习，1937 年到上海工作。历任中共江苏省委组织部部长、省委副书记，上海工人运动委员会书记等职。中华人民共和国成立后，历任中共上海市委第三书记，上海市总工会党组书记、主席，全国总工会副主席、党组副书记，全国政协委员，全国人大常委会委员，中共第七届候补中央委员，第八届中央委员等职。

旅游区域及进出条件：

中共上海地下组织斗争史陈列馆位于愚园路，近静安寺。交通便利，公交 20 路、37 路、57 路等多条线路以及轨道交通 2 号线、7 号线等可到达。

保护与开发现状：

对外开放。1992 年被上海市人民政府列为上海市文物保护单位。现为上海市爱国主义教育基地。

中共上海地下组织斗争史陈列馆

名称：**美琪大戏院**

编号：JA07

资源类型：FBC

单体资源等级：4

行政位置：江宁路 66 号

地理位置：31°13′49.90″N

　　　　　121°27′01.90″E

性质与特征：

美琪大戏院（又名美琪影剧院）地处江宁路奉贤路口，距繁华的南京西路仅 100 多米，建于 1941 年。建成之时，定名美琪，原是取其"美轮美奂，琪玉无瑕"

之意。当年10月15日开业之际，被海内外人士誉为"亚洲第一剧场"。1999年扩建。

美琪大戏院为钢筋混凝土框架结构，有美国现代建筑和装饰艺术派建筑风格，融合了现代与古典建筑之精华。1941年，上海亚洲影院公司在原大华饭店旧址一角建影院，由中国建筑设计师范文照设计，馥记营造厂承建。美琪大戏院占地面积2 650平方米，建筑面积5 700平方米。整个建筑两面临街，入口在转角处，好似一座圆柱形的巨塔。门厅为圆形平面，左右各有一个过厅。厅内大型水晶吊灯灿烂缤纷，大、小两座灯光喷泉流光溢彩，青铜艺术雕塑造型典雅，观众休息大厅既富丽堂皇又典雅庄重。观众厅有1 600多个座位，其中楼座有540个座位，视听效果极好，冷暖设备齐全。整个建筑造型简洁，重点突出门厅，5扇垂直的长窗玻璃上有美丽的几何图案，屋檐有典雅的花纹，楼梯和地面均采用奶油色磨花石。在营业的第一天，放映的是美国20世纪福克斯影片公司的歌舞片《美月琪华》。京剧表演艺术大师梅兰芳曾在美琪大戏院演出。1949年后，世界著名的芭蕾舞大师乌兰诺娃也在美琪大戏院演出过经典剧目。美琪大戏院一度改名为北京影剧院，1985年复称美琪大戏院。

如今的美琪大戏院是以演出大型歌剧、芭蕾舞剧、音乐舞蹈为主的综合性高档剧场，是国内外文化交流的主要演出场所之一。近年来，有国内60多个艺术团体、17个国家和地区的50多个艺术表演团体在美琪大戏院竞相献艺。

旅游区域及进出条件：

美琪大戏院位于江宁路奉贤路口。交通便利，公交23路、24路等多条线路以及轨道交通2号线、7号线等可到达。

保护与开发现状：

暂未开放。1989年被上海市人民政府列为上海市优秀历史建筑和上海市文物保护单位。

名称：百乐门舞厅
编号：JA08
资源类型：FBE
单体资源等级：4
行政位置：愚园路218号
地理位置：31°13′30.89″N
　　　　　　121°26′25.44″E

性质与特征：

百乐门舞厅位于愚园路、万航渡路交界处，它曾经是上海滩各界名流经常出入的豪华舞厅。百乐门全称"百乐门大饭店舞厅"，"百乐门"是英文"Paramount"的译音。其占地面积930平方米，建筑面积2 550平方米，建成于1932年。1954年改为"红都戏院"。2003年重新修缮并恢复原名。

百乐门舞厅为钢筋混凝土框架结构建筑，美国近代建筑设计风格，与大光明电影院的建筑设计风格有相似之处。舞厅内不用一根立柱，这在当时上海的众多舞厅中是一大特色。建筑高三层，最具特色的是建筑转角处的玻璃银光塔，其光芒可射

美琪大戏院

百乐门舞厅

出500多米，非常引人注目。据说，当年舞客准备离去前，由舞厅的服务生在塔灯上打出客人的汽车牌号或其他代号，车夫从远处看到后，即可将小汽车开到百乐门舞厅门口等待主人。百乐门舞厅的门前墙垣是用山东特产的花岗石砌成的。整幢建筑平面布置沿愚园路一侧下层为店面，二层以上为旅馆；沿万航渡路一侧，下层为管理处和饭店，二层至三层是舞厅。

百乐门舞厅由宴舞大厅、楼座、宴会室3个部分组成，相互贯通，并隔以垂帘。大厅容400余座，楼座容250余座，两间宴会厅各容75座，能满足大小型宴舞的需要。空气调节装置采用"换气"式，即舞厅屋顶凿有上千小孔，经蒸汽热管的逼压使新鲜空气进入舞厅之内。地板四周布有吸气孔，能将浊气排放到室外。舞厅内部还装置1.8万盏电灯，灯光强弱可自由调节。舞厅舞池长40米、宽20.7米，中央是弹簧地板，四周是用厚2寸（约6.66厘米）的晶光毛玻璃铺成的地板，下装彩色电灯，可以将光线反射在玻璃上。这种设计，当时在国内尚属首创。灯光及玻璃地板使百乐门舞厅被称为"玻璃世界"，且名噪一时。百乐门舞厅可容数百人共舞，号称"千人舞厅"。舞厅的安全设备除消防龙头和太平扶梯外，还备有从英国进口的安全灯40余盏，一旦发生供电中断事故，此安全灯立即自动发光，可以让客人从容退出场外。百乐门舞厅外表华丽，室内富丽堂皇，灯光柔和优美。因其建筑结构别致，舞厅装饰考究，当时的百乐门舞厅有"远东第一乐府"之称。

1954年，原舞厅主体建筑改为红都戏院，其他附属建筑则改建为商场。后改为红都电影院，演出越剧、沪剧，放映电影。目前，由百乐门华美娱乐城经营，成为多功能的娱乐场所。

旅游区域及进出条件：

百乐门舞厅位于愚园路万航渡路口，

近静安寺。交通便利，公交 15 路、20 路等多条线路以及轨道交通 2 号线、7 号线等可到达。

保护与开发现状：

对外开放。1994 年被上海市人民政府列为上海市优秀历史建筑。

名称：中共二大会址纪念馆

编号：JA09

资源类型：FDD

单体资源等级：4

行政位置：老成都北路 7 弄 30 号

地理位置：31°13′34.30″N
　　　　　121°27′44.50″E

中共二大会址纪念馆

性质与特征：

中共二大会址纪念馆是 1922 年 7 月 16～23 日召开的中国共产党第二次全国代表大会旧址（底楼客厅），建筑面积 200 平方米，始建于 1915 年。2002 年修复开馆。

中共二大会址纪念馆是二层石库门建筑，当时为中央局宣传主任李达寓所（李公馆）和人民出版社所在地。客堂间摆放着 1 张桌子和 14 把椅子，展现出当年的开会场景。资料陈列室陈列着第二次全国代表大会的背景资料、人民出版社出版物、《中国共产党第二次全国代表大会宣言》等。中国共产党第二次全国代表大会在中国近代史上第一次明确地提出了彻底反帝反封建的民主革命纲领，为中国人民的革命斗争指明了方向，对中国革命具有重大而又深远的意义。出席本次大会的 12 名代表，分别代表全国 195 名中国共产党党员。

旅游区域及进出条件：

中共二大会址纪念馆位于老成都北路延安中路口。交通便利，公交 01 路、36 路、71 路等多条线路以及轨道交通 1 号线、2 号线等可到达。

保护与开发现状：

对外开放。1977 年被上海市人民政府列为上海市文物保护单位。2005 年被上海市红色旅游工作协调小组命名为上海红色旅游基地。2009 年被中共中央宣传部命名为全国爱国主义教育示范基地。现为上海市爱国主义教育基地。

名称：中国福利会少年宫历史建筑

编号：JA10

资源类型：FDD

单体资源等级：4

行政位置：延安西路 64 号

地理位置：31°13′21.10″N
　　　　　121°26′23.30″E

性质与特征：

中国福利会少年宫历史建筑原为英籍犹太人埃利·嘉道理爵士（Elly Kadoorie）的住宅，名为嘉道理公馆，又名大理石大厦，占地面积 1.44 万平方米。始建于 1919 年，1924 年初竣工，1929 年又加建一层，至 1931 年全部建成。1953 年，宋庆龄在此创办了中国第一所少年宫——中国福利会少年宫。

该建筑为二层混合结构，建筑面积 3 478 平方米，其外观式样为法国古典主义建筑艺术风格。立面采用横三段和纵三段

的构图手法，外形端庄雄伟，但是在立面装饰上摒弃了繁复的图案和线条，作了大量的简化，仅在入口门廊、墙角和檐部运用了古典主义艺术风格的建筑符号。立面以乳白色为基调，多层次水平线条的处理使整个建筑显得舒展而宽敞，严谨又富有气派。主体建筑呈矩形，东西宽65米，南北进深34米，宏伟宽大。该建筑以能容纳数百人、面积373平方米的跳舞大厅为中心，东西两侧分别为宴会厅、会客厅、餐厅、休息室、棋牌室、阅报室等，其南面为贯通住宅的廊道，北面为通往二楼的扶梯。二楼的卧室、浴室及卫生间布置在东西两侧。整个住宅有大小房间20多间，仅浴室就有6间，每间颜色各不相同，还有地下室作仓库使用。

该建筑内部装饰追求奢侈与豪华，建筑门楣精雕细镂，漆以古铜花纹，室内墙面多用金箔贴饰；屋顶以石青制成各种花纹的图案；地坪除大理石外，均用水曲柳、柚木嵌线拼花铺设；大厅四壁用大理石砌筑，楼梯、壁炉、浴室及石壁上的雕刻均用大理石制作，就连线条优美的楼梯栏杆和扶手亦是用大理石磨成的。这些大理石是专门租船从意大利购买的，其材质好、加工精，故该建筑又称"大理石大厦"。大舞厅做成穹顶，上饰精美的浮雕，中央悬挂8盏水晶珠吊灯，流光溢彩。建筑师既抓住法国古典主义建筑的特征，又不拘于传统的法式建筑风格，使整个建筑更贴近时代。

清光绪六年（1880年），埃利·嘉道理来到香港，后又到上海办实业。1926年，因举办慈善事业（在沪创办育才公学，即

中国福利会少年宫历史建筑

育才中学）而获英王授予的爵士封号。太平洋战争爆发前，嘉道理家族首先出面倡议救援，并采取行动帮助犹太难民。1949年以后，嘉道理家族结束了在上海的业务，致力于在香港发展事业。大理石大厦改作中国福利会上海市少年宫。1978年，老嘉道理的儿子劳伦斯·嘉道理夫妇回到阔别30年的上海访问，并参观了他们的旧居。在他的回忆录中写道："我很高兴地了解到，我父亲特别喜爱的大理石大厦已经成为几千名少年儿童获得知识的地方。"

旅游区域及进出条件：

中国福利会少年宫历史建筑位于延安西路，近静安寺。交通便利，公交01路、71路、76路等多条线路以及轨道交通2号线、7号线等可到达。

保护与开发现状：

对外开放。1989年被上海市人民政府列为上海市文物保护单位和上海市优秀历史建筑。2012年被上海市科学技术委员会命名为上海市科普教育基地。

名称：**圆明讲堂**
编号：JA11
资源类型：FAC
单体资源等级：4
行政位置：延安西路458号
地理位置：31°13′10.26″N
　　　　　121°25′59.22″E

性质与特征：

圆明讲堂为中国佛教协会首任会长圆瑛法师创办的道场，占地面积4 666平方米，建于1934年。1983年恢复宗教活动，1997年恢复"楞严专宗学院"，2000年与龙华寺合立"华林佛学院"。

圆明讲堂命名取意有两点：一是"圆

圆明讲堂

遍十方、明照法界",二是在佛门圆瑛排行圆字辈、弟子明旸排行明字辈。圆明讲堂的山门为仿古式双重琉璃檐顶,盘金龙柱前有一对青石狮子。匾额正面由赵朴初题"圆明讲堂",反面为明旸法师题"佛光普照"。走廊天井以莲花方砖铺地,象征佛教清净宝地步步莲花。主建筑高五层,主要有观音殿、玉佛殿、法堂、圆瑛法师纪念堂等,供奉西方三圣、千手千眼观音等佛像,藏有《大正藏》等诸多佛教经典。圆瑛法师1940年设圆明法施会,印行佛学著作20余种;1945年办楞严专宗学院培养僧才。圆瑛法师纪念堂珍藏圆瑛法师著作、墨宝、照片、遗物等数百种。寺内有圆瑛法师在20世纪30年代手植的玉兰树。

旅游区域及进出条件:

圆明讲堂位于延安西路镇宁路口。交通便利,公交01路、57路、71路等多条线路以及轨道交通2号线、11号线等可到达。

保护与开发现状:

对外开放。

名称: 爱神花园
编号: JA12
资源类型: FDD
单体资源等级: 4
行政位置: 巨鹿路675号
地理位置: 31°13′17.66″N
　　　　　　121°27′23.12″E

性质与特征:

爱神花园是著名实业家刘吉生的故居,由著名的匈牙利建筑师邬达克设计,馥记营造厂负责建造,1931年落成。由于该建筑按照希腊神话中的爱神丘比特和普绪赫的故事设计,所以它被称为"爱神花园"。属意大利文艺复兴时期的建筑风格,具有宫殿气派,假四层楼,砖混结构,建筑面积1 666.5平方米,结构对称,强调艺术装饰,其形制和柱式都堪称典范。爱神花园平面功能布置为大正厅两厢房,立面

爱神花园之一

对称，三段划分。南立面除门廊外，均采用清水砖砌筑墙面，楼上局部采用白粉饰面。南立面设置贯通两层带凹槽的爱奥尼克柱式门廊，底层的门与柱之间设计为大青石平台。二层柱间为敞式弧形阳台，铸铁花饰栏杆，格外醒目华丽。一楼主厅高敞，曾是刘家举行大型宴会或舞会的场所。东面为客厅，西面为餐厅，各厅天花板异常华丽。二层有卧房、起居室和书房，三层都是卧房和储藏室等实用房间。

爱神花园中最引人注目的是邬达克赠送给主人的希腊神话人物普绪赫雕像。普绪赫雕像位于庭园的中轴线喷泉中央，石柱上的水盘安置普绪赫雕像。雕像仿真人大小，用白色大理石制成，其脸形秀美，躯体匀称，气质典雅。由邬达克设计的这座普绪赫雕像，是表现普绪赫正在脱衣准备入浴这一瞬间的情景。普绪赫上半身裸露，刚脱下的纱袍还举在手上；其下半身正面裸腿，后面被长裙所遮，两脚一前一后，左脚跟抬起，重心落在右脚上。普绪赫的两臂举过头顶，左臂稍直，右臂弯曲；其身躯朝向正前方，头抬向右侧上方，动作舒展而轻缓，全身洋溢着青春少女的气息，表现出一种醉人的美丽。在普绪赫的脚下，有4个小天使和4条鱼。这些小天使有骑抱着鱼的，也有搂抱着鱼的，鱼嘴里喷射出的水落入水盘。

旅游区域及进出条件：

爱神花园位于巨鹿路陕西南路口。交通方便，公交01路、24路、48路等多条线路以及轨道交通1号线、2号线、7号线、10号线等可到达。

保护与开发现状：

现为上海作家协会所在地。

爱神花园之二

名称：南京西路历史文化风貌区

编号： JA13

资源类型： FDC

单体资源等级： 4

行政位置： 南京西路街道、石门二路街道、江宁路街道

地理位置： 31°13′32.90″N
121°27′05.00″E

性质与特征：

南京西路历史文化风貌区占地面积115万平方米，形成于清光绪二十五年（1899年）至1941年，历史上属于上海公共租界西区范围，东界石门二路—石门一路，南界威海路—茂名北路—延安中路，西界铜仁路—北京西路—胶州路，北界新闸路—江宁路—北京西路。主要景观道路有南京西路、北京西路和陕西北路，以风格各异的公共建筑和各类居住建筑为主要特征。主要历史建筑有江宁路66号美琪大戏院，

陕西北路173号华业公寓、186号荣家老宅、369号宋家老宅、375号怀恩堂、457号何东上海公馆，铜仁路333号花园住宅、278号皮裘公寓，北京西路1301号贝宅、1320号雷士德医学院，南京西路722号犹太总会、778号德义大楼、801号同孚大楼、934号麦脱赫斯脱大楼、1025弄静安别墅、1418号郭氏住宅，延安中路1000号上海展览中心，常德路195号常德公寓，威海路651号太阳公寓（Sun Apts）等。

南京西路原名静安寺路。清同治元年（1862年），英租界当局越界修筑涌泉路，亦称静安寺路。清光绪七年（1881年），静安寺修复，农历四月初八浴佛节，形成早期庙会集市（庙会终于1963年，历时83年）。清光绪二十五年（1899年），静安寺路划入公共租界，沿路两侧沧洲别墅等近代建筑相继落成，商店逐渐出现。清光绪三十四年（1908年），英商开辟有轨电车线路，从静安寺至外滩载客运行，交通便利。1912年前后，民宅里弄敬义坊、西庙弄、慈厚里、老街等陆续建成，人口日众，店铺日增。1917年，上海第一家时装商店——鸿翔时装公司诞生。其时，境内静安寺路商店逾百家，渐成商市。1920年，静安寺路往西拓筑至大西路（今延安西路），商肆随之向西推进。八一三事变后，侵华日军进攻上海，大批商贾和难民为避战祸拥入沦为"孤岛"的租界，众多商铺也迁入静安寺路开店，商业继续发展。全街（包括静安寺地区）拥有商店近500家。其东端是灯红酒绿的"夜上海"的组成部分，西端则主要是以静安寺为中心，在方圆0.42平方千米范围内开设有杨庆和等商店近百家，形成了沪西商业闹市区。至此，静安寺路便形成旧上海"十里洋场"的西半部分。

现在的南京西路也是上海地区高档的购物场所之一，那里所聚集的知名品牌多达1 200余个，国际品牌就有750多个，而且国际上八成的顶级品牌都在这里开有旗舰店或专卖店。沿街汇集了静安区的商

南京西路历史文化风貌区之一

南京西路历史文化风貌区之一

业精华，分为五大板块：第一大板块是石门路段，为文化传媒、公共活动、办公服务区；第二大板块以梅龙镇广场、中信泰富广场、恒隆广场为核心，形成商务办公、休闲时尚、品牌购物中心区；第三大板块为上海展览中心周边地区；第四大板块为静安寺周边地区；第五大板块为协和世界周边地区。目前，以南京西路为主轴的"国际商务港"建设已付诸实施，越洋国际广场、会德丰、东海广场、嘉里中心二期、百乐门4057地块等商业楼盘陆续建成。

旅游区域及进出条件：

南京西路历史文化风貌区位于内环高架路以内。交通便利，公交15路、24路、36路等多条线路以及轨道交通2号线、7号线等可到达。

保护与开发现状：

对外开放。2003年被上海市城市规划管理局（现上海市规划和国土资源管理局）划定为上海市中心城区历史文化风貌区。风貌区内多处建筑被上海市人民政府列为上海市文物保护单位和上海市优秀历史建筑。

名称：涌泉坊

编号：JA14

资源类型：FDC

单体资源等级：4

行政位置：愚园路395弄

地理位置：31°13′12.50″N
　　　　　121°26′16.90″E

性质与特征：

涌泉坊为西班牙式新式里弄住宅小区，由当时的华成烟草公司总经理陈楚湘出资建造，占地面积5 300平方米，建筑面积6 233平方米，1936年建成使用。涌泉坊因邻近的静安寺有涌泉井而得此名，是上海新式里弄住宅的代表作。新式里弄是20世纪30年代开始在上海出现的一种结合中国特点的西式建筑。建筑一排连为整体，独门独户分为多家，每家一般三层，底楼有小花园，二楼和三楼各自分割，各具功用。整体上有些类似于现代的联排别墅。

涌泉坊弄堂宽6.5米，弄口有"过街楼"，楼下有半圆拱门，拱门之上的楼房可以增加利用空间，立面还有装饰，且相当精美，为当时的高级住宅区。大拱门左右各连2个小拱门，小拱门的落脚处都立着1米高、上方雕刻着精美花纹的圆柱。红砖外墙，大拱门正上方有一块白色横幅，上书"涌泉坊"3个大字。二层是两扇并行的方形窗户，窗户的边缘都用白色涂抹，与外墙的红色形成鲜明的对照，上方有精致的波浪形窗檐。三层正当中并列两扇拱形窗户，两扇窗之中以一个半米高的白色圆柱相连，圆柱的上方还有喷泉状雕纹。窗檐都是一排竖砖，以弧形排列。

涌泉坊总共建有16幢住宅。其中西班牙式三层住宅有15幢：弄口的过街楼连接东西两侧的7幢联列式住宅，沿街一字排开，东西长50米、高14米；其余8幢楼，每2幢偶合为1组。黄色粉刷外墙，缓坡屋顶，红色西班牙筒瓦压顶，小券式檐口，圆拱门，螺旋形门窗柱。每幢楼进深15米。前部楼下为起居室、会客室，楼上为卧室；

涌泉坊

后部楼下为厨房、汽车间，楼上为仆人室、贮藏室。单开间每幢有 10 个房间（最大的 25 间），主要房间面宽 4.5 米左右。涌泉坊弄底另有 1 幢西班牙式四层花园别墅，为涌泉坊原业主烟草世家陈楚湘的私人住宅。

旅游区域及进出条件：

涌泉坊位于愚园路，近静安寺。交通便利，公交 20 路、57 路、76 路等多条线路以及轨道交通 2 号线、7 号线、11 号线等可到达。

保护与开发现状：

现为居民住宅。1989 年被上海市人民政府列为上海市优秀历史建筑和上海市文物保护单位。

名称：四明邨
编号： JA15
资源类型： FDC
单体资源等级： 4
行政位置： 延安中路 913 弄
地理位置： 31°13′29.20″N
　　　　　　121°26′54.10″E
性质与特征：

四明邨为新式石库门里弄住宅，占地面积 1.9 万平方米，建筑面积 2.9 万平方米，1912 年、1928 年由四明银行两次投资兴建。并以银行名字命名。

四明邨由凯泰建筑事务所黄元设计，砖木混合结构，清水红砖勾缝墙，单开间南向住宅。以南北总弄为轴线，16 幢住宅沿总弄两边排列。南端入口处 1 幢独院式住宅是四明银行董事长的私人别墅。前期建造的住宅是二层楼房，后期建造靠近巨鹿路一带的住宅为三层楼房，装有卫生盥洗设备。主弄宽 7 米，支弄宽 4 米。住宅围墙高 4 米左右。客堂前为天井，客堂装有木制落地长窗，客堂后为厨房；楼上的前部为卧室，后部为亭子间，亭子间顶上有晒台；石库门门框汰石子装饰，实木对开乌漆大门，系上敲门铜环。1998 年，修建延安高架路时，将四明邨大门及靠延安路一侧部分房屋拆除。

有不少名人入住过四明邨。徐志摩与陆小曼曾入住于 923 号。1929 年 3 月 29 日，泰戈尔再次来到上海，并在此处看望徐志摩和陆小曼。抗日战争时期，鲁迅三弟周建人夫妇携鲁迅之子周海婴入住四明邨 38 号。

旅游区域及进出条件：

四明邨位于延安中路，邻近上海展览中心。交通便利，公交 01 路、49 路、71 路等多条线路以及轨道交通 1 号线、2 号线、7 号线、10 号线等可到达。

保护与开发现状：

现为居民住宅。1999 年被上海市人民政府列为上海市优秀历史建筑。

名称：陕西北路 369 号花园住宅
编号： JA16
资源类型： FDA
单体资源等级： 4
行政位置： 陕西北路 369 号
地理位置： 31°13′52.10″N
　　　　　　121°26′56.15″E
性质与特征：

陕西北路 369 号花园住宅（宋家老宅）是一幢建于清光绪三十四年（1908 年）的

四明邨

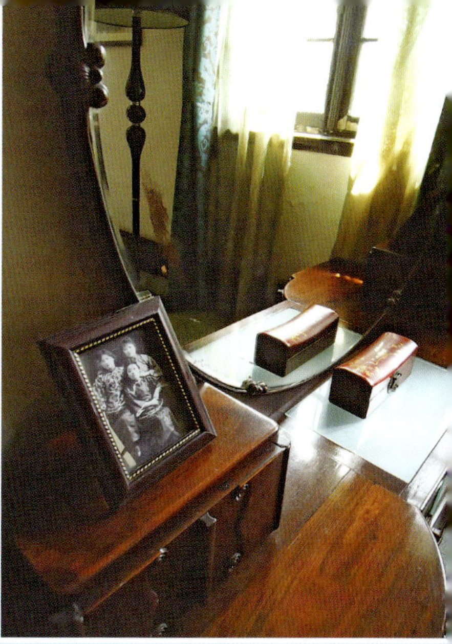

陕西北路 369 号花园住宅

英式建筑，占地面积为 660 平方米，花园面积约 980 平方米。

该住宅的主人原是一名叫约翰逊·伊索的外国人，1918 年 5 月宋耀如在上海去世，夫人倪桂珍购置了这幢位于西摩路 139 号（今陕西北路 369 号）的花园住宅，并移居于此。走进大铁门，有一条不长的甬道通向内门的石阶。一楼是客厅，四周是镶着彩色玻璃的门窗，铺着柳安木地板，厅内陈设庄重。东边有一拱形门的内室，中间用活络弹簧门开启，西边是一个后来扩建的大客厅。从宽敞、考究的楼梯登上二楼，左拐进入一间朝东的小房间，那就是未出阁前宋美龄的闺房，房间面朝车来人往的西摩路。正对楼梯的房间是宋美龄母亲倪桂珍的卧室，与爱女宋美龄的闺房相通。站在倪桂珍卧室朝南阳台上眺望，花园之美尽收眼底。园内树木葱翠，芳草如茵，沿着篱笆墙，种植有雪松、桂花、香樟、海棠、杜鹃、女贞、龙柏等名目繁多的花草树木。特别是在春暖花开的日子里，足不出户即可领略满园春色，令人心旷神怡。倪桂珍迁居西摩路后，感到住房还不够使用，就在宅西扩建了与正楼相通的二层楼房，其建筑风格相同，底层是地下室，一楼是大厅，二楼两间朝南房间分别成为宋美龄两个哥哥宋子安、宋子良的卧室。

1949 年 3 月，该花园住宅里住进了 100 多名难童，这是宋庆龄创办的中国福利基金会和上海各社会救济团体的一项义举。7 月 24 日，宋庆龄又在这儿创办了上海第一个新型托儿所——中国福利基金会托儿所。同年年底，托儿所迁至五原路，这儿又成为中国福利基金会的办公地点。宋庆龄的办公室就设在底楼东边内室的前房。1952 年，中国福利会顾问、美国专家耿丽淑女士来沪工作，宋庆龄安排她居住于此，一直到 1963 年。1981 年，宋庆龄去世后，这所饱经历史沧桑的花园住宅由中国福利会管理、宋庆龄基金会使用。1996 年 5 月，中国福利会将此修葺一新，恢复其原有风貌。正楼二楼的宋美龄居室基本保持原状，当年宋美龄和蒋介石举行宗教婚礼的大厅，现成为中国福利会老干部活动室。

旅游区域及进出条件：

陕西北路 369 号花园住宅位于陕西北路，近北京西路。交通便利，公交 15 路、21 路、24 路等多条线路以及轨道交通 2 号线、7 号线等可到达。

保护与开发现状：

现为机构用房。2005 年被上海市人民政府列为上海市优秀历史建筑。

名称： 沁园邨
编号： JA17
资源类型： FDC
单体资源等级： 3
行政位置： 新闸路 1124 弄
地理位置： 31°14′06.50″N
　　　　　　121°27′00.00″E

性质与特征：

沁园邨是上海的新式里弄住宅，占地面积 7 000 平方米，建于 1932 年。沁园邨保持了 20 世纪 30 年代的风貌，充满怀旧气氛。弄内有楼房 56 幢，多为楼高三层、坡顶、带挑空阳台、楼前设有天井的住宅。外观采用拉毛水泥饰面，转角处为不规则的砖饰，略带现代装饰艺术派特征。南立面二层至三层有外露钢砼阳台，铁栏杆。

1933～1935 年，阮玲玉（1910～1935 年）寓居沁园邨 9 号。2005 年，"阮玲玉故居"在此挂牌。阮玲玉是 20 世纪 30 年代中国影坛非常著名的电影明星，曾主演《故都春梦》《野草闲花》《三个摩登女性》《小玩意》《城市之夜》《人生》《归来》《再会吧，上海》《香雪海》《神女》《新女性》《国风》等 29 部影片，成功地塑造了饱受苦难的中国妇女形象。

旅游区域及进出条件：

沁园邨位于新闸路与武定路之间。交通便利，公交 36 路、68 路等多条线路以及轨道交通 1 号线、2 号线等可到达。

沁园邨

保护与开发现状：

现为居民住宅。2005年被上海市人民政府列为上海市优秀历史建筑。

名称：小德肋撒天主堂

编号：JA18

资源类型：FAC

单体资源等级：3

行政位置：大田路370号

地理位置：31°14′19.00″N
　　　　　121°27′29.50″E

性质与特征：

小德肋撒天主堂（大田路天主堂）以法国圣女小德肋撒的名字命名，哥特式建筑，始建于1930年。1993年恢复宗教活动。

小德肋撒天主堂有宽敞的楼宇围廊，祭台上方为圆形穹隆，窗户与斗拱均呈半圆形。堂内装饰精致，柱子、地砖、灯罩等绘有玫瑰图案的纪念标志。小德肋撒15岁入修道院，恪守清贫，刻苦修炼，24岁去世。1925年被罗马教皇封为圣女，大力宣扬，各国都有她的追随者和以她名字命名的教堂。小德肋撒的自传《灵心小史》曾被译作中文。

旅游区域及进出条件：

小德肋撒天主堂位于大田路，近静安雕塑公园。交通便利，公交19路、36路、64路等多条线路以及轨道交通1号线、2号线等可到达。

保护与开发现状：

对外开放。

小德肋撒天主堂

名称：**静安公园**

编号：JA19

资源类型：FAD

单体资源等级：3

行政位置：南京西路 1649 号

地理位置：31°13′25.40″N
　　　　　121°26′55.00″E

性质与特征：

　　静安公园原址为英美租界工部局于清光绪二十四年（1898年）辟建的静安寺公墓，1955年改建为公园，现为开放式都市园林，占地面积3.36万平方米。

　　静安公园以绿地、假山、水池为主体。林荫大道位于公园北大门入口，为一条长100余米、宽27米笔直的大道，路边整齐排列着32株浓荫蔽日的高大悬铃木。树荫下座椅成排，场地宽广，炎夏时凉爽宜人，尤为游人喜爱。大道两侧的布置基本对称，以草坪为主，草坪边种植花卉，草坪外植有夹竹桃、棕榈、广玉兰等。东侧花坛种有杜鹃、山茶，中间矗立着3座太湖石峰，高低错落，玲珑多姿。西边草坪中有1988年1月11日所建的蔡元培全身青铜塑像，花岗石底座南侧刻有蔡元培生平介绍，北侧为彭真题字。中心广场位于公园中部，经大道进二道门为中心广场。二道门由棚架、花墙、花坛组合而成，棚架上有攀援植物，花墙有漏窗，墙东连售品部，西接长廊。中心广场南为露天舞台和茶室，与大门同处一条中轴线。茶室二层，楼前有走廊，凭栏可赏园景。茶室西南临金鱼池，池畔依楼砌太湖石假山，扶梯悬池而建，迂回登楼，俯视可见池中睡莲、金鱼。楼西侧公园角门内挺立着一株树龄120余年的银杏树。公园门西边长廊北部为复廊，向南再折向西，总长40米，宽2.8米，面积112平方米。廊内有花窗、画屏和月形门，设石桌、石凳，廊两旁亦有水磨石长凳。廊前有半圆形金鱼池，池内种睡莲，湖石点缀池中。茶楼东侧有亭，亭旁有许多石桌、石凳。公园东部历史人文空间以古静安八景为素材，采用遮隔景深的造园手法建"静安八景园"；东南部为观赏草坪，西部利用

静安公园

轨道交通静安寺站高隆穹顶与地面的落差，叠山理水堆砌假山瀑布，坡上植名贵花木，设观赏平台，建"城市山林"，成为现代都市感受自然山水的空间。静安公园由于建园时保留了原公墓的大树，现有树龄逾百年的悬铃木、银杏、罗汉松等多株，树高荫大，郁郁葱葱。公园四周有浓密的珊瑚、夹竹桃、香樟、水杉等树木，共计300余种植物，绿化覆盖率达70%。

旅游区域及进出条件：

静安公园位于南京西路，北邻静安寺。交通便利，公交37路、57路、76路等多条线路以及轨道交通1号线、2号线、7号线等可到达。

保护与开发现状：

对外开放。2002年被上海市绿化和市容管理局评为上海市五星级公园。

名称：**同乐坊**
编号：JA20
资源类型：FAZ
单体资源等级：3
行政位置：余姚路66号
地理位置：31°14′18.60″N
121°26′19.80″E

性质与特征：

同乐坊为石库门建筑街坊，占地面积1.13万平方米，建筑面积2万平方米，始建于1928年。原为弄堂作坊聚集区，2005年改建为创意产业园区。

同乐坊以风情酒吧、高雅餐厅、概念新店、前卫艺术园、实验剧场等扬名沪上，是融创意文化产业与创意时尚生活为一体的创意产业集聚区和时尚消费街区。在彩墙、钢架、玻璃构筑的粗犷的老厂房里，开设有Muse Club（洛杉矶品牌）、Elite Bar（精英吧）、芷江梦工场（话剧小剧场）、Cinguini画廊（欧洲油画）、阆风艺术画廊、上海神户馆（日本料理）、Moon River（美式快餐）、老灶店（林栋甫特色餐厅）、非洲工艺品店、奥地利餐厅等各种时尚空间，游客

同乐坊

们在此都能体验到不同的感受。

旅游区域及进出条件：

同乐坊位于西康路、余姚路、海防路围合的三角地带。交通便利，公交24路、54路、76路等多条线路以及轨道交通7号线等可到达。

保护与开发现状：

对外开放。

名称：**中国劳动组合书记部旧址陈列馆**
编号：JA21
资源类型：FAE
单体资源等级：3
行政位置：成都北路893弄3～7号
地理位置：31°14′23.50″N
121°27′34.40″E

性质与特征：

中国劳动组合书记部旧址陈列馆为石库门建筑，建筑面积179平方米，1992年建成开放，1993年由于南北高架路工程建设而被拆除，从原址成都北路899号移至成都北路893弄重建，1999年重建开放。

中国劳动组合书记部旧址陈列馆内有会议室、办公室（《劳动周刊》通讯处），

539

中国劳动组合书记部旧址陈列馆

展出反映中国劳动组合书记部产生的历史背景、创建过程、光辉业绩等的史料、文物、照片、浮雕、蜡像、场景和多媒体演示等。中国劳动组合书记部（"中华全国总工会"的前身）是中国共产党公开领导工人运动的总机关，1921年成立。

旅游区域及进出条件：

中国劳动组合书记部旧址陈列馆位于成都北路新闸路口。交通便利，公交19路、36路、64路等多条线路以及轨道交通1号线、2号线、8号线等可到达。

保护与开发现状：

对外开放。1977年被上海市人民政府列为上海市文物保护单位。2005年被上海市红色旅游工作协调小组命名为上海红色旅游基地。现为上海市爱国主义教育基地。

名称：**吴江路**
编号：JA22
资源类型：FDB
单体资源等级：3
行政位置：吴江路
地理位置：31°14′18.70″N
　　　　　121°26′19.70″E

性质与特征：

吴江路位于静安区东南部。全长562米，宽9.50～14.02米，其中车行道宽6.25～10.51米，为沥青混凝土路面。2000年，吴江路休闲街正式营业。

清光绪六年（1880年）公共租界向区境扩张前，在静安寺路（今南京西路）南面辟筑一条小型碎石道路，名为斜桥路（今吴江路）。当时机动车尚未出现，马车和黄包车（人力车）是主要交通工具，人口密度远比现在要低，所以道路宽度一般为15米左右。斜桥路原是一条幽静的小马路，其西面与同孚路（今石门一路）相交叉的是一条小河浜，名石家浜（又称石浜），浜上有座桥，称斜桥。当时河浜里清水缓流，河两岸绿树成荫，幽静古朴，景色宜人。开埠后常有外侨情侣来此憩游，并称此地为"Love Lane"（译为"爱情弄"）。至19世纪末，石家浜被公共租界以市政建设之需填筑为马路，并以桥名命名，称之为斜桥路（又称斜桥弄）。1925年，马路向西延伸，辟筑至麦特赫司脱路（今泰兴路）。1936年，又筑至慕尔鸣路（今茂名北路）。当年，在"参谋本部陆地测量总局"编绘的地图上标注该路名为"纳物巷"（即英文路名之译音）。1943年10月，道路网基本形成，成今之规模，并更名为吴江路。

1949年以后，市场逐渐繁荣。在吴江路青海路转角处，开设有美华大酒楼，1960年酒楼搬迁后，迁入静安区粮食局和油粮管理所。沿途由东朝西设有新风玻璃五金店及百货、餐饮等商业网点；石门一路以西至茂名北路，道路弯曲，设有吴江路菜场和集贸市场。在泰兴路北侧有一座吴江路大型冷藏仓库，今已改建为十二层高楼，其底下三层为京泰大酒店。近茂名北路转角处开设上海仪表零件厂等，今为通利琴行。

吴江路休闲街定位为"年轻、休闲、时尚、个性"。以石门一路为界，东段为人们熟知的吴江路美食街，西段是吴江路休闲街。西段的核心建筑为"四季坊"，总面积1.1万平方米，楼高三层，引进百余家知名服饰及餐饮品牌。东段主打美食牌，引进诸多时尚化、国际化餐饮商家。吴江路东段云集了来自全国各地以及日、韩等国的小吃和美食饮品。其布局与很多欧洲小城市中心街道十分相似，有音乐喷泉、一间间门面不大的小店、围成一圈的靠背坐椅（圈内种植有清新的植物）、玻璃小亭等。周边有3处仿铜质的雕像，分别为幼女嬉鸽、婴儿坐车、外侨摄像。如今吴江路全街有商家90多家，以餐饮业居多，可以品尝从常见的苏帮菜、本帮菜到独具民族特色的新疆菜、云南菜，以及日本寿司、韩国料理、港式快餐、吴越人家汤面、小杨生煎等各地风味小吃。每逢周末，在街内举办英语角活动，进行英语对话和演讲比赛，吸引了许多教师和学生。

旅游区域及进出条件：

吴江路东接青海路，南靠威海路，北邻南京西路，西至茂名北路。交通便利，公交15路、20路、37路等多条线路以及轨道交通1号线、2号线等可到达。

保护与开发现状：

对外开放。2008年被上海市商务委员会命名为上海特色商业街。

名称：常德公寓

编号：JA23

资源类型：FDA

单体资源等级：3

行政位置：常德路195号

地理位置：31°13′36.70″N
121°26′34.30″E

性质与特征：

常德公寓旧名爱林登公寓，位于南京西路与愚园路之间，原为意大利房产，居住者多为社会中上层人士，占地面积580

常德公寓

平方米，建筑面积2 663平方米。常德公寓于1936年建造。

常德公寓为钢筋混凝土结构，现代装饰艺术派风格，楼高八层，每层3户。整个建筑平面呈"凹"字形，两翼后收。东立面两侧为长条形凸阳台，中部竖线条形成横竖对比。顶部二层退台收进。局部装饰非常细腻。旧时常德公寓内部的户型有2室户和3室户，每户客厅较大，且安装壁炉。卧室里都有小储藏室和卫生间，厨房沿西外廊布置，双阳台连通客厅和卧室。西面有长廊，既作为安全通道又兼作阳台。底层和夹层布置4套跃层住宅，每套住宅上下有小楼梯连通。第八层是电梯机房和水箱等用房。

张爱玲（1920~1995年）在1939~1947年曾居住在这座公寓，1939年住501室，1942年以后住605室。张爱玲是现代文学史上重要的女作家，生于上海，原籍河北丰润，为人熟知的作品有《倾城之恋》《沉香屑》《金锁记》《封锁》《心经》《花凋》等。20世纪50年代初，张爱玲经香港至美国洛杉矶定居。

旅游区域及进出条件：

常德公寓位于常德路，近静安寺。交通便利，公交20路、37路、57路等多条线路以及轨道交通2号线、7号线等可到达。

保护与开发现状：

现为居民住宅。1994年被上海市人民政府列为上海市优秀历史建筑。

名称：枕流公寓

编号： JA24

资源类型： FDA

单体资源等级： 3

行政位置： 华山路699～731号

地理位置： 31°13′24.40″N
　　　　　　121°26′28.30″E

性质与特征：

枕流公寓原为英资泰兴银行大班的花园住宅，始建于清光绪二十六年（1900年）。后被李经迈（李鸿章第三子）购入，并于1930年翻建成公寓大楼。1949年以前主要为外侨租住。

枕流公寓为钢筋混凝土结构，占地面积7 970平方米，前面有2 500平方米的大花园，水池曲径，树木葱茏。公寓大楼实际用地979平方米。大楼建筑面积3 944平方米，地上七层，地下一层，高度为28.9米，美国近代立体建筑式样，屋面和室内装修为西班牙式样，构成折中主义的建筑艺术风格（另一说是西班牙和艺术派风格相结合）。由哈沙德洋行设计，馥记营造厂施工。

20世纪30年代初，上海建筑高层公

枕流公寓

寓之风兴起，枕流公寓堪称当时的一流住宅建筑。公寓大楼平面是曲尺形，俗称"八"字形。主要出入口面朝北，门厅则南北相通，如一条宽廊。门厅内有电梯、信箱以及服务处。南向围合为大花园。一层至五层每层有6～7套房间,每套2～4室不等。使用面积分为 2 室户约 80 平方米，3 室户 100 平方米，4 室户 150 平方米。每套皆置壁炉，卧室与卫生间相通，餐室与厨房有备餐室，带烘烤设备。4 室户有阳光室及两套大卫生间，主仆出入各有其门。六至七层是跃层式（即如今的复式），每套都有楼上、楼下房间，为当时上海公寓所少见。公寓房间宽敞，层高约 3.35 米，装修讲究，为钢窗，檀木地板。地下室内还有游泳池。因拥有如此高档的设备和设施，在 20 世纪 30 年代有"海上名楼"之称。在华山路开有 2 个门，731 号门洞不大，立有 2 根水泥材料的爱奥尼克小柱。699 号门稍大，为券拱门，门顶装饰有一方两圆的水泥灯形雕塑。

枕流公寓曾住过众多名人，如"金嗓子"周璇，《文汇报》总编辑徐铸成，导演朱端钧，越剧表演艺术家傅全香、范瑞娟、王文娟，文艺理论家叶以群等。

旅游区域及进出条件：

枕流公寓位于华山路，近静安寺。交通便利，公交 01 路、48 路、71 路等多条线路以及轨道交通 2 号线、7 号线、10 号线、11 号线等可到达。

保护与开发现状：

现为居民住宅。1994 年被上海市人民政府列为上海市优秀历史建筑。

名称：静安别墅
编号： JA25
资源类型： FDC
单体资源等级： 3
行政位置： 南京西路 1025 弄
地理位置： 31°13′49.60″N
　　　　　　121°27′11.30″E

性质与特征：

静安别墅是上海地区规模较大的新式里弄住宅，占地面积 2.25 万平方米，建造于 1928～1932 年。2009 年修缮。

静安别墅北通南京西路，南通威海路，里弄宽敞，可通行机动车辆。该住宅小区为行列式布局，总弄和支弄垂直交叉。进入里弄大门，看到的是一条长长的弄堂，两边是三层的红砖房子，砖墙瓦顶装饰简洁。建筑的平面有双开间式、单开间式。双开间南面为起居室、餐厅、卧室，北面是浴室、厨房、汽车间等，二层有阳台，三层有晒台。各幢住宅前有小庭园，外墙清水红砖、錾假石。门框、窗框装饰采用西欧式风格。

静安别墅

诸多名门望族和社会名流曾在静安别墅居住：52 号为蔡元培寓所；于右任在此研究编辑《两陋木简汇编》、《标准草书》；孔祥熙 1942 年购得大部分静安别墅产业，并委托美商中国营业公司经租。静安别墅 174 号曾是东方图书馆的暂存书库。

旅游区域及进出条件：

静安别墅位于南京西路，近中信泰富广场。交通便利，公交 23 路、37 路、49

路等多条线路以及轨道交通 2 号线、7 号线等可到达。

保护与开发现状：

现为居民住宅。1994 年被上海市人民政府列为上海市优秀历史建筑。

名称：**愚谷邨**

编号：JA26

资源类型：FDC

单体资源等级：3

行政位置：愚园路 361 弄

地理位置：31°13′47.00″N
121°27′39.00″E

性质与特征：

愚谷邨为新式里弄住宅小区，占地面积 150 万平方米，建筑面积约 2.25 万平方米，1927 年建造。

愚谷邨是上海里弄文化的典型代表，是上海重要的对外接待点。建有三层住宅 120 余幢，沿街二层住宅 30 余幢。愚谷邨 125 号为愚谷邨原业主陈良才、陈良浩、陈良骅三兄弟自住房。愚谷邨 121 号（进化药厂）曾是中共中央上海局秘密联络点。

旅游区域及进出条件：

愚谷邨位于愚园路乌鲁木齐北路口。交通便利，公交 20 路、45 路、93 路等多条线路以及轨道交通 2 号线、7 号线等可到达。

保护与开发现状：

现为居民住宅。1994 年被上海市人民政府列为上海市优秀历史建筑。

名称：**愚园路历史文化风貌区**

编号：JA27

资源类型：FDC

单体资源等级：3

行政位置：静安区、长宁区

地理位置：31°13′34.93″N
121°26′27.09″E

性质与特征：

愚园路历史文化风貌区占地面积 223 万平方米，始建于清咸丰十年（1860 年）。清光绪二十五年（1899 年）随租界扩张而延伸到静安寺西侧，以东端常德路口的愚园而命名。清宣统三年（1911 年）和 1913 年分别扩筑到今天的江苏路和长宁路。1919～1928 年，沿路两侧建起众多花园住宅和新式里弄住宅，成为上海高级住宅区之一。主要历史建筑有愚园路 579 弄中实新村、愚园路 218 号百乐门舞厅、愚园路 361 弄愚谷邨、乌鲁木齐北路 25 号新恩堂、长宁路 712 弄兆丰别墅、愚园路 395 弄涌泉坊、愚园路 1396 号西园公寓、愚园路 754 号建筑、武夷路 127 号比利时领事馆、愚园路 1136 弄 31 号长宁区少年宫历史建筑等。

旅游区域及进出条件：

愚园路历史文化风貌区位于静安区、长宁区。交通便利，公交 15 路、20 路、45 路等多条线路以及轨道交通 2 号线、7 号线、11 号线等可到达。

保护与开发现状：

对外开放。2003 年被上海市城市规划管理局（现上海市规划和国土资源管理局）划定为上海市中心城区历史文化风貌区。风貌区内多处建筑被上海市人民政府列为上海市文物保护单位和上海市优秀历史建筑。

愚谷邨

愚园路历史文化风貌区

名称：**上海佛教居士林**
编号：JA28
资源类型：FAC
单体资源等级：3
行政位置：常德路418号
地理位置：31°13′48.42″N
　　　　　121°26′31.50″E

性质与特征：

上海佛教居士林（南国大佛寺）是上海地区早期佛教居士团体修学佛法的场所，始建于1918年，2008年修建。

上海佛教居士林主建筑为传统的中国庙宇建筑。西楼为砖木结构，洋松木柱石鼓墩。底层佛堂为大空间，无隔墙；西立面主入口有前廊，东入口有中国式门头，落地长窗为菱形窗花，梁上木花雕刻；二层外围护有玻璃木窗和杉木裙板，中部有气楼。东楼为3幢中国古典式建筑。在西楼西南侧有1栋二层辅楼，底层铺彩色地砖，二层顶为欧式石膏线脚装饰。净土道场有金身释迦牟尼佛像。图书馆藏书颇丰，供佛教居士阅读。密宗格鲁派道场入口有一口古钟，中央设宗喀巴大师内供台，侧面设清定上师内供台。赵朴初曾任上海佛教居士林名誉林长。

上海佛教居士林

旅游区域及进出条件：

上海佛教居士林邻近常德路北京西路口。交通便利，公交15路、21路、76路等多条线路以及轨道交通2号线、7号线等可到达。

保护与开发现状：

对外开放。2005年被上海市人民政府列为上海市优秀历史建筑。

名称：**华业公寓**
编号：JA29
资源类型：FDA
单体资源等级：3
行政位置：陕西北路173号
地理位置：31°13′43.26″N
　　　　　121°26′55.62″E

性质与特征：

华业公寓坐落于陕西北路，为西班牙式公寓大楼，占地面积2 183平方米，建筑面积1.05万平方米。建成于1934年。

20世纪30年代，世界各大城市兴起一股盖高层公寓的风气，上海也开始建造高层公寓，华业公寓就是其中一幢。公寓大楼由中国建筑师李锦沛设计，潘荣记营造厂承建。华业公寓为混合型结构，高40余米。公寓的主楼与配楼由3个单元楼房组成，中间采用车库、拱廊相贯通的形式。两边的配楼四层起点，依次是八层、九层直至十层的中央主楼。主楼是典型的西班牙城堡式样，正方形，四角有方形角楼；顶部是多面的锥状尖顶。入口处有挑出雨篷的门厅，门楣、窗楣的装修是鲜明的西班牙式建筑艺术风格。外墙与天棚均镶砌玻璃砖，有利于自然采光。公寓房间的平面多采用套间式布置，户型有2室、3室和4室不等。浴厕设备和墙面均用瓷砖等装修，工料较精致。

作家、戏剧家李健吾和电影、话剧表演艺术家金山，以及张瑞芳夫妇曾经居住在华业公寓。

旅游区域及进出条件：

华业公寓位于陕西北路南京西路口。

华业公寓

交通便利，公交 20 路、37 路、49 路等多条线路以及轨道交通 2 号线、7 号线等可到达。

保护与开发现状：

对外开放，现为居民住宅。1989 年被上海市人民政府列为上海市文物保护单位和上海市优秀历史建筑。

名称：**裕华新村**
编号：JA30
资源类型：FDC
单体资源等级：3
行政位置：富民路 182 弄
地理位置：31°13′12.24″N
　　　　　121°26′49.38″E

性质与特征：

裕华新村为新式里弄住宅，建筑面积 6 955 平方米，1941 年建造。

裕华新村有三层砖木结构住宅共 36 幢。东半部为四坡偶合式住宅 16 幢，每 4 户住宅为一组形成田字布局；西半部有两坡偶合式住宅 20 幢，成行列式布局。裕华新村平面布局紧凑，室内空间利用率高。因内部空间变化多端而形成建筑外轮廓高低错落、立面平凸变化，特别是四坡顶的烟道造型，使得整个建筑外形的风格更为突出。室内扶梯休息平台的墙面上开有圆

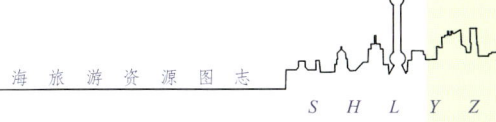

形窗户，这种设计对内增加了采光，对外丰富了立面的构图。

旅游区域及进出条件：

裕华新村位于富民路，近长乐路。交通便利，公交 15 路、26 路、45 路等多条线路以及轨道交通 1 号线、2 号线、7 号线、10 号线等可到达。

保护与开发现状：

对外开放。现为居民住宅。1989 年被上海市人民政府列为上海市文物保护单位和上海市优秀历史建筑。

名称：模范邨
编号：JA31
资源类型：FDC
单体资源等级：3
行政位置：延安中路 877 弄
地理位置：31°13′30.36″N
　　　　　121°26′56.58″E

性质与特征：

模范邨为新式里弄住宅，1931 年建造。模范邨是高档的住宅，建筑采用砖木结构，设计理念体现了小家庭独门独户的特点。小区环境优美、设施齐全、配套完善。周边有延安中路小学、华东模范中学、爱国中学以及久光百货、恒隆广场、梅龙镇广场等配套生活和商业设施。

模范邨 22 号为明末四公子冒辟疆后裔冒广生 1931～1959 年在沪的旧居，梅兰芳与之私交甚笃，常往冒家请教戏文。

旅游区域及进出条件：

模范邨位于延安中路，北邻上海展览中心。交通便利，公交 01 路、49 路、71 路等多条线路以及轨道交通 1 号线、2 号线、7 号线等可到达。

保护与开发现状：

现为居民住宅。1994 年被上海市人民政府列为上海市优秀历史建筑。

模范邨

静安宾馆

名称：**静安宾馆**

编号：JA32

资源类型：FDD

单体资源等级：3

行政位置：华山路370号

地理位置：31°13′13.44″N
　　　　　　121°26′28.20″E

性质与特征：

静安宾馆（原名海格公寓）主楼为西班牙式公寓大楼，20世纪20年代建造。1949年后，曾用作中国共产党华东局办公楼、中国共产党上海市委办公楼。1978年改建为静安宾馆。2006年再度装修。

静安宾馆主楼为现代装饰艺术派风格，楼高十层，客房数126间（套），花园面积6 000平方米，环境优雅。静安宾馆西楼为日本建筑艺术风格，楼高六层，客房数102间（套）。

旅游区域及进出条件：

静安宾馆位于华山路，近静安公园。交通便利，公交15路、40路、45路等多条线路以及轨道交通1号线、2号线、7号线等可到达。

保护与开发现状：

对外开放。静安宾馆主楼1994年被上海市人民政府列为上海市优秀历史建筑。

名称：**上海美术电影制片厂动画艺术长廊**

编号：JA33

资源类型：FAE

单体资源等级：3

行政位置：万航渡路618号

地理位置：31°13′40.90″N
　　　　　　121°25′43.50″E

性质与特征：

上海美术电影制片厂是中国规模较大的美术电影制片基地，占地面积1.06万平方米，成立于1957年。

上海美术电影制片厂具有较强的影视动画片创作、制作和衍生产品研发实力，曾经创作的《大闹天宫》、《三个和尚》等作品享誉国内外，先后获得200多个奖项。上海美术电影制片厂地下室建有"动画艺术长廊"，演绎动画片的幕后故事，共分为美影动画会展、动画工作室、《白玉堂》全景展、《西岳奇童》摄影棚、马兰花模拟录音室等部分，充分表现出动漫艺术家们从最初设计稿、原画、动画、背景、上色到制作中、后期的拟音、作曲、配音、录音、剪辑等各个环节所付出的辛勤劳动。其动画艺术长廊现对外开放。

旅游区域及进出条件：

上海美术电影制片厂动画艺术长廊位

上海美术电影制片厂动画艺术长廊

于万航渡路武定西路口。交通便利，公交45 路、94 路等多条线路以及轨道交通 2 号线、11 号线等可到达。

保护与开发现状：

对外开放。

名称：怀恩堂

编号： JA34

资源类型： FAC

单体资源等级： 2

行政位置： 陕西北路 375 号

地理位置： 31°13′52.40″N
121°26′55.60″E

性质与特征：

怀恩堂是上海基督教联合礼拜堂，占地面积 2 200 平方米，建筑面积 1 840 平方米。始建于清宣统二年（1910 年）。屡经迁建，1940 年定今址重建，于 1942 年落成。1980 年恢复礼拜活动。

怀恩堂大堂是上海地区规模较大的基督教堂，可容纳 2 000 人做礼拜。主建筑为 1 幢中三层、旁二层的楼房，东南角有 1 个钟楼，另有小教堂可以收看大堂的礼拜实况转播。

旅游区域及进出条件：

怀恩堂位于陕西北路北京西路口。交通便利，公交 15 路、21 路、24 路等多条线路以及轨道交通 2 号线、7 号线等可到达。

保护与开发现状：

对外开放。1994 年被上海市人民政府列为上海市优秀历史建筑。

名称：新恩堂

编号： JA35

资源类型： FAC

单体资源等级： 2

行政位置： 乌鲁木齐北路 25 号

地理位置： 31°13′35.30″N
121°26′09.10″E

性质与特征：

新恩堂（曾名上海公共礼拜堂、万国教会）是怀恩堂的分教堂，多为外国教徒聚会处，占地面积 1 807 平方米，建筑面积 955 平方米，建于 1939 年，1962 年更名新恩堂。1989 年整修复堂。

新恩堂分为东西两堂，砖木结构，楼高 9.48 米，平面"十"字形，立面与昆山路基督教景灵堂相似；平面布局、屋顶坡度、立面尖券窗皆为美国学院派哥特式建筑艺术风格。二坡落水屋面，粘土青平瓦，瓦片背面用铜丝与挂瓦条连接；教堂屋面无烟囱，东南角厨房有 1 个烟囱。屋面承重结构为水泥山墙、方木屋架、木桁条屋面；青砖清水墙，建筑外

怀恩堂

新恩堂

墙窗套、西侧窗间鼻梁筋以及入口门套为水泥斩假石,水泥粉刷勒脚。室内为钢窗、柳安木门、木踢脚线。

旅游区域及进出条件:

新恩堂位于乌鲁木齐北路万航渡路口。交通便利,公交45路、93路、94路等多条线路以及轨道交通2号线、7号线等可到达。

保护与开发现状:

对外开放。2005年被上海市人民政府列为上海市优秀历史建筑。

名称:**平民女校旧址**
编号:JA36
资源类型:FDD
单体资源等级:2
行政位置:老成都北路7弄42~44号
地理位置:31°13′34.30″N
　　　　　121°26′44.50″E

性质与特征:

平民女校旧址为石库门建筑,1922~1923年,李达租用此处(辅德里632号A)创办了中国共产党第一所培养妇女干部的学校,为党和革命事业培养了一大批妇女干部,在妇女运动史上留下了珍贵的一页。2008年修复开放。

修缮后的平民女校旧址内的教室、工场、学生宿舍等都恢复了当时的原貌。平民女校校务主任(校长)先后由李达、蔡和森担任,协助办校的有王会悟(李达夫人)、向警予等人,沈泽民、张太雷、刘少奇、陈独秀、李达、陈望道、邵力子、沈雁冰等曾在此授课或介绍俄国革命的情况。曾在平民女校就读的先后有30余人,如丁玲、钱希君等。

平民女校实行半工半读制,校内设有成衣组、织袜组等,组织学生参加生产活动,还带领学生参加社会活动。

旅游区域及进出条件：

平民女校旧址位于老成都北路延安中路口。交通便利，公交01路、36路、71路等多条线路以及轨道交通1号线、2号线等可到达。

保护与开发现状：

对外开放。1984年被上海市人民政府列为上海市文物保护单位。

名称：八路军驻沪办事处旧址

编号：JA37

资源类型：FDD

单体资源等级：2

行政位置：延安中路504弄21号

地理位置：31°13′34.30″N
　　　　　121°27′35.50″E

性质与特征：

八路军驻沪办事处旧址位于原福煦路多福里（今延安中路504弄21号），是一幢老式两上两下的石库门建筑。1937年8～11月的抗战初期，中国共产党在此设

平民女校旧址

八路军驻沪办事处旧址

立了公开办事机构。在此期间，做了大量卓有成效的工作。同时，这里又兼为新四军驻沪办事处。

八路军驻沪办事处是第二次国共合作的产物，由中共驻南京办事处周恩来直接领导，李克农、潘汉年、刘少文先后担任主任。八路军驻沪办事处的主要任务是团结各界爱国人士，扩大抗日统一战线；募集捐款，筹运物资，支援抗日前线；营救被捕同志，向根据地输送干部；出版多种刊物，宣传抗日救国等。

旅游区域及进出条件：

八路军驻沪办事处旧址位于延安中路，近石门一路。交通便利，公交01路、48路、71路等多条线路以及轨道交通1号线、2号线等可到达。

保护与开发现状：

暂未开放。1977年被上海市人民政府列为上海市文物保护单位。

名称：静安雕塑公园
编号：JA38
资源类型：FAD
单体资源等级：2
行政位置：石门二路128号
地理位置：31°14′06.48″N
　　　　　121°27′56.17″E

性质与特征：

静安雕塑公园是一个将生态景观与艺术文化相结合的雕塑公园，一期工程区位于成都北路以西、北京西路以北、石门二路以东、山海关路以南区域，占地面积达3万平方米。二期工程区占地面积3万平方米。

静安雕塑公园里面陈列着60余件国际知名雕塑大师设计的作品，如阿纳·奎兹的木质城雕杰作"火焰"、法国雕塑大师苏泰先生的大型雕塑"天使·荣龟"、艺术大师阿曼·皮埃尔·费尔南德兹的系列作品"男低音"、"音乐之神"、"音乐的

静安雕塑公园

力量"等。公园内梅园景区的建筑设计中西合璧，具有现代化的玻璃顶棚和不锈钢镂刻的梅树等，精心打造出近万平方米的梅园景观。

旅游区域及进出条件：

静安雕塑公园位于成都北路北京西路口。交通便利，公交 19 路、36 路、41 路等多条线路以及轨道交通 1 号线、2 号线、8 号线等可到达。

保护与开发现状：

对外开放。

名称：**陕西北路中华老字号街**

编号：JA39

资源类型：FDB

单体资源等级：2

行政位置：陕西北路

地理位置：31°13′45.48″N
　　　　　121°27′01.26″E

性质与特征：

陕西北路中华老字号街是以服装、鞋帽、箱包、饰品经营为主的特色商业街，全长 338 米。

陕西北路中华老字号街为南京西路高端商圈的延伸和补充，沿街有 61 家商业网点，紧扣以"现场设计、现场量衣、现场裁衣、现场加工"为主题的传统商业特色，店铺门面统一设计、统一格调，街面环境整齐美观。目前已有不少国际时尚品牌入驻，如西班牙 ZARA 旗舰店、法国护肤品欧舒丹、法国 BONPOINT 童装、美国 ICARRIE 羊绒装、美国尤斯顿休闲装、意大利贝可儿、密嘉莉斯、艾伦·斯丽、日本大洋、白玉兰真丝、鸿翔服饰以及旗袍店、箱包店、鞋店等特色商店。

旅游区域及进出条件：

陕西北路中华老字号街位于陕西北路中段，北起南京西路，南至延安中路。交通便利，公交 20 路、24 路、41 路等多条线路以及轨道交通 1 号线、2 号线、7 号线等可到达。

陕西北路中华老字号街

保护与开发现状：

对外开放。2007 年被上海市商务委员会命名为上海特色商业街。

名称：**西康公园**

编号：JA40

资源类型：FAD

单体资源等级：1

行政位置：西康路 255 号

地理位置：31°13′55.80″N
　　　　　121°26′42.60″E

性质与特征：

西康公园是景色优美的都市公共绿地，占地面积 5 600 平方米，1951 年建成开放，1982 年再一次整修开放。

西康公园东西宽 40 米，南北长 100 米。大门内 30 多米长的通道为绿廊，廊的尽头有一个圆形花坛，内植四季花卉，中间为大黄杨球，坛后及两边栽植珊瑚树。公园内除西部有一廊一亭外，其余都是植物构景。公园四周植高大的枫杨、香樟、雪松、

西康公园

海桐、珊瑚、广玉兰、泡桐等树木，以遮挡周围的建筑物。全园设14个不同形状的花坛，坛中种植桂花、腊梅、石榴、茶花、桃花等树木，四角配以小黄杨球，路边植香樟树。公园北面植有紫藤棚，面积100平方米，棚周围设坐凳。公园内有树木29种520多株。

旅游区域及进出条件：

西康公园位于西康路以西、北京西路以北。交通便利，公交15路、21路、24路等多条线路以及轨道交通2号线、7号线等可到达。

保护与开发现状：

对外开放。

名称：**静安寺广场**
编号：JA41
资源类型：FCI
单体资源等级：1
行政位置：南京西路华山路口
地理位置：31°13′39.60″N
　　　　　121°26′17.46″E

性质与特征：

静安寺广场为典型的下沉式综合广场，用地面积8 412平方米，2009年国庆前建成开放。

静安寺广场由下沉式广场、地下商场、露天剧场、喷水池风景、伤残人电梯亭和静安公园延伸绿地等组成。下沉式广场面积2 800平方米，下沉深度7.1米，为锅底式设计，其自然形成的台阶可作为观众坐席。商场建筑面积8 200平方米，有时尚店铺200多家，是集交通、商业于一体的综合广场。静安寺广场经常举办各种文艺活动。

旅游区域及进出条件：

静安寺广场位于轨道交通2号线静安寺站出口处，南靠静安公园，北依静安寺。交通便利，公交15路、20路、57路等多条线路以及轨道交通2号线、7号线等可到达。

保护与开发现状：

对外开放。

静安寺广场

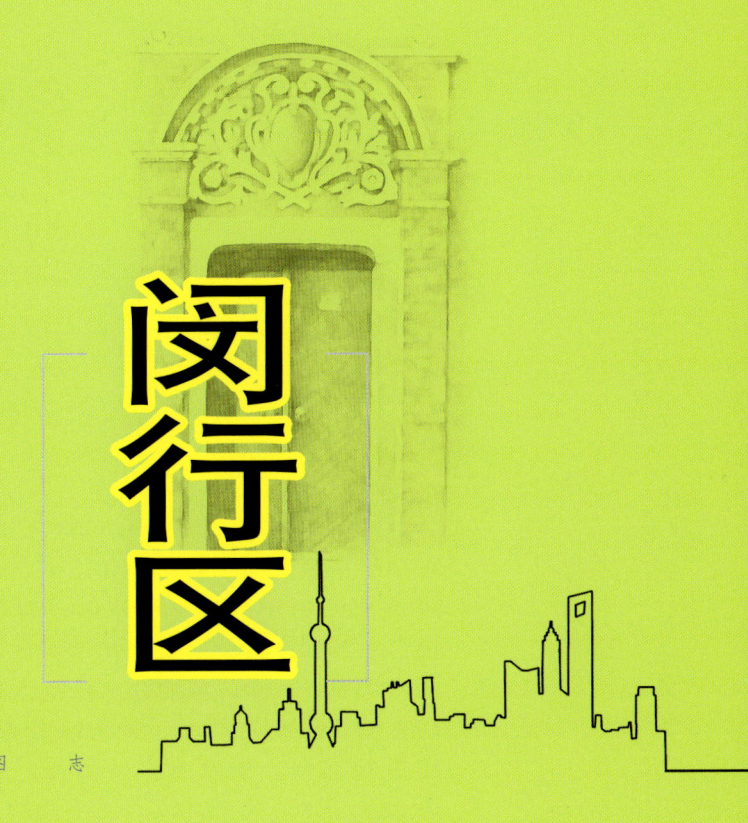

闵行区

上 海 旅 游 资 源 图 志

概况

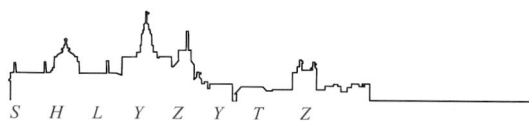

闵行区位于上海市中心城区西南部,东与徐汇区、浦东新区相邻,南与奉贤区隔黄浦江相望,西与松江区、青浦区相接,北与长宁区、嘉定区相连。区域面积372.84平方千米。黄浦江从松浦大桥处东向入境,至闸港折北,把全区分成浦西、浦东两部分,从徐浦大桥出境,流经区内28.1千米。吴淞江流入区境北端,流经区境10千米。区内河道纵横,地势平坦。2012年度,闵行区户籍人口100.12万人,辖9个镇(莘庄镇、七宝镇、虹桥镇、华漕镇、颛桥镇、马桥镇、梅陇镇、吴泾镇、浦江镇)、3个街道(新虹街道、古美路街道、江川路街道)和1个市级工业区。2012年度,全区实现地区生产总值1 594.22亿元。其中,第一产业实现增加值1.63亿元,第二产业实现增加值974.02亿元,第三产业实现增加值618.57亿元,第一、第二、第三产业的结构比例为0.1∶61.1∶38.8。2012年度,区内主要旅游景点锦江乐园、老外街101、热带风暴水上乐园、七宝古镇、韩湘水博园共接待游客1 400万人次,实现营业收入1.7亿元。

元至元二十八年(1291年)上海立县时,闵行区境属上海县长人乡范围。明正德七年(1512年)始称闵行。清宣统二年(1910年)属上海县闵行、塘湾、曹行等乡自治区。1929年跨上海县第一、二区所属部分地区。1949年5月15日,上海县解放,先后属苏南区、江苏省。1958年划入上海市。1959年以原上海县闵行镇和吴泾地区设闵行区。1964年闵行区撤销并入徐汇区,并改为闵行、吴泾两个街道。1981年恢复闵行区。1992年与同时撤销的上海县合并为新的闵行区。

闵行区内距今约4 000年的马桥古文化遗址出土文物1 000余件,为判断上海新石器时代以来的历史提供了科学依据。闵行区内具有千年历史的七宝古镇和跨元、明、清3个朝代的召楼老街均已被列为历史文化风貌区。七宝老街历经沧桑,历史神韵犹存。七宝教寺在2000年重建,为汉唐以来早期古寺建筑风格。锦江乐园为国家AAAA级旅游景区。十尚坊休闲餐饮街与老外街101为上海特色商业街。闵行体育公园为上海市五星级公园。

闵行区是上海市主要对外交通枢纽,沪宁高速铁路、沪杭高速铁路穿越境内。虹桥综合交通枢纽是国际一流的现代化大型综合交通枢纽。G50沪渝高速、G60沪昆高速、S32申嘉湖高速、S4沪金高速、S20外环高速等高速公路纵横境内。轨道交通有1号线、5号线和10号线等。

闵行区旅游资源地图

闵行区四五级旅游资源单体	
代号	旅游资源名称
MH01	虹桥综合交通枢纽
MH02	闵忠森林体育旅游中心
MH03	七宝老街
MH04	七宝古镇历史文化风貌区

五级资源点
四级资源点
三级资源点
二级资源点
一级资源点

旅游资源列表

编号	名称	行政位置	资源类型	单体资源等级	地理位置
MH01	虹桥综合交通枢纽	新虹街道	FFY	5	31°12′46.75″N 121°18′17.98″E
MH02	旗忠森林体育城网球中心	马桥镇元江路5500号	FBD	4	31°02′24.96″N 121°21′19.02″E
MH03	七宝老街	七宝镇	FDB	4	31°09′16.02″N 121°20′59.58″E
MH04	七宝古镇历史文化风貌区	七宝镇	FDC	4	31°09′16.02″N 121°20′59.58″E
MH05	锦江乐园	梅陇镇虹梅路201号	FAB	3	31°08′33.66″N 121°24′21.90″E
MH06	热带风暴水上乐园	七宝镇新镇路78号	FAB	3	31°08′26.40″N 121°21′58.44″E
MH07	闵行体育公园	七宝镇新镇路456号	FAD	3	31°08′43.56″N 121°21′44.82″E
MH08	浦江召楼老街历史文化风貌区	浦江镇革新村	FDC	3	31°04′21.11″N 121°31′25.80″E
MH09	七宝教寺	七宝镇新镇路1205号	FAC	3	31°09′21.00″N 121°21′10.86″E
MH10	上海航宇科普中心	梅陇镇沪闵路7900号	FAE	3	31°08′18.16″N 121°24′06.65″E
MH11	张充仁纪念馆	七宝镇北西街75号	FDD	3	31°09′14.64″N 121°20′57.06″E
MH12	十尚坊休闲餐饮街	古美路街道龙茗路	FDB	3	31°04′34.32″N 121°32′40.92″E
MH13	莘庄公园	莘庄镇莘浜路421号	FAD	3	31°06′18.42″N 121°22′07.20″E

续表

编号	名称	行政位置	资源类型	单体资源等级	地理位置
MH14	韩湘水博园	马桥镇江川西路3998号	FAB	2	31°08′21.36″N 121°22′56.46″E
MH15	闵行公园	江川路街道沪闵路249号	FAD	2	31°02′53.64″N 121°28′26.34″E
MH16	吴泾公园	吴泾镇剑川路2号	FAD	2	31°00′18.42″N 121°24′41.40″E
MH17	红园	江川路街道江川路354号	FAD	2	31°01′17.64″N 121°22′58.74″E
MH18	老外街101	虹桥镇虹梅路3338弄	FDB	1	31°10′32.94″N 121°20′29.88″E
MH19	华漕公园	新虹街道东华美路5号	FAD	1	31°00′13.92″N 121°22′09.84″E
MH20	航华公园	新虹街道航新路600号	FAD	1	31°09′58.68″N 121°22′36.06″E
MH21	闵联生态公园	江川路街道东川路3366号	FAD	1	31°03′31.56″N 121°21′04.74″E
MH22	七宝天主堂	七宝镇南街50号	FAC	1	31°09′06.96″N 121°21′04.14″E

旅游资源单体

名称： 虹桥综合交通枢纽
编号： MH01
资源类型： FFY
单体资源等级： 5
行政位置： 新虹街道
地理位置： 31°12′46.75″N
121°18′17.98″E

性质与特征：

虹桥综合交通枢纽是一个集高速铁路、城际和城市轨道交通、高速公路及航空港等于一体的世界一流的现代化大型综合交通集运体系，规划范围东起S20外环高速，西至华翔路，北起北翟路、北青公路，南至G50沪渝高速，总用地面积26.26平方千米，2010年投入使用。

虹桥综合交通枢纽汇集航空、公路和铁路三大运输体系于一体，成为国际性交通枢纽和区域性门户。扩建后的虹桥国际机场按照满足2015年旅客输送量4 000万人次的能力设计建设，主要包括在现有跑道西侧新建一条长3 300米、宽60米的4E级近距离平行跑道及一座25万平方米的航站楼。除国内航线外，国际航线可达日本东京和韩国首尔。虹桥高铁站是京沪高速铁路和沪杭高速铁路这两条高速铁路的交汇点，设高速和城际普速两个车场，总规模为16台30线，其中高速场10台19线，城际普速场6台11线。站房总建筑面积约24万平方米。有轨道交通2号线、5号线、10号线、17号线等。高速公路有通往长三角地区的G42沪蓉高速、G60沪昆高速、G50沪渝高速等。另有30余条公交巴士专线汇聚于此，可达市区各地。虹桥综合交通枢纽是我国城市交通建设上的一大创新，有利于加快上海国际经济、金融、贸易和航运中心的建设，提高上海现代化国际大都市的发展水平。

旅游区域及进出条件：

虹桥综合交通枢纽位于闵行区北部，距离市中心12千米。交通便利，公交173路、闵行23路、虹桥枢纽7路等多条线路以及轨道交通2号线、10号线等可到达。

保护与开发现状：

对外开放。

虹桥综合交通枢纽之一

旗忠森林体育城网球中心

名称：旗忠森林体育城网球中心

编号：MH02

资源类型：FBD

单体资源等级：4

行政位置：马桥镇元江路 5500 号

地理位置：31°02′24.96″N
　　　　　121°21′19.02″E

性质与特征：

　　旗忠森林体育城网球中心是世界男子职业网球运动员协会大师系列赛比赛场地，占地面积为 34 万平方米，建筑面积为 8.54 万平方米，2005 年建成开放。

　　主网球场的设计象征中国国花——牡丹；副网球场的设计象征上海市花——白玉兰。网球场中心的开闭结构极具代表性，这种屋顶开闭方式为世界首创，表现出牡丹和白玉兰的开花形态，开启时间为 7 分 30 秒。主球场建筑面积 3.06 万平方米，地上四层，建筑高度约 40 米，有 15 000 个座位。主球场屋顶是由钢环梁、机械传动设备和 8 片活动屋盖等组合而成的大跨度钢结构。钢环梁的投影是一个外径为 144 米、内径为 96 米的圆环。每个花瓣重百余吨，在各自的支点上同时进行旋转。副球场的可动屋顶有 6 片，组成白玉兰的花瓣。活动屋顶开启后，犹如鲜花盛开。

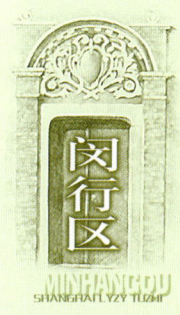

旅游区域及进出条件：

旗忠森林体育城网球中心位于元江路。公交闵行17路、闵马线、马莘专线等多条线路可到达。

保护与开发现状：

对外开放。2002～2008年先后举办了5次世界男子职业网球运动员协会大师系列赛（ATP Masters Series）。2009年开始举办首次落户亚洲的上海ATP1000网球大师赛系列赛。

名称：七宝老街

编号：MH03

资源类型：FDB

单体资源等级：4

行政位置：七宝镇

地理位置：31°09′16.02″N
　　　　　121°20′59.58″E

性质与特征：

七宝老街位于七宝镇，主要街道垂直于蒲汇塘，由蒲汇塘分为南、北大街，全长360米，占地面积6万平方米，2002年修复开放。七宝老街目前所保存着的以南北大街为中轴线的"非"字形格局在我国古城镇中非常少见，被称为"中国古代城镇规划史上的活化石"，文学史家则名之"北宋遗存"，这是七宝古镇区别于其他古镇的鲜明特征。重修后，七宝老街中的各类商店再现出昔日上海的民俗风情。老饭店、天香楼推出颇具代表性的上海菜，餐馆内老式的八仙桌、长条凳、长嘴铜壶、方头竹筷等营造出浓厚的怀旧气氛，还有深受游客欢迎的臭豆腐、蟹壳黄、炸饺子、棉花糖、牙签肉、糖葫芦、羊杂汤、小笼包、老鸭粉丝汤、叫花鸡、海棠糕、素鹅等各式传统小吃。在七宝戏园内展演沪上地方戏曲，微雕馆和书翰馆里表现的是中国民间艺术与海派文化的相互结合，张充仁纪念馆的西洋雕塑艺术更是诠释了海派文化对于外来文化的融合和提升。

旅游区域及进出条件：

七宝老街位于青年路以南、富强街以北、浴堂街和九曲弄以东、横沥路和镇企路以西的地区。交通便利，公交92路、196路、735路等多条线路以及轨道交通9号线等可到达。

保护与开发现状：

对外开放。七宝老街所在的七宝古镇2007年被上海市商务委员会命名为上海特色商业街。

七宝老街

七宝古镇历史文化风貌区

名称： 七宝古镇历史文化风貌区

编号： MH04

资源类型： FDC

单体资源等级： 4

行政位置： 七宝镇

地理位置： 31°09′16.02″N
121°20′59.58″E

性质与特征：

七宝古镇历史文化风貌区位于上海市西南郊，规划范围为七宝古镇及其周边区域，北至青年路，南至宝南路，东至横沥港，西至九曲弄、浴堂街和南街，总面积为16.37万平方米。

七宝古镇之名起源于人称"云间二陆"的晋代著名文学家陆机、陆云。陆氏后人曾建家祠于吴淞江畔之陆宝山，初名陆宝院，后更名陆宝庵。五代时，吴越王钱镠巡游驻陆宝庵，误以陆宝为六宝，赐金字《莲花经》一部，曰："此乃一宝也"，故改名七宝寺。后江水啮岸，三易其址于蒲汇塘之北。北宋大中祥符元年（1008年）赐额"七宝教寺"，七宝镇因此而得名。当时的七宝教寺有"郡东第一刹"之称，绿水环抱，红墙琉瓦，晨钟暮鼓，香烟缭绕，景色十分优美。方圆百里的香客信徒、文人雅士来寺烧香拜佛、吟诗作画，因此香火非常旺盛。七宝教寺外围逐渐形成集镇形态，元末明初已是"居民繁庶，商贾骈集，文儒辈出，盖邑之巨镇。"

七宝古镇是太湖流域典型的城中之镇，离上海市区很近。风貌区以七宝老街为中心，分布有七宝中心广场、钟楼广场、蒲溪广场、古戏院等文化场所。老街集休闲、旅游、购物于一体，分为南北两大部分，南大街以特色小吃为主，北大街以旅游工艺品、古玩、字画为主。因此，老街已成为繁华的街市。

七宝古镇历史文化风貌区街巷交错，优秀历史建筑众多，如七宝天主堂、斗姆阁、四面厅、解元厅等。斗姆阁和四面厅是七宝镇上难得的古建筑景观。斗姆阁在晚清曾是城隍庙戏楼。四面厅则似亭似榭似厅似堂，别具一格。七宝古镇历史文化风貌区留存有许多传统特色的民居和商业街市，集中体现了江南传统城镇的典型风貌。

旅游区域及进出条件：

七宝古镇历史文化风貌区位于七宝镇。交通便利，公交92路、196路、735

路等多条线路以及轨道交通 9 号线等可到达。

保护与开发现状：

对外开放。2005 年被上海市城市规划管理局（现上海市规划和国土资源管理局）划定为上海市郊区及浦东新区历史文化风貌区。七宝老街所在的七宝古镇 2007 年被上海市商务委员会命名为上海特色商业街。

名称：**锦江乐园**
编号：MH05
资源类型：FAB
单体资源等级：3
行政位置：梅陇镇虹梅路 201 号
地理位置：31°08′33.66″N
　　　　　121°24′21.90″E

性质与特征：

锦江乐园的园区面积为 10.3 万平方米，1985 年开业。

锦江乐园以经营大、中型参与性游乐项目为主，分成"陆上世界"和"水上世界"两大部分。"陆上世界"有 18 种大型游乐设施，包括单环滑车、单轨列车、木马游转、空战机、降落部队、空中转椅、莲花盘、脚踏单轨车、动物小车、碰碰车、惯性滑车、飞碟船、激光射击、UFO 转轮、高台变速滑道、摇滚滑道、45℃奔流冲浪滑板、按摩池。游客可以选择自己喜爱的项目参与，锻炼胆识和智慧，还可以放松心情。"水上世界"于 1992 年建成开放，由 11 组项目组成，适合不同年龄层次的游客游玩。近年来，锦江乐园先后引进了国际先进、国内一流的欢乐世界、峡谷漂流、探空飞梭、巨型摩天轮、超大型双层豪华旋转木马、溶洞飞车、摩托迪士高、4D 环幕影院等大型游乐项目，先后营建了喀斯特溶洞、古董相机楼、火山影剧院等特色景观，以其经典

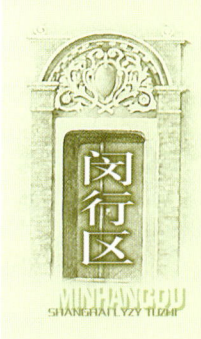

锦江乐园之一

锦江乐园之二

游艺项目和赏心悦目的园区环境获得游客的好评。

旅游区域及进出条件：

锦江乐园位于虹梅路。交通便利，公交 122 路、166 路、703 路等多条线路以及轨道交通 1 号线等可到达。

保护与开发现状：

对外开放。2008 年被全国旅游景区质量等级评定委员会评为国家 AAAA 级旅游景区。

名称：热带风暴水上乐园

编号：MH06

资源类型：FAB

单体资源等级：3

行政位置：七宝镇新镇路 78 号

地理位置：31°08′26.40″N
　　　　　121°21′58.44″E

性质与特征：

热带风暴水上乐园是上海地区的大型水上游乐园区，占地面积约 10 万平方米，20 世纪 90 年代初建成开放。

中心园区修建有湖泊、河流和沙滩等自然景观设施，并辅以欧美风情的建筑。园区内划分为南北两大游乐区，设有 30 多个嬉水项目，可同时容纳 8 000 多名游客。其中专为儿童设计的海盗船、欢乐水工厂、林屋探秘以及小恐龙滑梯等，充满了童趣。而梦幻北极和南部活动区是老少皆宜的娱乐设施。园区内最具特色的是霹雳河与风暴滩。霹雳河全长 1 200 米，其中要通过长达 75 米、充满恐怖气氛又惊险刺激的冰封隧道，还有一段巨浪汹涌的百慕大风暴，任凭巨浪把游客带去未知的地方，让游客成为漂流者。风暴滩中心海浪池为人工海浪池，占地面积超过 6 000 平方米，能造出 7 种不同的波浪，产生高达 1.2 米的海浪。

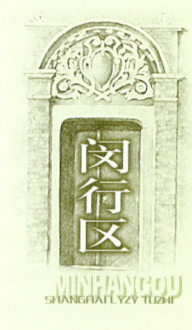

热带风暴水上乐园

在这里，还有清洁的人造沙滩供游客体验人与自然的融合，感受浪漫的海滨风情。另外，园区内还设有各类水上娱乐健身项目，如沙滩排球、水球等娱乐活动。

旅游区域及进出条件：

热带风暴水上乐园位于新镇路，邻近S20外环高速。公交173路、753路、803路等多条线路可到达。

保护与开发现状：

对外开放。

名称：闵行体育公园

编号： MH07

资源类型： FAD

单体资源等级： 3

行政位置： 七宝镇新镇路456号

地理位置： 31°08′43.56″N
121°21′44.82″E

性质与特征：

闵行体育公园是一家以体育为主题、集体育和休闲于一体的大型城市主题绿地，总面积80多万平方米，2004年建成开放。

闵行体育公园遵循"因地制宜，以人为本，回归自然，突出主题"的原则，打造了具有时代特征的生态型、人性化的空间环境。公园分为体育活动、自然休闲、生态保健活动三大自然功能区。公园内建有棚架长廊、大型假山盆景、猴山、荷花池、蘑菇亭、假山等，以高大乔木、四季花木和高低错落的绿篱分隔空间。公园西部建立活动区，公园东部设置土山、密林、草坪、花径、溪流、鱼池。公园东北部有总面积3 300平方米的规则式花坛群，坛中植各色月季。公园东部还建有一座猴馆，登上二楼平台可以观看猴山上的猴子。公园内活动区设置了碰碰车、小火车、电动车、海洋球、摇马、马拉车、高架飞机、赛车等儿童游乐设施。

旅游区域及进出条件：

闵行体育公园位于S20外环高速西侧，毗邻热带风暴水上乐园。交通便利，公交173路、753路、763路等多条线路以及轨道交通9号线等可到达。

保护与开发现状：

对外开放。2005年被上海市绿化和市容管理局评为上海市五星级公园。2012年被上海市科学技术委员会命名为上海市科普教育基地。

名称：浦江召楼老街历史文化风貌区

编号： MH08

资源类型： FDC

单体资源等级： 3

行政位置： 浦江镇革新村

地理位置： 31°04′21.11″N
121°31′25.80″E

性质与特征：

浦江召楼老街历史文化风貌区位于浦江镇境内，起源于元代，跨元、明、清3个朝代，是闵行区境内保存较好的古镇之一。召楼（又名召家楼、召稼楼）在元大德年间（1297～1307年）形成村落，明嘉

闵行体育公园

靖、万历年间（1522～1619年）兴起集镇。清光绪《南汇县志》称：召稼楼镇"跨王家浜为市，商店六七十家，居民约百余户，水道四通，航行称便。奚氏列第相望，书香不断，称望族焉。"现存梅园、礼耕堂、宁俭堂、道南桥等皆为古建筑或近现代的代表性建筑，骑马墙、荷花墙、白墙灰瓦等江南建筑元素在此一览无遗。召楼老街利用众多保存较为完好的名宅故居、传统街巷、古桥和河道，充分展现出原生态的江南水乡河街共生的风貌特征。"丁"字形的平西街、兴东街、保南街与纯佑街相向展开，波光粼粼的姚家浜、复兴港水道呈"十"字形逶迤展开。另外，召楼大曲、召楼羊肉、召楼拆蹄被称为"召楼三宝"。

旅游区域及进出条件：

浦江召楼老街历史文化风貌区位于革新村。公交175路、闵行10路、浦江8路等多条线路可到达。

保护与开发现状：

对外开放。2005年被上海市城市规划管理局（现上海市规划和国土资源管理局）划定为上海市郊区及浦东新区历史文化风貌区。2011年被全国旅游景区质量等级评定委员会评为国家AAA级旅游景区。

浦江召楼老街历史文化风貌区

名称：七宝教寺

编号： MH09

资源类型： FAC

单体资源等级： 3

行政位置： 七宝镇新镇路1205号

地理位置： 31°09′21.00″N
121°21′10.86″E

性质与特征：

七宝教寺又名陆宝祠、陆宝庵，始建于五代十国后晋时期。相传当初为纪念陆机、陆云兄弟（"云间二陆"）所建，五代吴越王钱镠游谒时误听为"六宝"，赐金字《莲花经》一部曰："此乃一宝也"，因此更名"七宝寺"。北宋大中祥符元年（1008年）

赐额"七宝教寺"。明万历十八年（1590年）所撰《重修七宝寺大雄宝殿碑记》为最早记载七宝教寺的文字记录。清同治元年（1862年）古刹毁于兵燹。今七宝教寺占地面积7 700平方米，2002年移址重建。

七宝教寺具有汉唐建筑风格，朴素肃穆，总体上分寺、园两部分。寺庙主要建筑有教寺桥、正山门、钟鼓楼、天王殿、大雄宝殿、经堂、法堂、藏经楼、六十星宿长廊、僧寮、宝塔等，整个寺庙庄严雄伟。园林建筑主要有牡丹花园、聚宝莲池。聚宝莲池汇聚了镇寺六宝铸铜雕塑。飞来佛铸铜佛像现已供奉在飞来佛殿，池周设"古风长廊"。寺院西设慧心花园，有听松亭、丰日亭、经幢台等。西南角为垒巇崖，包含河梁栈道、崖上桃红、孤山云台、弈林风云四景。所谓"七宝"，民间流传为飞来佛、余来钟、金字莲花经、神树、金鸡、玉斧、玉筷。

旅游区域及进出条件：

七宝教寺位于七宝镇，邻近蒲汇塘与北横泾交汇处。交通便利，公交173路、753路、763路等多条线路以及轨道交通9号线等可到达。

保护与开发现状：

对外开放。

名称：上海航宇科普中心

编号：MH10

资源类型：FAE

单体资源等级：3

行政位置：梅陇镇沪闵路7900号

地理位置：31°08′18.16″N
　　　　　121°24′06.65″E

性质与特征：

上海航宇科普中心是为青少年普及航空航天知识，激发他们热爱科学、培养他们勇于创新的科普教育园地，占地面积约1.2万平方米，创建于1989年。

上海航宇科普中心的室外停机坪占地面积1万平方米，陈列着曾用作毛泽东、周恩来专机的第一代喷气式客机DC-8、活

七宝教寺

塞式客机伊尔-14等9架飞行器。室内展厅"上海航空科普馆"为三层，约2000平方米，主要展示有关航空航天的实物、模型、实验装置、图文展板等，可容纳100余人的影视厅能观看三维立体动感影视。科普中心可以教授青少年制作飞机模型，组织他们参加放飞比赛。

旅游区域及进出条件：

上海航宇科普中心位于沪闵路，东邻锦江乐园，西邻莲花国际广场，北靠锦隆别墅，南近梅陇中学。交通便利，公交166路、704路、712路等多条线路以及轨道交通1号线等可到达。

保护与开发现状：

对外开放。2010年被中国科学技术协会认定为全国科普教育基地。2012年被上海市科学技术委员会命名为上海市科普教育基地。

名称：**张充仁纪念馆**

编号：MH11

资源类型：FDD

单体资源等级：3

行政位置：七宝镇北西街75号

地理位置：31°09′14.64″N
　　　　　121°20′57.06″E

性质与特征：

张充仁纪念馆是上海市文物管理委员会认定的"上海百家博物（纪念）馆"之一，占地面积800平方米，建筑面积600平方米，2003年开馆。

张充仁纪念馆为仿明清时期的江南建筑，设有艺坛起步、东方英才、画室生涯、雕塑春秋、晚霞绚烂、德艺留馨6个展室，陈列有张充仁各个时期的雕塑代表作31件、绘画精品39幅，还有140多幅生平照片以及他晚年使用的工作台、泥塑刀、画架等展品。张充仁（1907～1998年），上海人，1914年进入土山湾美术工场照相制版间，跟随爱尔兰籍导师学习素描及法文；1931年留学比利时，在布鲁塞尔皇家美术学院雕塑专业学习雕塑艺术；1935年毕业；1936年在上海举办归国展，开办"充仁画室"。张充仁历任之江大学教授、上海美术专科学校教授、中国美术家协会上海分会副秘书长、上海油画雕塑创作室主任，出版著作有《张充仁雕塑选》《张充仁水彩画选》等。

旅游区域及进出条件：

张充仁纪念馆位于北西街与北大街交界处，邻近七宝教寺。交通便利，公交92路、196路、735路等多条线路以及轨道交通9号线等可到达。

保护与开发现状：

对外开放。现为上海市爱国主义教育基地。

张充仁纪念馆

十尚坊休闲餐饮街

名称：十尚坊休闲餐饮街
编号：MH12
资源类型：FDB
单体资源等级：3
行政位置：古美路街道龙茗路
地理位置：31°04′34.32″N
　　　　　　121°32′40.92″E

性质与特征：

十尚坊休闲餐饮街位于龙茗路，南起平阳路，北至顾戴路，2005年开张营业。休闲餐饮街全长300米，总建筑面积1.8万平方米。

十尚坊休闲餐饮街具有鲜明的建筑设计风格、合理的业态规划、完善的经营管理制度，并以其创新的区域副商业中心的概念，以及具时尚特色的餐饮、便利的交通和区域影响力而成为上海地区的一条特色商业街。

原商业街商铺的建筑皆为仿江南古典建筑风格，既传统又保守，并与周边现代楼盘氛围不相谐调。后引入日本HMA建筑设计公司和上海景观工程建设有限公司作为整改设计顾问和园林设计团队，对原商业街的环境建筑和空间布局进行调整。改建后的商业街带有明显的"后现代简约主义"风格，外立面采用自然材料修饰，使用了大量木、砖、玻璃和铁板的建筑原料，又融合了国际流行元素的设计，使整个商业街充满了简约时尚的现代气息。经过资深设计师的整体精心规划设计，10幢形态不一的商业建筑形成了各具特色却又和谐统一的独特景观。商业街被特别注入了休闲园林的概念，拓宽后的人行道为消费者辟出了舒适而人性化的空间，精心布置了喷泉水景、林间小道等悠闲的园林小品，让人充分享受到自然气息所带来的与众不同的生活体验。

十尚坊以全新概念创造出区域商业新模式，即针对区域消费需求特点，着眼于休闲娱乐型消费模式的开发，成为集特色餐饮、零售、娱乐等诸元素，融休闲环境、时尚消费于一体的区域商业副中心和都市

休闲新景观。

旅游区域及进出条件：

十尚坊休闲餐饮街位于龙茗路，邻近顾戴路。公交732路、764路、803路等多条线路可到达。

保护与开发现状：

对外开放。2007年被上海市商务委员会命名为上海特色商业街。

名称：莘庄公园

编号： MH13

资源类型： FAD

单体资源等级： 3

行政位置： 莘庄镇莘浜路421号

地理位置： 31°06′18.42″N
121°22′07.20″E

性质与特征：

莘庄公园原是以种植果树、梅花为主的私家庭院（曾名莘野梅园、杨家花园），后经扩建，现占地面积近4万平方米。

莘庄公园以种植梅树为主，配植松、竹、柏、香樟等常绿树种。有梅树400余株，梅桩400余盘，品种30余种，其中双碧垂枝绿萼、素白台阁、粉红朱砂、绿萼等为梅中珍品。其主要景点为梅苑，可观赏花梅，由茶室、长廊、门楼、小溪围合而成，精美雅致；其他景点有荷花池、芙蓉潭等，皆楚楚动人。公园内古树名木和珍稀树种较多，如胸径50厘米的百年香樟、高达20米的大龙柏群等。公园内高达3.5米的朋寿石为明天顺年间（1457～1464年）所建的朋寿园中的假山主峰。

旅游区域及进出条件：

莘庄公园位于莘庄镇西南，东沿莘西路，北邻莘浜路。交通便利，公交91路、747路、闵行15路等多条线路以及轨道交通5号线等可到达。

保护与开发现状：

对外开放。2005年被上海市绿化和市容管理局评为上海市五星级公园。

名称：韩湘水博园

编号： MH14

资源类型： FAB

单体资源等级： 2

行政位置： 马桥镇江川西路3998号

地理位置： 31°08′21.36″N
121°22′56.46″E

莘庄公园

性质与特征：

韩湘水博园又名上海黄浦江水文化博物馆，是以文化展示、生态示范、休闲旅游和科普教育为主要功能的大型生态园区，规划面积140万平方米，2002年动工兴建。

韩湘水博园由古生态园区、古文化园区和乡村文化休闲区三部分组成。古生态园区以河道、古桥、古树、景观石、仿古建筑为主要构件，以古朴、自然、野趣为格调。古文化园区集中展示黄浦江水文化、马桥古文化及马桥历史文化名人，建有马桥古文化遗址仿真馆、董其昌画院等。乡村文化休闲区以现代农业观光、黄浦江岸农家生活及乡土文化展示、农家休闲娱乐为主要功能，设农业生态展示区、江岸村落展示馆、水生经济作物园区、果树种植区、垂钓区、购物休闲街、农家度假村、农业科技展示馆八大项目。

旅游区域及进出条件：

韩湘水博园位于江川路西端，南邻黄浦江上游取水口，北近仙鹤路。公交马桥1路可到达。

保护与开发现状：

对外开放。2009年被上海市农业委员会、上海市旅游局共同评为上海农业旅游推荐单位。

名称：**闵行公园**
编号：MH15
资源类型：FAD
单体资源等级：2
行政位置：江川路街道沪闵路249号
地理位置：31°02′53.64″N
　　　　　121°28′26.34″E

闵行公园

性质与特征：

闵行公园是综合性的公共绿地，占地面积6.08万平方米，1988年建成开放。

闵行公园以高大乔木、四季花木和高低错落的绿篱分隔空间。公园西部建活动区，有土山、密林、草坪、花径、溪流、鱼池以及青少年活动区。公园东北部有3 300平

韩湘水博园

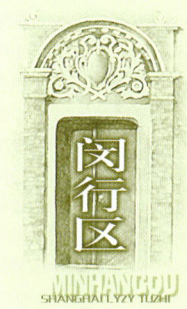

方米的月季花坛。公园东部建有猴馆等。公园内绿地面积占公园总面积的84%，植物配置疏密相间，形成20多块各具特色的绿化地带，有树木99种约1.35万株，乔木与灌木之比1：5.22，常绿树与落叶树之比1：0.27。

旅游区域及进出条件：

闵行公园东临北横泾，西靠沪闵路。交通便利，公交虹桥枢纽4路、江川1路、闵红线等多条线路以及轨道交通5号线等可到达。

保护与开发现状：

对外开放。2005年被上海市绿化和市容管理局评为上海市三星级公园。

名称：吴泾公园

编号：MH16

资源类型：FAD

单体资源等级：2

行政位置：吴泾镇剑川路2号

地理位置：31°00′18.42″N
　　　　　121°24′41.40″E

性质与特征：

吴泾公园1998年动工、建成并开放，占地面积4.5万平方米。

吴泾公园为自然式布局，小中见大。公园内有湖面4 800平方米，环湖置景，建有青枫亭、丛桂亭等建筑小品。湖内有小岛一座，以桥与道路相通。湖北面筑土丘，建有登山平台，可俯瞰公园全景。公园东部黄浦江畔有观江大道和花坛大道，大道中央建有大型叠水池和喷水池。公园东北部建有欧式弧形柱廊，廊后翠竹丛生，廊前有一块草坪，杜鹃、小檗、月季以及湖石点缀其中。

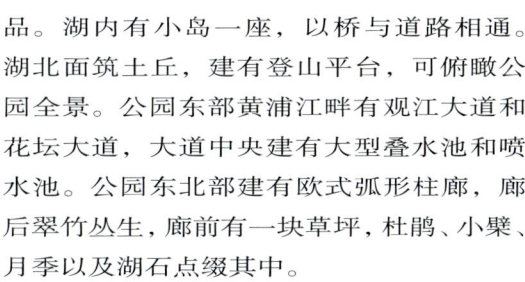

吴泾公园

旅游区域及进出条件：

吴泾公园东临黄浦江，南邻剑川路，北沿塘泗泾。公交闵行7路、闵行15路、闵吴线等多条线路可到达。

保护与开发现状：

对外开放。2008年被上海市绿化和市容管理局评为上海市三星级公园。

名称：**红园**

编号：MH17

资源类型：FAD

单体资源等级：2

行政位置：江川路街道江川路354号

地理位置：31°01′17.64″N

　　　　　121°22′58.74″E

性质与特征：

　　红园占地面积约4.08万平方米，其所在地原为上海汽轮机厂专用绿地，后经改建取名"小公园"。1960年正式开放，1962年改名为红园。

　　红园内大量种植红叶李、青枫、红枫、三角枫等红叶树种，依山傍水，聚散相成。湖中心南部的无名岛由三曲平桥与岸相连，山腰建有枫亭，水道上架有凌波桥，湖面上可以行船荡桨。红园内大树参天、绿荫蔽日，树木生长十分茂盛。园内划分为樱花烂漫、玉兰争艳、桂子飘香，以及水杉林、雪松林、棕榈林等植物景区。春有玉兰、海棠、樱花，夏有紫薇、夹竹桃，秋有红枫、桂花，冬有腊梅、梅花，一年四季景色优美；还植有国家二级保护植物金钱松。园内鸟类众多，生态极佳，还设有儿童乐园、老年活动中心等。

旅游区域及进出条件：

　　红园南临江川路，东邻红园路，西接瑞丽新村，北至宾川路。交通便利，公交闵行16路、闵马线、闵东线等多条线路以及轨道交通5号线等可到达。

保护与开发现状：

　　对外开放。2004年被上海市绿化和市容管理局评为上海市三星级公园。

名称：**老外街101**

编号：MH18

资源类型：FDB

单体资源等级：1

行政位置：虹桥镇虹梅路3338弄

地理位置：31°10′32.94″N

　　　　　121°20′29.88″E

红园

老外街101之一

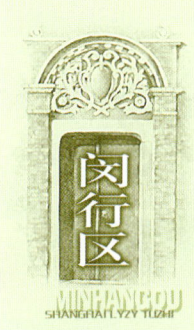

老外街101之二

性质与特征：

　　老外街101原名虹梅休闲街，长500米，宽16.9～22米，2002年建成开放。

　　老外街101采用欧陆风格设计，环境优美，道路蜿蜒曲折，街道两旁绿树葱茏，是一条闹中取静的休闲街。街区内有现代雕塑、喷泉、小山瀑布，各种名贵花卉、盆景及高大乔木遍布其中，集各式餐厅、酒吧、咖啡吧、会所、美容美发厅于一体。全街分为中餐区、异国风味区、酒吧茶座区、休闲娱乐区四大功能区。中餐区提供上海本帮菜、安徽菜、四川菜和西北地区的特色佳肴，异国风味区包括日式料理、韩式料理、印度料理、泰国料理以及西式餐点。

旅游区域及进出条件：

　　老外街101位于虹梅路与虹许路之间，北近延安西路，南邻华光路。交通便利，公交69路、700路、757路等多条线路以及轨道交通10号线等可到达。

保护与开发现状：

　　对外开放。2007年被上海市商务委员会命名为上海特色商业街。2012年被全国旅游景区质量等级评定委员会评为国家AAA级旅游景区。

名称：**华漕公园**

编号：MH19

资源类型：FAD

单体资源等级：1

行政位置：新虹街道东华美路5号

地理位置：31°00′13.92″N
　　　　　121°22′09.84″E

性质与特征：

　　华漕公园占地面积1.33万平方米，2000年建成开放。

　　华漕公园以中心广场、喷水池、欧式弧形柱廊为主景，池中装有五彩水下泛光灯，入夜时分五光十色，绚丽多彩。水体区域有音乐喷泉、小桥溪流、垂钓平台、观瀑桥、假山、瀑布，以及充满异国情调的卵石沙滩、棕榈树林等。绿地以乔木、灌木、草坪3个层次相结合。

旅游区域及进出条件：

　　华漕公园位于东华美路。公交74路、173路、836路等多条线路可到达。

保护与开发现状：

　　对外开放。

华漕公园

航华公园

名称：航华公园

编号：MH20

资源类型：FAD

单体资源等级：1

行政位置：新虹街道航新路600号

地理位置：31°09′58.68″N
　　　　　121°22′36.06″E

性质与特征：

　　航华公园总面积6万余平方米，于2000年4月开工，同年12月建成。

　　航华公园内有植物120余种，以雪松、香樟、桂花、刚竹、红枫等为主景，在植物配置上按春季、夏季、秋季、冬季的典型植物进行组合，形成四季怡人的景色。公园地形错落有致，建有假山、园亭、水榭、仿真岩石沙滩、汀步、廊架、水体、广场等，并配有一批健身器材。

旅游区域及进出条件：

　　航华公园位于G50沪渝高速以北，近虹桥国际机场。交通便利，公交173路、196路、776路等多条线路以及轨道交通10号线等可到达。

保护与开发现状：

　　对外开放。

名称：闵联生态公园

编号：MH21

资源类型：FAD

单体资源等级：1

行政位置：江川路街道东川路3366号

地理位置：31°03′31.56″N
　　　　　121°21′04.74″E

性质与特征：

　　闵联生态公园（又名闵行水生园）是一个大型公共绿地，占地面积40万平方米。2004年建成。

　　闵联生态公园按自然地形自北向南分成风格迥异的3块绿地。西洋园又名企业园；水生园以水生植物和湿地植物为主，散养鸭、鹅等，构成一幅动静相宜的风景画；农艺园里的闵联花市如同世外桃源，乳白

闵联生态公园

色的暖棚一座紧挨一座，透过玻璃可以看到里面是花团锦簇的美丽景象。

旅游区域及进出条件：

闵联生态公园位于闵行经济技术开发区，北邻剑川路，东近绿春路，西沿昆阳路。交通便利，公交江川1路、马桥1路等线路以及轨道交通5号线等可到达。

保护与开发现状：

对外开放。2007年被上海市绿化和市容管理局评为上海市二星级公园。

名称：**七宝天主堂**

编号：MH22

资源类型：FAC

单体资源等级：1

行政位置：七宝镇南街50号

地理位置：31°09′06.96″N
　　　　　121°21′04.14″E

性质与特征：

七宝天主堂是七宝地区重要的宗教活动场所。清康熙年间（1662～1722年）镇东的塘湾里（今红明村顾家塘）已是江南天主教的重要活动点之一。七宝天主堂始建于清同治五年（1866年），次年8月2日举行开堂典礼，至今历任本堂神父有36位。1917年，举办建堂五十年大庆；1947年，举办建堂八十年大庆，并进行了大修。1982年8月15日，重建后复堂。七宝天主堂为罗马式建筑，坐北朝南，占地面积约8 000平方米，教堂面积为649平方米，共七大间，并有唱经楼。全堂可容纳1 000余人，堂正门上有钟楼，高达30多米，内含金铜钟3只。

旅游区域及进出条件：

七宝天主堂位于七宝镇，邻近上海交通大学七宝校区。交通便利，公交196路、735路、七宝1路等多条线路以及轨道交通9号线等可到达。

保护与开发现状：

对外开放。2000年被闵行区人民政府列为闵行区文物保护单位。

七宝天主堂

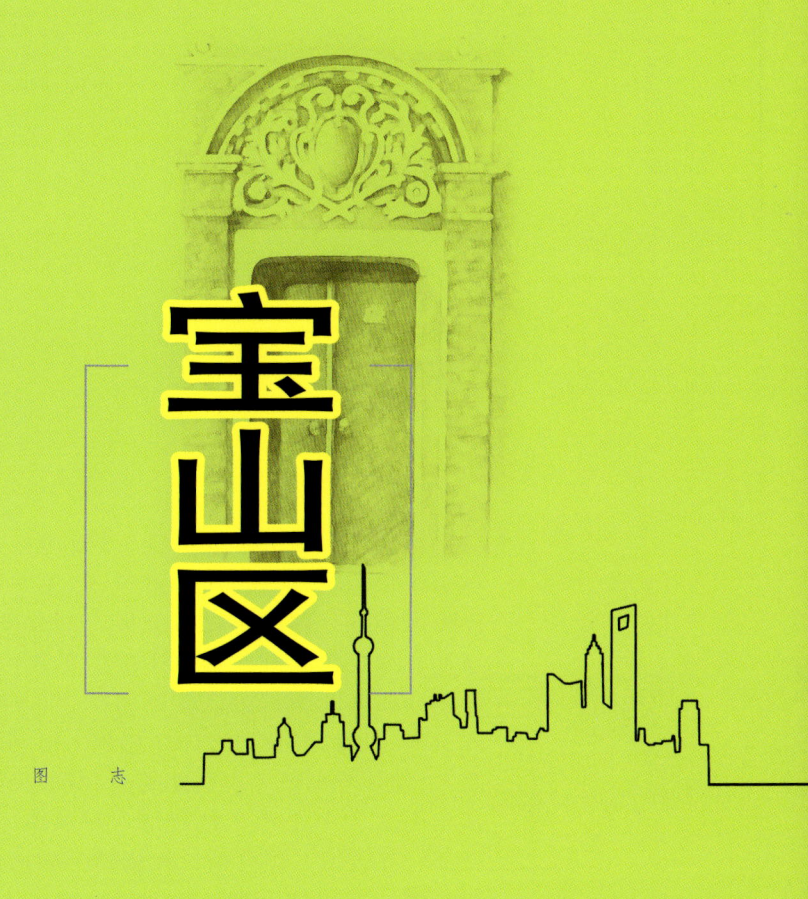

宝山区

上 海 旅 游 资 源 图 志

概况

宝山区位于上海市北部，东北濒长江，东临黄浦江，南与杨浦区、虹口区、闸北区、普陀区相连，西与嘉定区交界，西北隅与江苏省太仓市相邻，横贯中部的蕰藻浜将全区分成南北两部分。区域面积299.94平方千米。2012年度，宝山区户籍人口90.65万人，辖3个街道（友谊路街道、吴淞街道、张庙街道）、9个镇（杨行镇、月浦镇、罗泾镇、罗店镇、顾村镇、大场镇、庙行镇、淞南镇、高境镇）和1个园区（城市工业园区）。2012年度，全区实现增加值824.2亿元。其中，第一产业实现增加值2.97亿元，第二产业实现增加值355.45亿元，第三产业实现增加值465.78亿元，第一、第二、第三产业的结构比例为0.4∶43.1∶56.5。2012年度，各旅游景区接待游客612.71万人次，实现营业收入7 626.53万元；主要饭店（宾馆）实现营业收入5.83亿元；35家旅行社实现营业收入6.24亿元；组团出游29.93万人次。

宝山区境域自唐代起属昆山县，南宋嘉定十年（1217年），昆山县分出东境建立嘉定县，区境属嘉定县。清雍正二年（1724年），嘉定县分出东境依仁、守信、循义、乐智4乡所属的13个都的全部或部分建立新县，定名为宝山县。1912年后宝山县直隶江苏省。1958年1月，划归上海市管辖，8月，北郊区并入。1960年，上海市建立吴淞区，宝山县境内的吴淞镇及其附近地区以及新桥公社的部分地区归吴淞区。1988年1月，国务院批准撤销宝山县和吴淞区，组建成一个城乡结合的新区——宝山区。

宝山区的绿色环区步道，是连接宝山地区主要城镇、景观节点和景观轴线的绿色通道。宝山钢铁股份有限公司是上海首家全国工业旅游示范点。罗店龙船是民间文化艺术的瑰宝，被列为国家级非物质文化遗产。罗店新镇曾被评为中国著名小城镇、上海新城市景观生态城镇。美兰湖、北欧风情街、奥特莱斯购物广场、美兰湖高尔夫球场等，能满足人们休闲、度假、会务、购物等多重功能的需求。上海港吴淞客运中心拥有水陆客运交通、旅游景观、综合服务三大功能，是上海长江内河及海运的水上交通枢纽。吴淞口国际邮轮港是上海建设国际航运中心的功能性项目，也是上海建设国际邮轮母港的重要标志。

宝山区拥有轨道交通1号线、3号线、7号线，并相继建成南北高架路、逸仙高架路延伸段、S20外环高速等一批重要的市政道路，交通条件得到了很大的改善。

旅游资源列表

编号	名称	行政位置	资源类型	单体资源等级	地理位置
BS01	吴淞口国际邮轮港	友谊路街道宝杨路256号	FFC	5	31°24′07.70″N 121°29′54.49″E
BS02	上海淞沪抗战纪念馆	友谊路街道友谊路1号	FAE	5	31°24′40.80″N 121°29′25.86″E
BS03	环区生态步道	宝山区	FAD	5	31°21′39.58″N 121°21′15.88″E
BS04	罗店新镇	罗店镇沪太公路6655号	FDC	4	31°21′55.85″N 121°22′11.96″E
BS05	美兰湖高尔夫球场	罗店镇沪太公路6655号	FBD	4	31°24′14.10″N 121°21′35.58″E
BS06	宝山钢铁股份有限公司	月浦镇	FAF	4	31°23′25.97″N 121°29′35.96″E
BS07	上海宝山国际民间艺术博览馆	顾村镇沪太公路4788号	FAE	4	31°20′52.70″N 121°23′06.80″E
BS08	顾村公园	顾村镇沪太公路4788号	FAD	4	31°20′59.10″N 121°22′52.02″E
BS09	吴淞炮台湾湿地森林公园	宝山区塘后路206号	FAD	4	31°23′43.02″N 121°30′07.56″E
BS10	海军上海博览馆	吴淞街道塘后路68号	FAE	4	31°23′25.92″N 121°30′06.72″E
BS11	陈化成纪念馆	友谊路街道友谊路1号	FDD	4	31°24′41.52″N 121°29′19.68″E
BS12	陶行知纪念馆	大场镇武威东路76号	FDD	4	31°16′41.58″N 121°24′16.98″E
BS13	罗店古镇历史文化风貌区	罗店镇	FDC	4	31°24′51.06″N 121°20′20.28″E

续表

编号	名称	行政位置	资源类型	单体资源等级	地理位置
BS14	临江公园	友谊路街道友谊路1号	FAD	3	31°24′39.48″N 121°29′17.58″E
BS15	罗店龙船文化展示馆	罗店镇市一路199号	FAE	3	31°25′03.19″N 121°20′34.29″E
BS16	花神堂	罗店镇赵巷西街120号	FBB	3	31°24′59.86″N 121°20′25.97″E
BS17	罗店红十字纪念碑	罗店镇罗太路352弄15号	FCH	3	31°24′43.85″N 121°20′02.52″E
BS18	一·二八淞沪抗战无名英雄纪念碑	张庙街道共江路668号	FCH	3	31°19′54.53″N 121°26′58.78″E
BS19	太平禅寺	顾村镇富联路368号旁	FAC	3	31°21′27.42″N 121°24′19.92″E
BS20	淞沪铁路吴淞镇站旧址	吴淞街道淞兴路绿地	EBE	3	31°22′10.19″N 121°29′41.44″E
BS21	东方假日田园	罗店镇联杨路3888号	FAB	3	31°23′44.46″N 121°19′33.24″E
BS22	卫斯嘉闻道园	罗泾镇潘泾路2888号	FAB	3	31°26′23.64″N 121°21′13.20″E
BS23	宝山寺	罗店镇罗溪路518号	FAC	3	31°25′07.50″N 121°20′16.50″E
BS24	诺贝尔科技公园	罗店镇罗迎路299号	FAD	2	31°24′12.48″N 121°21′41.88″E
BS25	吴淞开埠纪念广场	吴淞街道淞浦路470号	FCI	2	31°24′39.48″N 121°29′17.58″E
BS26	永清公园	吴淞街道双城路234号	FAD	2	31°23′27.59″N 121°29′18.09″E

续表

编号	名称	行政位置	资源类型	单体资源等级	地理位置
BS27	永福庵	大场镇南陈路351弄2号	FAC	2	31°19′08.22″N 121°23′34.08″E
BS28	友谊公园	友谊路街道宝林路555号	FAD	2	31°24′05.46″N 121°28′35.28″E
BS29	基督教吴淞堂	友谊路街道宝杨路74号	FAC	2	31°24′03.08″N 121°30′02.15″E
BS30	百鼓陈列馆	月浦镇安家路3号	FAE	2	31°24′42.84″N 121°25′20.88″E
BS31	月浦公园	月浦镇龙镇路6号	FAD	2	31°25′31.32″N 121°25′42.84″E
BS32	上海战役月浦攻坚战纪念碑	月浦镇龙镇路6号	FCH	2	31°25′03.72″N 121°25′29.70″E
BS33	宝山烈士陵园	友谊路街道宝杨路599号	FEA	2	31°24′07.32″N 121°29′10.32″E
BS34	泗塘公园	张庙街道爱辉路710号	FAD	2	31°20′03.92″N 121°26′56.16″E
BS35	上海国际节能环保园	淞南镇长江西路101号	FAF	2	31°20′51.06″N 121°28′22.62″E
BS36	宝山气象科普馆	杨行镇友谊路1888号	FAE	2	31°23′06.94″N 121°25′21.80″E
BS37	汶水路动漫街	大场镇汶水路1668号	FDB	2	31°17′21.42″N 121°24′39.45″E
BS38	汽车梦工场	淞南镇逸仙路3718号	FAE	2	31°20′27.11″N 121°29′26.29″E
BS39	上海玻璃博物馆	淞南镇长江西路685号	FAE	2	31°19′56.99″N 121°26′37.56″E
BS40	上海智力产业园	庙行镇纪蕴路588号	FAZ	1	31°20′28.44″N 121°25′57.72″E
BS41	侵华日军罗泾大烧杀遇难同胞纪念碑	罗泾镇陈东路121号	FCH	1	31°24′32.52″N 121°25′25.84″E
BS42	罗溪公园	罗店镇市一路150号	FAD	1	31°25′12.45″N 121°20′47.83″E
BS43	大华行知公园	大场镇华灵路1688号	FAD	1	31°16′43.32″N 121°24′21.73″E

续表

编号	名称	行政位置	资源类型	单体资源等级	地理位置
BS44	上海动漫衍生产业园	大场镇上大路668号	FAZ	1	31°18′45.89″N 121°23′32.60″E
BS45	淞南公园	淞南镇淞发路528号	FAD	1	31°20′34.55″N 121°28′54.18″E
BS46	上海国际工业设计中心	淞南镇逸仙路3000号	FAF	1	31°20′55.24″N 121°29′46.98″E
BS47	创邑·幸福湾	友谊路街道同济路999号	FAZ	1	31°24′20.47″N 121°28′28.22″E
BS48	半岛1919	吴淞街道淞兴西路258号	FAZ	1	31°22′10.68″N 121°29′00.42″E

旅游资源单体

名称： 吴淞口国际邮轮港
编号： BS01
资源类型： FFC
单体资源等级： 5
行政位置： 友谊路街道宝杨路256号
地理位置： 31°24′07.70″N
　　　　　　121°29′54.49″E
性质与特征：

　　吴淞口国际邮轮港是上海国际航运中心建设的标志性工程。一期工程于2010年上海世博会举办前夕建成开港。

　　吴淞口国际邮轮港原为具有百年历史的吴淞码头，岸线总长1 500米。一期工程建2个大型邮轮泊位，岸线长度774米，同时可停泊一个10万吨级邮轮和一个20万吨级邮轮。二期工程将根据发展速度和实际需要改造建设另外2个邮轮码头泊位。码头上同步建设登船廊道、客运大楼和登船设备等。该码头综合通过能力为每年60.8万人次，能满足预期2015年每年56万人次的旅客通过能力的需求。陆上配套设施有5万平方米，可提供完善的口岸服务、候船、购物以及其他服务。同时，以邮轮组合港为核心的集水上旅游、航运服务、文化博览、生态景观等功能于一体的现代航运旅游服务业集聚区将呈现在吴淞口滨江10千米的景观带上。

吴淞口国际邮轮港

旅游区域及进出条件：

吴淞口国际邮轮港位于吴淞口北侧炮台湾防波堤水域岸线内，邻近临江公园。公交 51 路、508 路、728 路等多条线路可到达。

保护与开发现状：

对外开放。

名称：上海淞沪抗战纪念馆
编号：BS02
资源类型：FAE
单体资源等级：5
行政位置：友谊路街道友谊路 1 号
地理位置：31°24′40.80″N
　　　　　121°29′25.86″E

性质与特征：

上海淞沪抗战纪念馆是纪念一·二八、八一三两次淞沪抗战的专题性展示馆，主体建筑占地面积 5 100 平方米，建筑面积 3 490 平方米，2000 年落成开馆。

淞沪抗战包括一·二八和八一三两次中国军队对日作战。一·二八淞沪抗战又称一·二八事变，是指 1932 年 1 月 28 日至 3 月 3 日中国军队抗击侵华日军进犯上海的战斗。事件起因是九一八事变后，日本关东军为掩护炮制伪满洲国傀儡政府的阴谋，由关东军高级参谋板垣征四郎串通日本上海公使馆助理武官田中隆吉，蓄谋在上海制造事端。1932 年 1 月 18 日，田中隆吉与女间谍川岛芳子唆使日僧天崎启升等 5 人向中国三友实业社总厂的工人义

勇军投石挑衅，与工人发生互殴。田中操纵流氓汉奸乘机将2名日僧殴至重伤，日方传出其中1人死于医院。随即以此为借口，指使日侨青年同志会的一伙暴徒于19日深夜焚烧三友实业社，砍死砍伤3名中国警员。20日，又煽动千余名日侨集会游行，强烈要求日本总领事和海军陆战队出面干涉。日方随即向上海市当局施加压力，并以保护侨民为由加紧备战，从日本国内向上海调兵。28日晚上，日军突袭闸北区，第19路军奋起反抗，一·二八淞沪抗战爆发。中国军队在总指挥蒋光鼐、军长蔡廷锴指挥下英勇奋战，随后张治中率第5军加入。但因后续增援不足，淞沪守军腹背受敌，被迫退守嘉定、太仓一线。3月2日，日军攻占上海，3日，战事结束。

八一三淞沪抗战又称八一三事变，是指1937年8月13日至11月12日中国军队抗击侵华日军进攻上海的战役。1937年，日本侵略军制造七七事变，侵占平津后，企图侵占上海，而后进攻南京。8月9日，驻沪日本海军陆战队官兵两人驱车闯进虹桥机场进行武装挑衅，被中国保安部队击毙。日军以此为借口，要挟中国政府撤出上海保安部队。8月13日，日本海军陆战队以虹口区预设阵地为依托，向淞沪铁路天通庵站至横浜路的中国守军开枪挑衅，并在坦克掩护下沿宝山路进攻，被中国守军击退。尽管上海最后沦陷，但中国官兵在此期间同仇敌忾，斗志昂扬，以劣势装备与日本侵略军奋勇拼搏。上海人民以各种方式积极参加抗战，支援前线，粉碎了日本帝国主义速战速决的梦想。

上海淞沪抗战纪念馆主体建筑为纪念塔，用钢材、岩石、玻璃等现代建筑材料构成，塔高十二层，建筑高度53.6米。一层至三层是陈列区，陈列有抗日战争与上海、淞沪抗战史事撷英——血沃淞沪、抗战文化系列——张明曹抗战美术作品展、上海郊县人民抗日武装斗争图片展、侵华日军在上海的暴行等展览。四层以上为塔体，十一层为观景台，可俯瞰宝山城区、远眺长江口。纪念馆园林内分布有淞沪军民抵抗日军侵略雕塑、姚子青营抗日牺牲处纪念石、淞沪战场遗址纪念碑、陈化成（1842年，英军攻打吴淞炮台，陈化成率守军抵抗，壮烈牺牲）塑像、陈化成广场、陈化成纪念馆等。

旅游区域及进出条件：

上海淞沪抗战纪念馆位于两次淞沪抗战的主战场，近宝杨路码头。公交116路、160路、711路等多条线路可到达。

保护与开发现状：

对外开放。2000年被上海市人民政府命名为上海市青少年教育基地。现为上海市爱国主义教育基地。

名称：环区生态步道
编号： BS03
资源类型： FAD
单体资源等级： 5
行政位置： 宝山区
地理位置： 31°21′39.58″N
　　　　　　121°21′15.88″E

性质与特征：

环区生态步道是一条绿色生态步道，贯穿宝山区全境，规划全长约100千米，2005年，长约60.5千米的一期工程完成。二期工程穿越杨行镇、友谊路街道、吴淞街道、淞南镇、高境镇、张庙街道、庙行镇、大场镇8个镇和街道，全长约39.5千米。道路宽为2米，两侧绿带宽为20米，仅供游客漫步和骑车游览。环区生态步道将宝山区已建成的大型公园、绿地有机地衔接起来，巧借周边的自然河道、田野、村庄、道路绿带、大型公园等现有资源，融合成一个生机盎然、绿树成荫的绿色长廊。步道联系各处景点，将人文历史教育、科普宣传教育、体育运动、旅游休闲等诸多功能相结合，形成了宝山区新的城市亮点和旅游资源。

环区生态步道绿带以林为主，采用高

环区生态步道

大速生乔木和常绿乔木相结合的方式，突出春花秋景的韵味。林下配置八仙花、二月兰、鸢尾、玉簪等地被植物，局部地段配置了花境。绿带跨河处设置了小桥，临河建起了亲水平台，在人流集中处还设置了坐椅、指示牌、庭院灯、休憩亭、电话亭等，周边每个镇、街道都能欣赏到2～3处具有地方特色的小景，步道沿线处处展现出自然生态的河岸景色。

顾村段步道是环区生态步道的起点，全长约12.6千米，以蕰藻浜为起点，经顾村公园至中心河东侧，过沙浦往北直通至罗店镇交界处。顾村段以自然乡村风光为特色，沿途新建沙浦、秀水园、凌家宅等景点，供周边居民休闲、锻炼之用。罗店段步道长约16.8千米，从与顾村段交界处起，沿途经富张路、罗店新镇美兰湖、抚远路东侧至练祁河北侧，与潘泾相交，至石太路和罗泾段相接。罗店段沿途有罗店新镇、花神堂、宝山寺、东方假日田园和美兰湖风景区等观光旅游场所，增设了富仙阁，使游客能充分领略到金罗店无限风光的魅力。罗泾段步道长约17.5千米，从与罗店段交界起，经潘泾至大理港，再至潘泾路往北穿过白鹭公园，沿田间小道至蕰川路与月浦段相连，串联罗泾民俗博物馆、罗泾文化活动中心等具有历史意义的景点，丰富了环区生态步道的文化内涵。

沿途可参观宝山区的两大水库及罗泾涵养林等有特色的景点，给人一种心旷神怡的感觉。月浦段步道长约13.6千米，从与罗泾交界处开始，由蕰川路至月浦丰水梨园，出园后经盛桥中心绿地到高压走廊，至段泾阁后，经沈巷村到月浦镇中心，穿过G1501上海绕城高速与杨行段相连。月浦段以丰水梨园、段泾阁为中心，形成以农家乐旅游、果园文化为一体的"果家乐"模式，并且在步道中穿插一系列装饰小品，展示宝山区的钢铁文化。

旅游区域及进出条件：

环区生态步道贯穿宝山区全境。公交多条线路与环区生态步道衔接。

保护与开发现状：

对外开放。

名称：**罗店新镇**
编号：BS04
资源类型：FDC
单体资源等级：4
行政位置：罗店镇沪太公路6655号
地理位置：31°21′55.85″N
　　　　　121°22′11.96″E

性质与特征：

罗店新镇是上海规划新建的现代化中心镇之一，规划总面积680万平方米，其中特色风貌区120万平方米，生态林区

340万平方米。

罗店新镇依林而建，仿瑞典式风格。人们临水而居，城在林中，城在水中，林、城、水相间，组成了优美的生态系统，体现了北欧瑞典小镇的自然风貌、建筑特色和人文环境等特征。走进镇区，仿佛进入安徒生的童话世界里，美兰湖水波浩淼，咖啡馆、时装店、饰品坊、画廊等散落在街区的角落。主要景点有美兰湖、北欧风情街、市民广场、文化广场、商务广场、奥特莱斯购物广场、美兰湖国际会议中心、诺贝尔科技公园、高尔夫球场、高尔夫俱乐部、高尔夫宾馆等。居住区则以二层至五层公寓、联排或独立别墅为主。

旅游区域及进出条件：

罗店新镇位于罗店镇，东至潘泾，南至杨南路，西至沪太公路，北至月罗公路。交通便利，公交963路、宝山16路、北罗专线等多条线路以及轨道交通7号线等可到达。

保护与开发现状：

对外开放。

名称：**美兰湖高尔夫球场**
编号：BS05
资源类型：FBD
单体资源等级：4
行政位置：罗店镇沪太公路6655号
地理位置：31°24′14.10″N
　　　　　121°21′35.58″E

性质与特征：

美兰湖高尔夫球场是一个以自然生态景观为主题来设计的会员制高尔夫球场，传承了苏格兰特色的布局，占地面积226万平方米，2004年开始营业。

美兰湖高尔夫球场地理位置优越，环境宜人。东、南、北三面有两片高尔夫球场，球洞36洞。"南湖泊"18洞球场传承了苏格兰大波浪、大起伏、大湖泊的地域特色；"北森林"18洞球场配植了大面积乔木，展现出河道绵延、林地起伏的生态景观。球场设有水处理工程、雷电侦测预警系统以及虹吸式排水系统等现代化设施。

旅游区域及进出条件：

美兰湖高尔夫球场位于美兰湖畔，邻

罗店新镇

宝山钢铁股份有限公司

近诺贝尔科技公园。交通便利，公交963路、宝山4路、上浏线等多条线路以及轨道交通7号线等可到达。

保护与开发现状：

对外开放。现为国际自然生态协会认证的会员制球场。

名称：宝山钢铁股份有限公司

编号：BS06

资源类型：FAF

单体资源等级：4

行政位置：月浦镇

地理位置：31°23′25.97″N
　　　　　121°29′35.96″E

性质与特征：

宝山钢铁股份有限公司（简称宝钢）是我国现代化程度较高的特大型钢铁联合企业，1978年动工兴建。

宝钢工业游集钢铁制品生产、科普教育、参观学习等功能于一体，设有钢铁是怎样炼成的、走绿色画廊宝钢生态之路、走宝钢创新发展之路3条主题旅游线路，主要景点有展示厅、观光厅、群牛雕塑、金手指、生态园等。高耸入云的世界级高炉钢水奔流、蔚为壮观，还有先进的连铸、热轧、冷轧等技术的宣传和介绍。厂区内交通道口寓意深远的现代雕塑随处可见，充分展示了宝钢作为世界钢铁巨子的生动形象。厂区内环境优美，有乔灌木约600种，绿化覆盖率近40%，体现了宝钢注重生态环保和可持续发展的现代理念。

旅游区域及进出条件：

宝山钢铁股份有限公司位于月浦镇，东濒长江。交通便利，公交711路、宝山8路、

美兰湖高尔夫球场

淞嘉线等多条线路以及轨道交通3号线等可到达。

保护与开发现状：

对外开放。2004年被国家旅游局命名为全国工业旅游示范点。现为上海市爱国主义教育基地。

名称：**上海宝山国际民间艺术博览馆**
编号：BS07
资源类型：FAE
单体资源等级：4
行政位置：顾村镇沪太公路4788号
地理位置：31°20′52.70″N
　　　　　121°23′06.80″E

性质与特征：

上海宝山国际民间艺术博览馆是一家融收藏、展示、研究、保护为一体的世界非物质文化遗产展示馆，建筑面积13 860平方米，2010年建成开馆。

上海宝山国际民间艺术博览馆以"中国结"这一民间文化形象为设计理念，整体布局浑然一体。博览馆为两层建筑，一层设8个展厅，序厅主要展示宝山罗店龙舟和本区的传统民间文化元素。海上宝山厅设有4个单元，龙舟竞渡单元生动地展现了龙舟文化历史与上海宝山龙舟节的热闹竞赛场景；万家灯火单元清晰地勾勒出宝山民间彩灯艺术的发展历程；说唱宝山单元介绍了深植于宝山本土的民间娱乐、说唱等地方特色文化；缤纷艺术节单元精心装点了六届宝山国际民间艺术节的美好画卷。中国厅展示了中国传统的饮食文化和精湛的制作工艺。

旅游区域及进出条件：

上海宝山国际民间艺术博览馆位于顾

上海宝山国际民间艺术博览馆

顾村公园

村公园。交通便利，公交 527 路、528 路、嘉泰线等多条线路以及轨道交通 7 号线等可到达。

保护与开发现状：

对外开放。2012 年被上海市科学技术委员会命名为上海市科普教育基地。

名称：顾村公园

编号： BS08

资源类型： FAD

单体资源等级： 4

行政位置： 顾村镇沪太公路 4788 号

地理位置： 31°20′59.10″N
121°22′52.02″E

性质与特征：

顾村公园是上海地区的一座大型生态公园，规划总用地面积 434.5 万平方米，一期占地面积 180 万平方米，2007 年底开工，2009 年建成开园。

顾村公园分为三大功能区、12 个主题区域。拓展活动区有各种水上、场地的拓展活动；休闲活动区有迷你高尔夫、老年人门球、滑草活动等；农艺体验区建有多幢风情木屋来吸引周末游客小住。园内丘峦起伏、小桥流水、亭台楼阁、栈桥码头，河面荷花玉立，树下、溪边、坡上、石旁、草地上地被植物的枝、叶、花、果高低起伏，姹紫嫣红。顾村公园将原有的城市支

路作为公园主干道，允许游客驾车直接进入公园内各个功能区。二期规划用地面积约 250 万平方米，浏中湖景区辟 10 万平方米湖面和沿岸森林湿地，养身区建 6.6 万平方米的"百草园"和"养身园"，农艺体验区，可以举办农家乐活动。

旅游区域及进出条件：

顾村公园北沿沙浦，南至蕰藻浜，东抵沪太公路，西达陈广路。交通便利，公交 527 路、528 路、宝山 3 路等多条线路以及轨道交通 7 号线等可到达。

保护与开发现状：

对外开放。2012 年被上海市科学技术委员会命名为上海市科普教育基地。

名称：**吴淞炮台湾湿地森林公园**
编号：BS09
资源类型：FAD
单体资源等级：4
行政位置：宝山区塘后路206号
地理位置：31°23′43.02″N
　　　　　121°30′07.56″E

性质与特征：

吴淞炮台湾湿地森林公园简称炮台湾公园，是一个建于长江滩涂地上具备科普教育、休闲娱乐、观光旅游功能的综合性公园，陆地面积60万平方米，原生态湿地面积50万平方米，2007年建成开放。

吴淞炮台湾湿地森林公园沿江岸线分布，清政府曾在此建水师炮台，故名"炮台湾"，今存有民族英雄陈化成当年抗击英军的前沿阵地"吴淞西炮台遗址"。吴淞炮台湾湿地森林公园秉持"环境更新、生态恢复、文化重建"的设计理念，利用长江滩涂原生态风貌辟为四大景区：森林休闲观光区、谷地生态走廊区、荒漠景观区、滨水湿地景观区。沿着蜿蜒的栈道步行，滨江湿地、滩涂尽收眼底。二期工程于2011年完工，现已开放，增添了休闲、文化、军事、历史等板块，新建长江河口科技馆、贝壳剧场、矿坑花园、木兰雅苑等系列景点，因而具备文化展示、休闲娱乐、科普教育等多种功能。

旅游区域及进出条件：

吴淞炮台湾湿地森林公园东临长江，西倚炮台山，南迄塘后支路，北至宝杨路。公交719路、宝山7路、永罗线等多条线路可到达。

保护与开发现状：

对外开放。吴淞炮台遗址1992年被上海市人民政府列为上海市纪念地点。吴淞炮台湾湿地森林公园2007年获中国人居环境范例奖；2012年被上海市科学技术委员会命名为上海市科普教育基地。

名称：**海军上海博览馆**
编号：BS10
资源类型：FAE
单体资源等级：4
行政位置：吴淞街道塘后路68号
地理位置：31°23′25.92″N
　　　　　121°30′06.72″E

性质与特征：

海军上海博览馆是在"长江"舰纪念

吴淞炮台海湿地森林公园

海军上海博览馆

古代海军与近代海军发展史展、东海舰队简史展、海洋奇观珍品展、世界海军装备舰模航模展、海洋科学知识展等，通过图片、文字及实物等展示方式，对参观者进行爱国主义教育。

旅游区域及进出条件：

海军上海博览馆位于吴淞军港，邻近吴淞炮台湾湿地森林公园和海江新村。公交 90 路、宝山 7 路、宝山 11 路等多条线路可到达。

保护与开发现状：

对外开放。2001 年被中共中央宣传部命名为全国爱国主义教育示范基地。2012 年被上海市科学技术委员会命名为上海市科普教育基地。现为上海市爱国主义教育基地。

名称：陈化成纪念馆
编号：BS11
资源类型：FDD
单体资源等级：4
行政位置：友谊路街道友谊路 1 号
地理位置：31°24′41.52″N
　　　　　121°29′19.68″E

性质与特征：

陈化成纪念馆为第一次鸦片战争期间在吴淞炮台率部抗英而殉国的江南提督陈化成的纪念场所，位于临江公园西北，原为宝山孔庙大成殿，建筑面积 320 平方米。宝山孔庙始建于清乾隆十二年（1747 年），大成殿两侧有东、西庑及崇圣祠，南为丁东门，左右翼房为名宦祠、乡贤祠，前有棂星门，东西建有"德配天地"、"道冠古今"两座坊。清乾隆四十一年（1776 年）台风海溢，多数建筑倾圮。清乾隆五十年（1785 年）、清道光二十一年（1841 年）重修。1925~1926 年因驻扎军队而损坏严重。八一三事变之后，仅残留大成殿。1956 年和 1960 年曾两度修缮，文革中又遭到很大破坏。1991 年大修后作为陈化成纪念馆，由赵朴初题写馆名。1992 年建成开馆。

馆（1953 年，毛泽东首次视察海军舰艇部队时乘坐的军舰）基础上扩建而成的，占地面积 1.8 万平方米，展示面积 8 000 平方米，1992 年落成开馆。

海军上海博览馆设有海军历史馆、海军兵器馆、海洋珍奇贝壳馆、海洋科普与海洋艺术馆、轻武器实弹射击馆、宝山海军少年军校以及室外展区。展馆设有中国陈化成（1776～1842年）是鸦片战争时期守卫吴淞的抗英著名将领，福建同安县（今属厦门市）人，出身行伍，习水性，精武艺，累迁至总兵。清道光十年（1830年）晋福建水师提督，驻守厦门，多次率水师战船缉拿、驱逐英国等鸦片武装走私船。清道光二十年（1840年）初，陈化成调任江南水陆提督；不久，闻英国侵略军进犯定海，急赴江苏最重要之海口吴淞，积极备战，先后调集清军4 000余名，调配各型火炮250余门，并沿黄浦江口西岸修筑防御阵地"土城"达5 000米，上筑火炮掩体"土牛"，加固东西炮台。清道光二十二年（1842年）6月，英军入长江口。16日，吴淞之战爆发，英军以军舰7艘、轮船5艘及陆军两个团，分攻东、西土塘及江面清军船只。陈化成不畏强敌，拒绝两江总督牛鉴的议和主张，率军坚守6个昼夜，击伤英舰多艘，毙伤英军士兵500余人。在西炮台遭英军水陆夹击、守军相继溃退之时，陈化成仍率数十亲兵坚守阵地，最后被炮弹击中，英勇捐躯，吴淞要塞也随之失守。

陈化成纪念馆以大成殿为馆舍，充分利用原有古建筑的高度和深度，将展厅设计为两层，分少年从军、历著战功、临危受命、血洒宝山，民族英雄、名垂史册这3个部分翔实地展示了我国近代史上著名的民族英雄陈化成一生的事迹，并陈列有当年鸦片烟馆、吴淞炮台的模型，还有当年吴淞炮台的铁炮。炮身刻有"平夷靖寇将军兵部尚书两江总督牛鉴、兵部侍郎江苏巡抚梁章年、提督江南全省军门陈化成督造"等字样。此外，还有清朝一品武官胄甲、道光亲题"提督忠臣"金匾等珍贵文物。

旅游区域及进出条件：

陈化成纪念馆位于临江公园，邻近宝杨路码头。公交116路、160路等多条线路可到达。

保护与开发现状：

对外开放。宝山孔庙大成殿1990年被宝山区人民政府列为宝山区文物保护单位；2002年被上海市人民政府列为上海市文物保护单位。陈化成纪念馆现为上海市爱国主义教育基地。

名称：陶行知纪念馆
编号： BS12
资源类型： FDD
单体资源等级： 4
行政位置： 大场镇武威东路76号
地理位置： 31°16′41.58″N
121°24′16.98″E

性质与特征：

陶行知纪念馆占地面积约3 600平方米，建筑面积1 600平方米，1986年在山海工学团旧址附近建馆，2002年迁入今址。陶行知纪念馆由一组具有徽州民居和苏州园林特色的建筑组成，园内环境幽雅，景色宜人。400平方米湖面居中，曲廊小桥、亭榭楼阁环绕。陈列厅展示陶行知遗著、遗物、图片300多件，较为完整地反映了伟大的人民教育家陶行知的一生，还设有多功能影视厅、陈鹤琴纪念室、阅览室、资料室、文物保管室、教室、茶室等。

陶行知（1891～1946年）是我国伟

陈化成纪念馆

陶行知纪念馆

大的人民教育家。1914年留学美国，师从杜威。1917年回国，任南京高等师范学校教务主任、中华教育改进社总干事等职，推动平民教育运动。1945年加入中国民主同盟，当选为中央常委，兼教育委员会主任委员。陶行知的教育活动是在当时民族危亡、国难当头的社会环境中进行的，因此他的教育实践是与民主爱国的活动相伴而行的。早年他曾投身于辛亥革命，九一八事变、一·二八事变后，陶行知积极从事抗日救亡运动，参与发起上海文化界救国会，组织国难教育社等。陶行知积极推动平民教育运动，最早注意到乡村教育的问题。1926年，陶行知起草发表了《中华教育改进社改造全国乡村教育宣言》。1927年创办晓庄学校，1932年创办生活教育社及山海工学团等，为社会培育了大批有用的人才。陶行知还积极宣传生活教育，提倡"教学做合一"及小先生制，要求教育与实际结合，为人民大众服务。陶行知提出了"生活即教育"、"社会即学校"、"教学做合一"三大主张。1946年7月25日陶行知病逝于上海，终年55岁。现存有《陶行知全集》11卷500万字。

旅游区域及进出条件：

陶行知纪念馆位于大华行知公园。公交78路、159路、510路等多条线路可到达。

保护与开发现状：

对外开放。现为上海市爱国主义教育基地。

名称：罗店古镇历史文化风貌区
编号： BS13
资源类型： FDC
单体资源等级： 4
行政位置： 罗店镇
地理位置： 31°24′51.06″N
121°20′20.28″E

性质与特征：

罗店古镇历史文化风貌区始建于元至元年间（1264～1294年），距今已有700多年的历史。

罗店古镇历史文化风貌区整体上保存了繁盛时期"三湾、九街、十八弄"的街河格局和传统江南水乡民居的建筑风格。罗店西临嘉定，北达浏河，南抵大场，东至吴淞，水陆交通发达，经济繁荣，是上海地区的历史名镇，史上有"金罗店、银南翔、铜江湾、铁大场"之称。镇区内目前仍保留着古街、古桥、古寺等一批价值比较高的古文化资源，如大通桥（大石桥）、丰德桥（张家桥）、来龙桥等是有着几百年历史的石拱桥，明清时期所建的梵王宫、布长街等至今仍保存完好。

旅游区域及进出条件：

罗店古镇历史文化风貌区位于练祁河以南，西至罗太路，东抵罗溪路，南达月罗路以北河道。交通便利，公交963路、宝山21路、永罗线等多条线路以及轨道交通7号线等可到达。

保护与开发现状：

对外开放。2005年被上海市城市规划管理局（现上海市规划和国土资源管理局）划定为上海市郊区及浦东新区历史文化风貌区。

罗店古镇历史文化风貌区

临江公园

名称：**临江公园**

编号：BS14

资源类型：FAD

单体资源等级：3

行政位置：友谊路街道友谊路1号

地理位置：31°24′39.48″N
　　　　　　121°29′17.58″E

性质与特征：

临江公园曾名共青公园、友谊公园，其所在地原为孔庙旧址。1956年3月，中国新民主主义青年团宝山县委向宝山县和上海市北郊区的团员、青年提出倡议，进行义务劳动，在孔庙旧址一带建造共青公园。1956年公园建成后定名为友谊公园。1962年10月更名为临江公园。

临江公园以山水造景为主，水面碧波荡漾，湖中怪石嶙峋，山间绿树环抱。临江公园内廊榭掩映，为江南古典园林式风格。江堤与望江楼位于公园东部。江堤长约170米，混凝土结构，坚固宽阔。望江楼在江堤中部，建在一个与江堤等高的平台上，占地341平方米，建筑面积547平方米。望江楼为三层仿古建筑，高19.38米，为混合式结构。楼内朱红梁柱，花格门帘，楼下四周有回廊，廊外为平台。楼南侧种植少量棕榈和成丛孝顺竹，并有大片草坪。从楼上向东远望，水天相连，崇明岛、长兴岛隐约可见。城墙遗址和水关古迹位于公园中部南面，近护城河。宝山县城墙建于明嘉靖十六年（1537年），屡经战乱和潮灾，仅剩残垣断壁，现留有36米长的一段残垣，形如土堤，上植树木。其西即为水关古迹，跨河而筑，拱形石结构，东西坐向，跨径2.7米，由20块长1～2米的花岗条石砌成。北侧两端各立一根槽石，插木板作闸门，用来调节水位。

公园内还有上海淞沪抗战纪念馆、陈化成纪念馆、宝山孔庙大成殿、姚子青营抗日牺牲处纪念石等。

公园内乔木主要有雪松、红枫、龙柏、广玉兰、香樟等。公园南部及北部邻接居民区，主要种植女贞、黑松、香樟等常绿乔木，配植樱花、桃花、梅花等树木。公园东部临河植水杉、夹竹桃、龙柏、香樟等树木。望江楼南北两侧植香樟、棕榈、孝顺竹、悬铃木、红叶李等。公园内主干道以悬铃木、合欢、香樟作行道树。在绿地和路边为丛植、群植或孤植，以组成景观，还有遮荫作用。湖东侧散植垂柳，沿岸还植有结香、丁香、棕榈等。

旅游区域及进出条件：

临江公园位于友谊路东林路口，近宝杨路码头。公交116路、160路、508路等多条线路可到达。

保护与开发现状：

对外开放。2008年被上海市绿化和市容管理局评为上海市三星级公园。

名称：**罗店龙船文化展示馆**

编号：BS15

资源类型：FAE

单体资源等级：3

行政位置：罗店镇市一路199号

地理位置：31°25′03.19″N
　　　　　　121°20′34.29″E

罗店龙船文化展示馆

性质与特征：

罗店龙船文化展示馆为宝山罗店民间龙船文化的专题性展示馆，占地面积400平方米，2006年建成开馆。

罗店龙船文化展示馆陈列了多种龙船，其中的罗店龙船色彩鲜艳，船体木制，总长6米，最宽处1.8米，龙之口、舌、齿、目、耳、鼻、角、须等制作俱全，嘴里含银色明珠，昂首翘尾。此外，还有珠光宝气的北京颐和园龙船、通体洁白的广州骨雕龙船、彩釉温润的景德镇瓷器龙船，以及世界各地的龙船模型。馆内展示了罗店古镇各种民间节庆活动的盛景。罗店龙船文化源于端午节龙船竞渡的民间习俗，始于明，盛于清。

旅游区域及进出条件：

罗店龙船文化展示馆位于市一路罗溪路口，邻近罗溪公园及罗店镇市民广场。公交963路、永罗线、淞嘉线等多条线路可到达。

保护与开发现状：

对外开放。罗店龙船2007年被上海市人民政府列为上海市非物质文化遗产。

名称：**花神堂**
编号：BS16
资源类型：FBB
单体资源等级：3
行政位置：罗店镇赵巷西街120号
地理位置：31°24′59.86″N
　　　　　121°20′25.97″E

性质与特征：

花神堂是罗店古镇祭祀棉花神并用于沟通商情、吟诗论文的历史建筑，始建于明天启年间（1621～1627年），清光绪十三年（1887年）重建，2005年在旧址再建。

花神堂为砖木结构，正厅高敞宽广，

花神堂

前厅有两柱，南有拱廊，重檐高耸，梁上有雕花盘龙图案，窗棂古朴雅致，花神身披鲜红锦缎端坐上方。正门上匾额写着"花业公所"，里面写着"万花主宰"，两侧有砖雕。明清之际的罗店是产棉区，当时罗店的棉花、纱、布畅销苏、浙、皖地区，棉花在当地被视作万花之神。农历二月二十日是花神诞辰日，罗店人聚会花神堂祈求花神保佑百业昌盛。

旅游区域及进出条件：

花神堂位于罗店镇，邻近宝山寺。公交963路、宝山16路、宝山84路等多条线路可到达。

保护与开发现状：

对外开放。

名称：罗店红十字纪念碑

编号：BS17

资源类型：FCH

单体资源等级：3

行政位置：罗店镇罗太路352弄15号

地理位置：31°24′43.85″N
　　　　　121°20′02.52″E

性质与特征：

罗店红十字纪念碑上刻有"中华民国红十字总会上海分会第一救护队抗战殉难烈士纪念碑"，1946年落成，1981年移至罗店中学（现为陈伯吹中学）校园内重建，1985年西移15米（今址）重建，占地面积196平方米，2000年修缮。

罗店红十字纪念碑以旧碑为蓝本修复，混凝土结构，碑高8.35米，碑顶有红十字会会徽。碑体呈上小下大方柱形，上部镶嵌4位烈士瓷像，下部镌刻碑文。1937年8月23日，中国红十字会上海分会第一救护队副队长苏克己及队员谢惠贤、刘中武、陈秀芳等为救护在对日空战中负伤的飞行员苑金函时惨遭日军杀害。1946年8月13日在烈士殉难处立碑纪念。

旅游区域及进出条件：

罗店红十字纪念碑位于陈伯吹中学校园内，邻近罗店龙船文化展示馆。公交宝山21路、嘉店线、北罗专线等多条线路可到达。

保护与开发现状：

对外开放。1984年被上海市人民政府列为上海市文物保护单位。

罗店红十字纪念碑

名称：一·二八淞沪抗战无名英雄纪念碑

编号：BS18

资源类型：FCH

单体资源等级：3

行政位置：张庙街道共江路668号

地理位置：31°19′54.53″N
　　　　　121°26′58.78″E

性质与特征：

一·二八淞沪抗战无名英雄纪念碑是为1932年1月28日在淞沪抗战庙行战役中阵亡的3 000名无名烈士建陵时所修建的墓碑，始建于1936年。1937年八一三淞沪战争后被日军炸毁。1998年移入泗塘

一·二八淞沪抗战无名英雄纪念碑

第二中学重建纪念碑。

一·二八淞沪抗战无名英雄纪念碑原为梯形结构，高10余米，正面用金山石堆砌，两侧和背面用人造石块垒砌。陵墓中央置石椁，陵墓正门上方为镶嵌有"义薄云天"四个字的匾。墓体基部有三层平台，设栏杆围护。墓前有石桥，墓周有围墙，墙上有云纹状装饰图案。1988年新建一·二八淞沪抗战无名英雄纪念碑，占地面积484平方米，长方形碑体高2米，长4米，为断墙残垣状，背刻"义薄云天"四个字。

旅游区域及进出条件：

一·二八淞沪抗战无名英雄纪念碑位于泗塘第二中学校园内。公交159路、172路、749路等多条线路可到达。

保护与开发现状：

对外开放。1984年被上海市人民政府列为上海市文物保护单位。

名称： 太平禅寺
编号： BS19
资源类型： FAC
单体资源等级： 3
行政位置： 顾村镇富联路368号旁
地理位置： 31°21′27.42″N
121°24′19.92″E

性质与特征：

太平禅寺始建于清乾隆年间（1736～1795年），原供奉太平老爷，遂得名。太平禅寺占地面积7 000平方米，建有天王殿、大雄宝殿、三圣殿、太平老爷殿等，建筑面积2 000平方米。重建后的大雄宝殿为明清建筑风格，建筑面积864平方米，高18米。大雄宝殿内供奉的十八罗汉像与海岛浮雕别具特色，十八罗汉像的人物造型栩栩如生。太平禅寺内还有天王殿、钟楼、鼓楼、金刚殿、地藏殿、伽蓝殿、玉佛殿、千手观音殿、弥陀殿、三圣殿、功德堂、阅经室、石经幢和僧寮等。

旅游区域及进出条件：

太平禅寺位于顾村镇富联路368号诗乡顾村文化广场旁。公交宝山1路、宝山3路等多条线路可到达。

保护与开发现状：

对外开放。

太平禅寺

淞沪铁路吴淞镇站旧址

名称：淞沪铁路吴淞镇站旧址

编号：BS20

资源类型：EBE

单体资源等级：3

行政位置：吴淞街道淞兴路绿地

地理位置：31°22′10.19″N
121°29′41.44″E

性质与特征：

淞沪铁路吴淞镇站旧址是为纪念中国第一条商用铁路淞沪铁路而修建的。2006年在原淞沪铁路吴淞镇站按原貌重建。该旧址由火车头实物模型和图文陈列室两部分组成。在硕大的玻璃房内陈列着从原上海钢铁五厂"退役"的最后一列旧式燃煤机车的车头。另一侧的图文陈列室被设计成火车站月台、木板房式候车室、站牌和木栅栏等的结合体，构成20世纪30～40年代铁路小站的独特风貌。售票窗口和火车车厢，让参观者仿佛置身于当时的火车站中，其中珍贵的历史资料和图片资料展示了淞沪铁路悠久的历史。

旅游区域及进出条件：

淞沪铁路吴淞镇站旧址位于淞浦路与淞桥东路交界处、吴淞大桥北岸东侧，邻近吴淞开埠纪念广场。交通便利，公交116路、508路、719路等多条线路以及轨道交通3号线等可到达。

保护与开发现状：

对外开放。

名称：东方假日田园

编号：BS21

资源类型：FAB

单体资源等级：3

行政位置：罗店镇联杨路3888号

地理位置：31°23′44.46″N
121°19′33.24″E

东方假日田园

性质与特征：

东方假日田园是融农业生产、观光、休闲、生活、科普为一体的农业旅游园区，占地面积40万平方米，2006年建成开园。

东方假日田园的农业历史展示区陈列有从古代到近代各个不同时期的农业生产用具，见证了农耕文化在江南大地上延续和发展的历史。农作物活体展示区展示出各种具有观赏价值的农作物。罗店农业文化展示区展示了罗店的农业文化和民俗风情，内有地质科普馆，陈列有灵璧岩、太湖石等中国名石及百余种化石、矿物晶体、岩石等。动物展示区分为传统家畜禽区、迷你宝贝区、观赏鱼区等。农业体验展示区和品尝区可以让参观者体验水上游乐、休闲垂钓、摸鱼捉虾、农艺、餐饮等乡村生活的情趣，享受泥土、河流、森林的自然气息。

旅游区域及进出条件：

东方假日田园位于罗店新镇西侧，邻近诺贝尔科技公园及美兰湖高尔夫球场等。公交宝山4路可到达。

保护与开发现状：

对外开放。2009年被全国旅游景区质量等级评定委员会评为国家AAA级旅游景区。同年，被上海市农业委员会、上海市旅游局共同评为上海农业旅游推荐单位。2012年被上海市科学技术委员会命名为上海市科普教育基地。

名称： 卫斯嘉闻道园
编号： BS22
资源类型： FAB
单体资源等级： 3
行政位置： 罗泾镇潘泾路2888号
地理位置： 31°26′23.64″N
　　　　　　121°21′13.20″E

卫斯嘉闻道园

性质与特征：

卫斯嘉闻道园是以古建筑为特色的农业生态园区，占地面积约80万平方米，2006年建成开园。

卫斯嘉闻道园具有浓郁的乡土气息和深厚的文化底蕴。园区入口处有清道光六年（1826年）的御赐牌坊，园内12幢徽派古宅为徽州古建筑精品，"宰相府"门前的石碑刻有"文官下轿武官下马"字样，具有相当的观赏价值。奇石博物馆收藏观赏石600方、宋代石刻120块、名人字画等藏品数百幅。园内树木葱茏，有葡萄园、柿子园、枣园等采摘体验区，并有会议厅、农家乐餐厅、酒吧、住宿等服务设施。

旅游区域及进出条件：

卫斯嘉闻道园位于潘泾路石太路口。公交宝山81路、宝山84路等可到达。

保护与开发现状：

对外开放。2009被上海市农业委员会、上海市旅游局共同评为上海农业旅游推荐单位。2012年被上海市科学技术委员会命名为上海市科普教育基地。

名称： 宝山寺
编号： BS23
资源类型： FAC
单体资源等级： 3
行政位置： 罗店镇罗溪路518号
地理位置： 31°25′07.50″N
　　　　　　　121°20′16.50″E

性质与特征：

宝山寺是上海著名的佛教寺院，始建于明正德六年（1511年），原名"玉皇宫"，本是一所道观，为当地人唐月轩舍宅而建，有真武阁等亭阁建筑，清乾隆二十七年（1762年）重修。清光绪五年（1879年）

宝山寺

重修后供奉释迦牟尼佛像，正式改为佛寺。2005年，易地重建。

宝山寺采用传统伽蓝纵轴式布局，晚唐宫殿式建筑风格，非洲红花梨纯木传统榫卯构造，结构严谨，古朴大方。宝山寺核心区占地面积约1.3万平方米，主要建筑有山门、连廊（471米）、天王殿、钟鼓楼、大雄宝殿、观音殿、药师殿、伽蓝殿、祖堂和藏经楼等。配套园林区占地面积2万平方米，有塔、阁、楼、台、水榭、水池、牌楼等建筑。

旅游区域及进出条件：

宝山寺位于罗溪路，邻近罗溪公园。公交963路、宝山21路、宝山84路等多条线路可到达。

保护与开发现状：

对外开放。

名称：诺贝尔科技公园

编号：BS24

资源类型：FAD

单体资源等级：2

行政位置：罗店镇罗迎路299号

地理位置：31°24′12.48″N
　　　　　121°21′41.88″E

性质与特征：

诺贝尔科技公园是以科技为主题的大型生态园林，占地面积7.33万平方米。

诺贝尔科技公园的环境设计以表现自然生态为主。公园内半岛形的起伏坡地嵌入湖畔河流，仿佛北欧斯堪的那维亚半岛伸展于大西洋与北冰洋之间；疏朗的草坪和白桦林高低相间，透出清爽的自然氛围。科学馆用现代钢构架和玻璃幕墙建造，体现了现代科技的主题。公园内还有诺贝尔名人园、科学迷宫、热气球大草坪等。

旅游区域及进出条件：

诺贝尔科技公园位于罗迎路，北起马路河，南至美兰湖路，西沿荻泾。交通便利，公交963路、宝山16路、北罗专线等多条线路以及轨道交通7号线等可到达。

诺贝尔科技公园

保护与开发现状：

对外开放。

名称：吴淞开埠纪念广场

编号：BS25

资源类型：FCI

单体资源等级：2

行政位置：吴淞街道淞浦路470号

地理位置：31°24′39.48″N
　　　　　121°29′17.58″E

性质与特征：

吴淞开埠纪念广场是纪念自清光绪二十四年（1898年）吴淞开埠百年来的纪念性文化设施，占地面积1.1万平方米，2002年建成开放。广场中间有一个正在扬帆起航的沙船。沙船是一种平底海船，适合在水浅、多沙滩的航道上航行。沙船在我国航运史上占有重要地位，是古代近海运输中的优秀船型。清道光年间（1821～1850年），全国沙船总数在万艘以上，上海地区就有沙船5000艘以上。那时的吴淞口一带，到处可以看到沙船。一艘艘沙船拨开云雾、乘风破浪，开创了吴淞的历史，也开创了上海的历史，沙船成为近代上海的象征。广场南部防汛墙上长280米的汉白玉群雕壁画记载了素有"重洋门户"、"七省锁钥"之称的吴淞开埠以来的历史沧桑。

旅游区域及进出条件：

吴淞开埠纪念广场位于淞浦路东段、

吴淞开埠纪念广场

黄浦江沿岸，近吴淞公园。交通便利，公交90路、116路、508路等多条线路以及轨道交通3号线等可到达。

保护与开发现状：

对外开放。

名称：永清公园

编号：BS26

资源类型：FAD

单体资源等级：2

行政位置：吴淞街道双城路234号

地理位置：31°23′27.59″N

121°29′18.09″E

性质与特征：

永清公园是为居住小区配套建设的公共绿地，占地面积2.98万平方米，1996年建成开放。

永清公园的北部设主出入口，建有清泉广场。公园东部置大面积缓坡草坪，园路迂回穿行其间，因有较大的曲率而富有韵律感。草坪东北侧植树、置花坛。公园南部有清影亭，面山临水。公园西部有清荷池，池中设汀步，游人可以踏水赏荷。公园中部是清清湖，湖中建有小岛，微风掠过时轻浪拍岸，风平浪静时水面如镜。湖东岸有清听亭，可远眺清清湖。公园东南角有儿童乐园。公园内的建筑以朴实的江南民居为特色。

旅游区域及进出条件：

永清公园位于双城路以南、牡丹江路以东，东靠永清二村，南临牡丹江路街头绿地。交通便利，公交51路、90路、116路等多条线路以及轨道交通3号线等可到达。

保护与开发现状：

对外开放。2002年被上海市绿化和市容管理局评为上海市三星级公园。

名称：永福庵

编号：BS27

资源类型：FAC

单体资源等级：2

行政位置：大场镇南陈路351弄2号

地理位置：31°19′08.22″N

121°23′34.08″E

性质与特征：

相传永福庵创建于清乾隆二十六年（1761年），20世纪60年代初有一老年比丘尼管理，部分房屋供村里办小学校，学校教育和佛事活动同在庵中进行。1966年文革初被封。1996年2月6日正式对外开放。2001年移至今址并举行迁建奠基仪式，2004年落成，现占地面积4 000平方米。整个建筑宏伟壮观，金碧辉煌，主体三厢，有天王殿、大雄宝殿、藏经阁，中座为大雄宝殿。天王殿东侧保留了建庵时使用的

永清公园

永福庵

性质与特征：

友谊公园是为宝钢生活区配套建设的公共绿地，占地面积4.41万平方米，1993年建成开放。

友谊公园以新市河分成南、北两园，南、北园门分别通向密山路和宝林路。环园有一条石板铺砌的园路，各景点都与这条干道相通。同济路防护林带与公园连成一片，丰富了公园西面的绿化景观。北园中部为人工湖，面积约500平方米，湖岸自然弯曲，过湖处均设汀步。北园环路中段有一座绿廊，东段临水处有一座游廊，穿越其间可获得移步换景的视觉效果。湖东端岸边有一座混凝土结构平顶方亭，面积25平方米，造型独特。湖四周设有圆凳，沿湖植有夹竹桃、迎春、紫荆、桂花、金丝桃、月季、柳、水杉、池杉等。北园西端以喷泉为圆心，5只直径约3米的混凝土制蘑菇亭在喷泉西面按半圆形排列，占地215平方米，为北园的主景。各亭内置石台、石凳，亭西土丘植广玉兰、香樟、栀子花、八角金盘，亭南有腊梅和大片草坪，亭北丛植雪松、黑松。

旅游区域及进出条件：

友谊公园位于宝钢十村以南，西依同济路，南连宝林路，北邻密山路，东近牡丹江路。交通便利，公交159路、160路、508路等多条线路以及轨道交通3号线等可到达。

保护与开发现状：

对外开放。2005年被上海市绿化和市容管理局评为上海市三星级公园。

过渡房，并供奉着明德师太的遗像。现有僧职人员20余名。

旅游区域及进出条件：

永福庵位于南陈路。交通便利，公交110路、185路、767路等多条线路以及轨道交通7号线等可到达。

保护与开发现状：

对外开放。

名称：友谊公园
编号：BS28
资源类型：FAD
单体资源等级：2
行政位置：友谊路街道宝林路555号
地理位置：31°24′05.46″N
　　　　　121°28′35.28″E

友谊公园

名称：基督教吴淞堂

编号：BS29

资源类型：FAC

单体资源等级：2

行政位置：友谊路街道宝杨路74号

地理位置：31°24′03.08″N
　　　　　121°30′02.15″E

性质与特征：

基督教吴淞堂（又名雅各堂）是一座具有近百年历史的教堂，1916年由英国圣公会创立。1986年移至同泰路淞滨路口重建，2001年易现址再建，2004年建成开放。

基督教吴淞堂为混凝土结构的现代建筑，楼高三层，占地面积2 300平方米，建筑面积3 200平方米，大堂可容纳1 700人礼拜。

旅游区域及进出条件：

基督教吴淞堂位于宝杨路，邻近宝杨路码头及吴淞炮台湾湿地森林公园。公交51路、160路、728路等多条线路可到达。

保护与开发现状：

对外开放。

名称：百鼓陈列馆

编号：BS30

资源类型：FAE

单体资源等级：2

行政位置：月浦镇安家路3号

地理位置：31°24′42.84″N
　　　　　121°25′20.88″E

性质与特征：

百鼓陈列馆是一家民间鼓类乐器展示馆，2005年建成开馆。

月浦镇是闻名全国的锣鼓之乡，月浦锣鼓被列为上海市非物质文化遗产。百鼓陈列馆展出中外锣鼓共计百余种，并通过图片、文字、音像等来传播鼓文化，进行民间传统艺术教育。百鼓陈列馆内陈列的罕见鼓类有木杜小鼓、蟒皮铃鼓、拨浪鼓、兰州太平鼓、西双版纳象脚鼓、新疆维吾尔族达卜手鼓等。

旅游区域及进出条件：

百鼓陈列馆位于月浦镇，邻近月浦公园。公交172路、宝山8路、宝山23路等多条线路可到达。

保护与开发现状：

对外开放。月浦锣鼓2007年被上海市人民政府列为上海市非物质文化遗产。

基督教吴淞堂

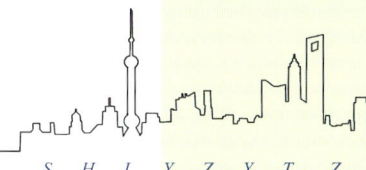

名称：月浦公园

编号：BS31

资源类型：FAD

单体资源等级：2

行政位置：月浦镇龙镇路6号

地理位置：31°25′31.32″N
121°25′42.84″E

性质与特征：

月浦公园是月浦地区大型的人造景观绿地，占地面积7万平方米，1988年建成开园，2001年扩建开放。

月浦公园的景观以"月"为主题，运用现代平面和立体的构图法来设计。公园内潭、榭、台、花架、雕塑等建筑都与月有关，突出"月"的主题。公园西北部的月潭形似新月，面积500平方米，是公园的主景区。位于潭西北的月台上有一座不锈钢的"嫦娥奔月"塑像，面向月潭，高3米，基座高2米，由上海市园林设计院雕塑艺术创作室设计。钢筋混凝土结构的月牙形棚架、水榭，分别建于月潭的西北和东南，隔潭遥遥相对，并有水泥汀步越潭相连。月台周围植广玉兰、香樟、棕榈、女贞、夹竹桃、桂花、罗汉松、石楠、瓜子黄杨等常绿乔灌木。公园中部为一片地形略有起伏的草坪，面积约4 000平方米，草坪内零星种植雪松、香樟、罗汉松、石楠、花柏。草坪东面有一片水杉林，林中设有长椅。草坪东南角建桂香亭，为青石结构，亭周围植有成片的桂花和少量黄馨、龙爪槐等。公园南部以水体为主，建有环行山、半圆"折桂台"、廊架平台，还植有水杉、石竹、月桂、夹竹桃、蚊母、桂花等观赏植物。

旅游区域及进出条件：

月浦公园位于月浦镇，北沿龙镇路，东靠宝泉路，南至四元路，西与月浦文化馆相连。公交172路、宝山8路、宝山10路等多条线路可到达。

保护与开发现状：

对外开放。2010年被上海市绿化和市容管理局评为上海市三星级公园。

名称：**上海战役月浦攻坚战纪念碑**
编号：BS32
资源类型：FCH
单体资源等级：2
行政位置：月浦镇龙镇路 6 号
地理位置：31°25′03.72″N
　　　　　121°25′29.70″E

性质与特征：

　　上海战役月浦攻坚战纪念碑是为纪念 1949 年 5 月 13 日凌晨解放上海战役在月浦打响第一枪而建的，2002 年建成开放。

　　上海战役月浦攻坚战纪念碑碑体高 5.15 米，象征着 5 月 15 日为月浦镇解放日；碑体连碑座总高 5.27 米，象征着 5 月 27 日为上海解放日。上海战役月浦攻坚战纪念碑主体是高擎红旗、手持钢枪的两位解放军战士雕像，战士身边是被攻克的敌碉堡残垣。

旅游区域及进出条件：

　　上海战役月浦攻坚战纪念碑位于月浦公园，邻近百鼓陈列馆。公交 172 路、宝山 8 路、宝山 10 路等多条线路可到达。

保护与开发现状：

　　对外开放。

名称：**宝山烈士陵园**
编号：BS33
资源类型：FEA
单体资源等级：2
行政位置：友谊路街道宝杨路 599 号
地理位置：31°24′07.32″N
　　　　　121°29′10.32″E

性质与特征：

　　宝山烈士陵园是以纪念馆为主体，融优美的园林环境、先进完备的硬件设施为一体的公园式陵园，占地总面积约 2 万平方米，建筑面积 2 800 平方米。宝山烈士陵园是为纪念 1949 年解放上海战役中在宝山地区牺牲的烈士而建的。始建于 1956 年 3 月，当时公墓的大门为石牌坊式样，墓名为宝山县烈士公墓。1976 年改建了纪念塔和大门，新建了烈士纪念馆。1988 年改名为宝山烈士陵园。

　　宝山烈士陵园的烈士墓区和纪念建筑位于陵园北半部，其正中央是 1 米多高、面积约 500 平方米的花岗石平台，台上偏北的陵园中轴线上耸立着一座 16 米高的纪念塔，塔身正面镌刻有 1949 年后上海市首任市长陈毅题写的"革命烈士永垂不朽"8 个金色大字。塔两侧为清水红墙面，状似红旗。纪念塔背后是一堵长 25 米"百万雄师胜利渡江"的浮雕照壁。在平台后面及两侧的 15 个墓区内安葬着 1 886 位烈士的遗骸，烈士的英名分别镌刻在 60 块碑石上。

　　从平台拾级而下是东西长、南北狭的花岗石瞻仰广场，面积约 1 500 平方米。广场左右各有一只花坛，东西两端各有一堵洁白的诗墙，上面分别刻有陈毅的诗句"壮哉身殉国，遗爱万人怀"和"新生千百万，浩荡慰忠魂"。

　　从广场到大门是一条位于陵园中轴线上的干道，两旁成片栽植花木。在绿化地带外侧的支路旁，各有一座与干道平行的画廊，廊内以各种画面重现当年中国人民解放军指战员英勇战斗的情景。在大门东首的陈列室内，翔实地介绍了几十位烈士

上海战役月浦攻坚战纪念碑

宝山烈士陵园

的英雄事迹，以供瞻仰者学习。

　　宝山烈士陵园内植有各种树木350余株，还有月季、栀子花、黄杨绿篱等花灌木。在干道两旁各有一块互相对称的花果林区，植有橘树、桃树，以及茶花、桂花、棕榈等。花果林区外侧为紫藤廊架。广场东、西两边各植有龙柏及雪松。浮雕照壁后面两旁也植有雪松。陵园北端密植数十株高大的龙柏，组成庄严的绿色树墙。墓区周围环植黄杨，春、夏、秋三季常青，冬季泛成紫红色，气氛庄严而肃穆。每年清明时节，来陵园祭扫者络绎不绝。

旅游区域及进出条件：

　　宝山烈士陵园位于宝杨路，邻近宝杨路码头。交通便利，公交51路、813路、宝山7路等多条线路以及轨道交通3号线等可到达。

保护与开发现状：

　　对外开放。1987年被上海市人民政府批准为上海市重点烈士纪念建筑物保护单位。

名称：泗塘公园
编号：BS34
资源类型：FAD
单体资源等级：2
行政位置：张庙街道爱辉路710号
地理位置：31°20′03.92″N
　　　　　121°26′56.16″E

性质与特征：

　　泗塘公园是为居住小区配套建设的公共绿地，占地面积4.5万平方米，1994年建成开放，1996年扩建开放。

　　泗塘公园以映美湖为中心，周围用挖湖后的出土堆成带状丘陵，高5～6.5米，构成公园内中部低、四周高的地形。泗塘公园的绿化采用自然式布局，公园内铺设大面积草坪并种植花灌木，四季成景。公园东大门内有弧形彩壁，长18米，高2.5米，贴面的彩色马赛克壁画为太阳、月亮和云彩。公园中部的映美湖面积3 100平方米，呈葫芦形，蜂腰处设汀步。湖四周以块石驳岸，岸边植垂柳、黄馨、月季和花桃。公园东北部有一座高6.5米的土丘。沿山脊建有造型别致的混凝土结构小方亭3只，名为雨中亭，面积各为9平方米。亭间有石板小路连接，亭周植有高大的雪松。

旅游区域及进出条件：

　　泗塘公园位于爱辉路，北靠呼玛路，南近长江西路。交通便利，公交95路区间、552路、845路等多条线路以及轨道交通1号线等可到达。

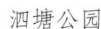
泗塘公园

保护与开发现状：

　　对外开放。2005年被上海市绿化和市容管理局评为上海市三星级公园。

名称：上海国际节能环保园
编号：BS35
资源类型：FAF
单体资源等级：2
行政位置：淞南镇长江西路101号
地理位置：31°20′51.06″N
　　　　　121°28′22.62″E

性质与特征：

　　上海国际节能环保园是一家以节能环保产业发展为主题的园区，占地面积32万

平方米，规划建筑面积50万平方米。一期建筑面积1.9万平方米，2008年建成启用。

上海国际节能环保园由"耗能大户"上海铁合金厂老厂房改建而成，旨在为节能环保产业提供展示交易、研发创新、产业集聚、企业孵化、咨询中介、能源管理、教育培训、推广宣传、科普体验、综合配套等全方位的服务。上海国际节能环保园内的钢雕公园为一家后工业生态景观公园，占地面积5.3万平方米，以"资源再生利用，艺术创造价值"为理念，将上海铁合金厂、2010年上海世博会动迁项目拆迁遗留下来的废旧钢铁，经艺术家的创造，制作成精妙的钢雕艺术品，获2008年全国城市雕塑建设大奖。环保园内经常举办艺术节、论坛，以及以环保、低碳为主题的音乐活动。

旅游区域及进出条件：

上海国际节能环保园位于长江西路以北，邻近上海玻璃博物馆。公交52路、95路、159路等多条线路可到达。

保护与开发现状：

对外开放。2009年被国家旅游局命名为全国工业旅游示范点。

名称：宝山气象科普馆
编号：BS36
资源类型：FAE
单体资源等级：2
行政位置：杨行镇友谊路1888号
地理位置：31°23′06.94″N
　　　　　121°25′21.80″E

宝山气象科普馆

性质与特征：

宝山气象科普馆为气象科普专题性展示馆，展示面积1 000平方米，2004年建成开馆。

宝山气象科普馆室内展厅建筑面积400平方米，分宝山云天、观云测天、台风馆、雨量显示、雷电防护5个展区，通过多媒体演示、图片文字资料向参观者介绍气象科学知识。室外展厅为600多平方米的气象测报实验基地，供参观者进行模拟测报。

旅游区域及进出条件：

宝山气象科普馆邻近友谊路江杨北路口。公交宝山2路、宝山7路、宝山21路等多条线路可到达。

保护与开发现状：

对外开放。2012年被上海市科学技术

上海国际节能环保园

委员会命名为上海市科普教育基地。

名称：**汶水路动漫街**
编号：BS37
资源类型：FDB
单体资源等级：2
行政位置：大场镇汶水路1668号
地理位置：31°17′21.42″N
　　　　　121°24′39.45″E

性质与特征：

汶水路动漫街是一个集展示、交流、体验、娱乐于一体的动漫生活方式体验街区，由50个独立的动漫机构组成，营业面积5 000平方米，于2010年建成开街。

汶水路动漫街本着"动漫是一种生活方式"的理念，营造出一种"好看、好玩、好卖"的动漫氛围。街上设有青少年动漫科普馆、动漫信息中心、动漫洗手间等多个动漫功能区。每年举办100场以上的主题活动，实体街区与动漫街网络联动，形成"7×24小时"式永不休市的动漫街。汶水路动漫街的目标是成为中国的动漫产业集聚地、动漫资源整合地和动漫文化策源地。

旅游区域及进出条件：

汶水路动漫街位于汶水路大华路段至真华路段。交通便利，公交68路、159路、551路等多条线路以及轨道交通7号线等可到达。

保护与开发现状：

对外开放。2010年被上海市商务委员会命名为上海特色商业街。

名称：**汽车梦工场**
编号：BS38
资源类型：FAE
单体资源等级：2
行政位置：淞南镇逸仙路3718号
地理位置：31°20′27.11″N
　　　　　121°29′26.29″E

性质与特征：

汽车梦工场是以汽车文化和汽车消费为主题的综合商务园区，占地面积约6万平方米，建筑面积2.6万平方米，2010年建成营业。

汽车梦工场是一个大型汽车流通及文化中心，分为3个功能区：A区为商业配套功能区，B区为展示交易功能区，C区为动态测试功能区。汽车梦工场按照"国际接轨、国内一流、华东第一"的标准建设专业测试场地、高端二手车拍卖市场、汽车用品专卖店、汽车配件市场、汽车电影院、商务办公等诸多功能区，构建了赏车、试车、购车、养车、检车、学车、租车、换车、淘车等"一条龙"汽车消费服务链，精心打造出广大汽车爱好者的玩车乐园。汽车梦工场还将引进时尚餐饮、娱乐、休闲等产业，营造出具有实用性、观赏

汶水路动漫街

汽车梦工场

性、娱乐性、开放性的汽车文化氛围。

旅游区域及进出条件：

汽车梦工场位于逸仙路军工路口，邻近淞南公园。交通便利，公交51路、116路、726路等多条线路以及轨道交通3号线等可到达。

保护与开发现状：

对外开放。

名称：上海玻璃博物馆

编号： BS39

资源类型： FAE

单体资源等级： 2

行政位置： 淞南镇长江西路685号

地理位置： 31°19′56.99″N

121°26′37.56″E

性质与特征：

上海玻璃博物馆是以玻璃为主题，集科普教育、艺术展示、科学研究与信息交流等功能于一体的专业博物馆，占地面积3 560平方米，2010年建成开馆。

上海玻璃博物馆主体建筑为上海轻工玻璃有限公司保留下来的老厂房。在上海玻璃博物馆的建筑改造过程中，原有的工业建筑，如那些有着独特空间的玻璃窑炉车间被精心地改造成"可以被生活和体验的空间"、"从外表的冷漠中读出时代曾经有过的激情"的博物馆。博物馆预留了演讲、培训、研讨的空间，还有一个精致的小型图书馆，里面的图文资料将作为补充教材用于科普教育。每年可接待约2 000人次参加博物馆举办的各类专题性学术活动。上海玻璃博物馆还以独特的主题展览与艺术创作为媒介，为上海及中国的玻璃行业与国际同行之间的文化推广、产业合作营造出一个广阔的平台。

旅游区域及进出条件：

上海玻璃博物馆位于"GLASS + 玻璃主题园"，邻近上海国际节能环保园及淞南公园。公交95路、159路、552路等多条线路可到达。

上海玻璃博物馆

保护与开发现状：

对外开放。2011 年被全国旅游景区质量等级评定委员会评为国家 AAA 级旅游景区。2012 年被上海市科学技术委员会命名为上海市科普教育基地。

名称：上海智力产业园

编号：BS40

资源类型：FAZ

单体资源等级：1

行政位置：庙行镇纪蕴路 588 号

地理位置：31°20′28.44″N
　　　　　121°25′57.72″E

上海智力产业园

性质与特征：

上海智力产业园是对原棉花仓库、丝绸仓库、土产仓库等工业遗存元素加以改造而建成的生产性服务业集聚区，占地面积约 52 万平方米，规划建筑面积 60 万平方米，一期 2009 年建成启用。

上海智力产业园将展现"保护开发利用、传承城市肌理、嫁接新型产业、转型区域功能"四大特色，形成集软件开发、电子商务、研发设计等于一体的服务外包产业链。其中的智力公园占地面积 4.85 万平方米，是具有后工业特征和旅游功能的新型产业公园。

旅游区域及进出条件：

上海智力产业园位于纪蕴路，东沿共和新路，北靠蕴藻浜，南临南蕴藻路，西濒东茭泾。交通便利，公交 165 路、722 路、宝山 22 路等多条线路以及轨道交通 1 号线等可到达。

保护与开发现状：

对外开放。

名称：侵华日军罗泾大烧杀遇难同胞纪念碑

编号：BS41

资源类型：FCH

单体资源等级：1

行政位置：罗泾镇陈东路 121 号

地理位置：31°24′32.52″N
　　　　　121°25′25.84″E

性质与特征：

侵华日军罗泾大烧杀遇难同胞纪念碑是为纪念 1937 年八一三淞沪抗战遇难同胞而修建的纪念性建筑，1973 年建"永志不忘"碑，1985 年建"侵华日军小川沙登陆处"碑，2003 年迁址重建并更现名。

侵华日军罗泾大烧杀遇难同胞纪念碑的主体是用金山石雕刻而成的石钟造型，碑高 1.93 米，重 5.3 吨。碑体正前方镌刻"警钟长鸣，永志不忘"八个大字。碑基座北面镌刻"侵华日军罗泾大烧杀遇难同胞纪念碑"碑名，东西两面分别刻有中英文对照的铭文，记载了当年侵华日军的暴行：

侵华日军罗泾大烧杀遇难同胞纪念碑

1937年8月23日凌晨，侵华日军在宝山罗泾小川沙河口登陆后沿途烧杀淫掠，在不到100天的时间里，杀害平民2 244人，烧毁房屋10 948间，奸淫妇女数以百计，史称罗泾血案。

旅游区域及进出条件：

侵华日军罗泾大烧杀遇难同胞纪念碑位于陈东路，近陈川路。公交963路、宝山6路、宝山18路等多条线路可到达。

保护与开发现状：

对外开放。

名称：罗溪公园

编号： BS42

资源类型： FAD

单体资源等级： 1

行政位置： 罗店镇市一路150号

地理位置： 31°25′12.45″N
121°20′47.83″E

性质与特征：

罗溪公园是新建的绿地配套工程，占地面积7.6万平方米，1990年建成开园。

罗溪公园按自然式设计布局，注重植物造景。从南大门到公园中部的干道中央，以6个花坛组成连续的花坛群，迎门第二个花坛为圆形，其余花坛均为长方形或方形。与圆形花坛的北缘相交的是一个少女雕塑及圆形基座，占地29平方米。基座以黑灰色大理石贴面，在基座中央的一根混凝土柱以红色大理石贴面。基座上有2个挥舞花束迎客的汉白玉少女雕塑，柱顶上一只高1.6米的铜雕金鸡昂首而立，整座雕塑总高11米。公园中部为2 000平方米圆形大草坪，草坪北丛植大雪松，草坪东建有葡萄亭。公园内湖的水域面积5 000平方米。湖边以块石、湖石驳岸。湖中部有石拱桥称来龙桥，桥东部称静水湾，桥西部称动水湾。湾北建方柱形瀑布。静水湾北岸的"函影榭"呈"凸"字形，旁植海桐、黄馨等。动水湾西岸为"思维厅"，可观赏人造瀑布和湖光水色。沿湖四周植有黄馨、金钟花、海桐、水杉、棕榈、柳树等。公园内广植常绿乔木和花灌木，主要有银杏、广玉兰、棕榈、池杉、水杉、海桐、雪松、茶花等，以及大片竹丛、杨树、香樟、黄馨、龙柏、夹竹桃、柳杉等。公园内的行道树有合欢、青桐、银杏、广玉兰等。

旅游区域及进出条件：

罗溪公园位于罗店镇，南临市一路，西濒荻泾，北接练祁河，邻近宝山寺。公交963路、宝山23路、宝山84路等多条线路可到达。

保护与开发现状：

对外开放。2011年被上海市绿化和市容管理局评为上海市四星级公园。

名称：大华行知公园

编号： BS43

资源类型： FAD

单体资源等级： 1

行政位置： 大场镇华灵路1688号

地理位置： 31°16′43.32″N
121°24′21.73″E

罗溪公园

大华行知公园

性质与特征：

大华行知公园是为居住小区居民配套建设的公共绿地，占地面积5.8万平方米。

大华行知公园以彩虹步道为界，分为动、静两个区域。彩虹步道以东集中布置强度较大的体能运动项目，包括室外游泳池（附设咖啡音乐茶座）、室内运动场地（包括台球、乒乓球、羽毛球）、标准网球场等。彩虹步道以西主要安排休闲类活动，包括滨水平台、草地门球、山林野趣、划船、儿童乐园等。根据功能性和观赏性的不同需求，公园内形成"春有花、夏有荫、秋有果、冬有绿"的生态景观，与外部空间交界处植有香樟、白玉兰等乔木，山丘上植有混交林木和季相林木，水边植有观花观叶植物，如樱花、红枫等。

旅游区域及进出条件：

大华行知公园位于大场镇南部，东靠真华路，南沿武威东路，北至华灵路，西邻真金路，近汶水路动漫街及中环沪嘉立交桥。公交159路、510路、547路等多条线路可到达。

保护与开发现状：

对外开放。

名称：上海动漫衍生产业园

编号： BS44

资源类型： FAZ

单体资源等级： 1

行政位置： 大场镇上大路668号

地理位置： 31°18′45.89″N
121°23′32.60″E

性质与特征：

上海动漫衍生产业园是一个以"动漫是一种生活方式"为理念打造出的动漫衍生产业集聚区，一期有19家企业入驻，建筑面积1.53万平方米，2009年建成启用。

上海动漫衍生产业园围绕动漫衍生品产业链，打造出产业对接能力强、服务功能齐全、产业集聚度高的动漫衍生产品的产业集群。产业园内主要展示动漫图书、报刊、音像制品、舞台剧、教育等基于现代信息传播技术手段的动漫新品种，以及与动漫形象有关的食品、服装、玩具、电

上海动漫衍生产业园

子游戏等；吸引国内外动漫衍生品行业的设计、生产（OEM）、代理、营销、培训等企业入驻。汶水路动漫街依托上海动漫衍生产业园而建，是集展示、交流、体验、科普、娱乐于一体的动漫生活方式体验街区，有上海青少年动漫科普馆、动漫迷你影院等。

旅游区域及进出条件：

上海动漫衍生产业园一期位于大场镇，邻近上海大学宝山校区。交通便利，公交110路、185路、727路等多条线路以及轨道交通7号线等可到达。

保护与开发现状：

对外开放。

名称：**淞南公园**
编号：BS45
资源类型：FAD
单体资源等级：1
行政位置：淞南镇淞发路528号
地理位置：31°20′34.55″N
121°28′54.18″E

性质与特征：

淞南公园占地面积为8万平方米，1998年建成开园。

淞南公园以自然式植物造景为主，以水杉、香樟等高大乔木为背景林线，密植香樟、雪松、慈孝竹、红叶李、腊梅、山茶花等，形成具有高低层次的景观。密林中园路迂回，绿地中湖水流动。园门有徐克强（1908～1942年）烈士塑像。公园内设有茶楼、老年活动室、儿童乐园等。

旅游区域及进出条件：

淞南公园位于淞良路淞发路口，南沿淞顺路，西近淞肇路。交通便利，公交52路、151路、160路等多条线路以及轨道交

淞南公园

上海国际工业设计中心

通3号线等可到达。

保护与开发现状：

对外开放。

名称：上海国际工业设计中心

编号：BS46

资源类型：FAF

单体资源等级：1

行政位置：淞南镇逸仙路3000号

地理位置：31°20′55.24″N
121°29′46.98″E

性质与特征：

上海国际工业设计中心是以工业设计为主题的创意产业集聚区，占地面积约2万平方米，2009年建成启用。

上海国际工业设计中心以工业设计为龙头，集总部经济、设计创意、国际交流、人才孵化、产权服务于一体，提供设计师、设计工坊、大师工作室、国际工业设计博物馆等特色服务平台。其中的中国工业设计博物馆是一家专业性的工业设计类博物馆，分为科学技术的发展与工业设计、人机工学、人文生态、信息传播、创新未来五大部分，主要介绍中国工业设计界的代表成果和经典作品。

旅游区域及进出条件：

上海国际工业设计中心位于逸仙路长逸路口。交通便利，公交51路、52路、116路等多条线路以及轨道交通3号线等可到达。

保护与开发现状：

对外开放。

名称：创邑·幸福湾

编号：BS47

资源类型：FAZ

单体资源等级：1

行政位置：友谊路街道同济路999号

地理位置：31°24′20.47″N
121°28′28.22″E

性质与特征：

创邑·幸福湾是集设计、环保、文化、研发、展示、孵化等功能于一体的创意产业集聚区，占地面积3.3万平方米，建筑面积3万平方米，2008年建成启用。

创邑·幸福湾前身为上海汽车集团旗下幸福摩托车厂保留下来的21幢老厂房，设计师

创邑·幸福湾

把整个园区改造成为融商务、时尚、休闲、娱乐、美食为一体的"轻松的驿站"。

旅游区域及进出条件：

创邑·幸福湾位于友谊路同济路口。交通便利，公交159路、160路、宝山2路等多条线路以及轨道交通3号线等可到达。

保护与开发现状：

对外开放。

名称：半岛1919

编号：BS48

资源类型：FAZ

单体资源等级：1

行政位置：吴淞街道淞兴西路258号

地理位置：31°22′10.68″N
121°29′00.42″E

性质与特征：

半岛1919是时尚消费创意园区，占地面积8万平方米，建筑面积7.3万平方米。半岛1919前身为上海第八棉纺织厂1919年所建的老厂房。经综合改建，那些见证了中国民族纺织工业发展史的元素（如纺机、传送轨、钟楼等）都完好地保留着，成为园区内充满现代气息的历史建筑群。半岛1919集聚了影视传媒中心、网游动漫制作中心、艺术培训机构、艺术家工作室、创意体验中心等一系列文化产业项目部门，具有设计展览、设计研发、设计商务和咨询、设计培训四大功能，还有娱乐、餐饮、休闲等配套设施，成为时尚的国际创意平台和吴淞口滨江观光景区。

旅游区域及进出条件：

半岛1919位于吴淞大桥以西。交通便利，公交90路、116路、508路等多条线路以及轨道交通3号线等可到达。

保护与开发现状：

对外开放。

半岛1919

嘉定区

上 海 旅 游 资 源 图 志

概况

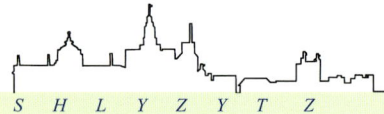

嘉定区位于上海市西北部，东与宝山区、普陀区接壤；西与江苏省昆山市毗连；南近吴淞江，与闵行区、长宁区、青浦区相望；北依浏河，与江苏省太仓市为邻。区域面积463.28平方千米。蕰藻浜、练祁河、娄塘河横卧东西，向东流经宝山区直通长江和黄浦江；盐铁塘、横沥、新槎浦（罗蕰河）纵贯南北，与吴淞江、浏河相连。2012年度，嘉定区户籍人口56.7万人，辖7个镇（南翔镇、马陆镇、江桥镇、安亭镇、外冈镇、徐行镇、华亭镇）、3个街道（嘉定镇街道、新成路街道、真新街道），以及嘉定工业区和菊园街道（筹）。2012年度，全区实现增加值1 292.7亿元。其中，第一产业实现增加值4.6亿元，第二产业实现增加值601.2亿元，第三产业实现增加值363.9亿元。第一、第二、第三产业的结构比例为0.5∶62.0∶37.5。2012年度，全区共接待游客1 322.9万人次，实现旅游直接收入20.9亿元；旅行社共接待游客93万人次。

嘉定区前身为嘉定县。秦代属会稽郡娄县，隋唐时属苏州昆山县。南宋嘉定年间(1208～1224年)，在昆山县东境的临江、平乐、安亭、醋塘、春申5个乡置嘉定县，以年号为名，设治于练祁市（今嘉定老城区中心）。今上海吴淞江（故道）以北为该时县境。建县以后几易隶属，曾隶苏州府、太仓州，境域亦屡有变动。自1958年1月起，由江苏省改隶上海市。1992年10月11日，国务院批准撤销嘉定县，设立嘉定区，以原嘉定县的行政区域为嘉定区的行政区域。

嘉定区水秀地灵，名胜众多。遗存的古迹大都集中在嘉定镇街道和南翔镇。嘉定地区的法华塔、州桥皆创建于宋代。嘉定孔庙建于南宋嘉定十二年（1219年），庙东侧的当湖书院为沪上仅存的清代书院建筑。汇龙潭公园为嘉定区又一休闲观光点，秋霞圃系蜚声江南的古典园林，古猗园亦为声名远播的明代园林。上海国际赛车场、上海汽车博览公园和上海汽车博物馆成为上海都市旅游的新亮点。古猗园、州桥、马陆葡萄艺术村为国家AAAA级旅游景区，上海大众汽车有限公司为全国工业旅游示范点，华亭人家、毛桥村、马陆葡萄艺术村等为全国农业旅游示范点。

嘉定区是上海通往江苏省的重要门户。除G204国道、G312国道过境外，还有G2京沪高速、G42沪蓉高速贯穿嘉定全境。境内S5沪嘉高速是上海第一条高速公路，自上海市中心直达嘉定区。1996年，沪宁高速铁路建成，自东向西穿越嘉定区南部，是上海地区连接江苏省的重要干道。轨道交通11号线是连接嘉定区和上海市区的轨道交通线路。

旅游资源列表

编号	名称	行政位置	资源类型	单体资源等级	地理位置
JD01	上海国际赛车场	安亭镇伊宁路2000号	FBD	5	31°20′15.06″N 121°13′41.16″E
JD02	上海大众汽车有限公司	安亭镇曹安公路5288号	FAF	5	31°17′48.78″N 121°09′27.90″E
JD03	安亭新镇	安亭镇	FDC	5	31°16′30.48″N 121°09′41.94″E
JD04	嘉定孔庙	嘉定镇街道南大街183号	FAC	4	31°22′56.16″N 121°14′55.50″E
JD05	嘉定古城墙	嘉定镇街道南大街	EBF	4	31°22′46.76″N 121°15′22.44″E
JD06	秋霞圃	嘉定镇街道东大街314号	FAD	4	31°23′16.86″N 121°14′59.22″E
JD07	古猗园	南翔镇沪宜公路218号	FAD	4	31°17′31.08″N 121°18′40.74″E
JD08	顾维钧生平陈列室	嘉定镇街道南大街394号	FAE	4	31°23′09.24″N 121°14′45.81″E
JD09	嘉定古城州桥历史文化风貌区	嘉定镇街道	FDC	4	31°23′10.30″N 121°14′45.81″E
JD10	汇龙潭公园	嘉定镇街道塔城路299号	FAD	4	31°22′56.16″N 121°14′55.50″E
JD11	马陆葡萄艺术村	马陆镇大治路27号	FAB	4	31°22′28.48″N 121°16′44.88″E
JD12	安亭老街	安亭镇	FDB	3	31°18′01.62″N 121°08′55.92″E
JD13	华亭人家	华亭镇霜竹公路518号	FAB	3	31°28′54.24″N 121°17′13.38″E

续表

编号	名称	行政位置	资源类型	单体资源等级	地理位置
JD14	毛桥村	华亭镇霜竹公路1268号	FAB	3	31°28′26.59″N 121°14′43.77″E
JD15	嘉定城隍庙	嘉定镇街道东大街314号	FAC	3	31°23′16.76″N 121°14′58.30″E
JD16	嘉定古城西门历史文化风貌区	嘉定镇街道	FDC	3	31°22′50.58″N 121°14′12.36″E
JD17	南翔古镇双塔历史文化风貌区	南翔镇	FDC	3	31°17′34.65″N 121°18′13.29″E
JD18	南翔古镇古猗园历史文化风貌区	南翔镇	FDC	3	31°17′32.64″N 121°18′38.40″E
JD19	上海相东佛像艺术馆	菊园街道（筹）沪宜公路4532号	FAE	3	31°22′17.52″N 121°13′22.02″E
JD20	陆俨少艺术院	嘉定镇街道东大街358号	FAE	3	31°23′15.66″N 121°14′56.52″E
JD21	吴兴寺	外冈镇沪宜公路5428号	FAC	3	31°21′55.08″N 121°10′21.00″E
JD22	古银杏树公园	安亭镇光明村	FAD	3	31°19′00.00″N 121°14′29.34″E
JD23	州桥	嘉定镇街道	FFA	3	31°23′10.30″N 121°14′45.81″E
JD24	永安塔	安亭镇安亭老街	FCA	3	31°18′01.61″N 121°08′52.21″E
JD25	法华塔	嘉定镇街道南大街394号	FCA	3	31°23′09.46″N 121°14′46.56″E
JD26	南翔寺砖塔	南翔镇人民街	FCA	3	31°17′32.35″N 121°18′15.35″E

续表

编号	名称	行政位置	资源类型	单体资源等级	地理位置
JD27	上海汽车博物馆	安亭镇博园路7565号	FAE	3	31°16′55.86″N 121°09′49.50″E
JD28	菩提寺	安亭镇永安街422号	FAC	3	31°18′02.46″N 121°08′47.40″E
JD29	云翔寺	南翔镇人民街100号	FAC	3	31°17′33.10″N 121°18′11.09″E
JD30	娄塘古镇历史文化风貌区	徐行镇娄塘村	FDC	3	31°25′51.20″N 121°12′52.73″E
JD31	上海益力多乳品有限公司	嘉定工业区伊宁路986号	FAF	2	31°20′31.56″N 121°15′12.12″E
JD32	德富桥	嘉定镇街道中下塘街	FFA	2	31°23′10.50″N 121°14′48.24″E
JD33	聚善桥	嘉定镇街道西大街	FFA	2	31°22′41.88″N 121°13′57.30″E
JD34	外冈腊梅园	外冈镇马门村	FAB	2	31°21′19.36″N 121°10′03.74″E
JD35	天恩桥	南翔镇沪宜公路真圣堂桥畔	FFA	2	31°18′51.78″N 121°17′28.74″E
JD36	百佛园	真新街道曹安路1978号	FAB	2	31°15′28.32″N 121°21′08.22″E
JD37	浏河岛	华亭镇	AEA	2	31°28′27.72″N 121°13′15.45″E
JD38	上海汽车博览公园	安亭镇博园路7001号	FAD	2	31°16′57.12″N 121°09′54.78″E
JD39	钱氏宗祠	外冈镇西街65号	FBB	1	31°21′55.59″N 121°10′20.72″E
JD40	安亭市民广场	安亭镇	FCI	1	31°18′02.22″N 121°09′33.24″E
JD41	娄塘抗战纪念坊	徐行镇娄塘村小东街	FCK	1	31°26′03.66″N 121°13′04.53″E
JD42	紫藤公园	嘉定镇街道博乐路45号	FAD	1	31°22′51.96″N 121°15′22.59″E
JD43	竹刻博物馆	嘉定镇街道南大街321号	FAE	1	31°22′58.13″N 121°15′06.34″E

续表

编号	名称	行政位置	资源类型	单体资源等级	地理位置
JD44	塔厅书场	嘉定镇街道东大街	FAE	1	31°23′11.52″N 121°14′46.10″E
JD45	上海市少年儿童浏河活动营地	华亭镇双塘村双浏路132号	FAB	1	31°29′07.11″N 121°14′11.55″E
JD46	外冈游击队纪念馆	外冈镇杨甸村恒谐路999号	FAE	1	31°20′08.88″N 121°10′20.23″E

旅游资源单体

名称：上海国际赛车场
编号：JD01
资源类型：FBD
单体资源等级：5
行政位置：安亭镇伊宁路2000号
地理位置：31°20′15.06″N
　　　　　121°13′41.16″E

性质与特征：

上海国际赛车场位于安亭镇东北部，距安亭镇中心约7千米，总面积约5.3平方千米。2002年动工建设，2004年3月完成赛道主体工程。2004年9月26日，国际汽联2004~2010年上海F1（中国）大奖赛在此举行。

赛车场赛道总长度约7千米（包括备用赛道长度），由一级方程式（F1）赛道和其他类型赛道组成。F1赛道整体造型犹如一个翩翩起舞的"上"字，赛道长5 451米、宽13~20米；其他组合赛道长1 277米，宽度为14~25米。F1赛道包括9个不同长度的直道（最长的1 175米），14个不同半径的弯道。赛道路面最高落差8米，最大上行坡度3%，最大下行坡度8%，最高允许速度327千米/时。此赛道为既有利于大马力引擎的发挥又具有挑战性的高速赛道，可以充分体现车手的弯道技术。除了部分与F1赛事共用外，此赛道还可以举

上海国际赛车场

办各类不同的赛事。赛车场设计看台规模约20万人，其中带顶篷的固定看台约有5万个座位，其余为坡形露天看台。

上海国际赛车场由赛车场区、商业博览区、文化娱乐区和发展预留区组成。其中赛车场区主要包括赛道、赛场指挥中心、医疗急救中心、新闻中心、安检中心、赛车改装中心、赛车维修区、看台设施、赛车防护设施、直升机停机坪、燃油供应站、油库、赛车学校、停车场等；商业博览区拥有大型购物中心和赛车博览馆；文化娱乐区建有各种文化娱乐设施，有健身运动设施、电影院、舞厅、酒吧、高级酒店、宾馆等。发展预留区为进一步拓展作储备用地。

旅游区域及进出条件：

上海国际赛车场位于安亭镇东北部，邻近上海国际汽车城。交通便利，公交安亭1路、嘉定53路等多条线路以及轨道交通11号线等可到达。

保护与开发现状：

对外开放。

名称：上海大众汽车有限公司

编号：JD02

资源类型：FAF

单体资源等级：5

行政位置：安亭镇曹安公路5288号

地理位置：31°17′48.78″N
　　　　　121°09′27.90″E

性质与特征：

上海大众汽车有限公司是中德合资的轿车生产企业，成立于1985年。中德双方的投资比例各占50%，合同期限为25年。2002年4月12日，中德投资双方修订和延长了上海大众合营合同签订协议，合营期延长至2030年。2004年5月2日，中德合资双方签订了新增15亿元注册资本的合同。如今，其注册资本从初期的1.6亿元已经增长到了115亿元。上海大众的生产基地占地面积321.8万平方米，建筑面积

上海大众汽车有限公司

86.8万平方米，现有职工约1.5万人。年产量超过45万辆，产品已由最初的桑塔纳系列发展到今天包括桑塔纳、波罗、帕萨特、途安、朗逸、途观等在内的十大系列产品。

上海大众汽车有限公司曾经连续8年荣获中国十佳合资企业称号，8年来蝉联全国最大500家外商投资企业榜首，并连续9年被评为全国质量效益型企业。凭借质量、经济效益等方面的显著绩效，上海大众成为中国汽车行业中首家获得全国质量管理奖的企业，连续3次被《财富》杂志评选为"中国最受赞赏的外商投资企业"，其中2次荣登榜首。

上海大众汽车有限公司拥有汽车一厂、汽车二厂、汽车三厂、发动机厂等多个生产区域、一个技术中心以及一个轿车专用试车场。大众汽车三厂是上海大众设计兴建的现代化轿车制造厂，其独特的设计、先进的设备、优美的环境堪称国际一流。汽车三厂于1997年底动工，1999年底完工，2000年3月1日正式投入生产，年设计生产能力为15万辆，员工约2000人。汽车三厂占地面积45万平方米，建筑面积27万平方米。主体建筑包括开卷中心、冲压车间、车身车间、油漆车间、总装车间，以及质保中心等。目前主要生产帕萨特轿车，品种有2.0L自动和手动轿车，1.8T手动及自动轿车和2.8L V6轿车等。汽车三厂是一个以全新工艺设计的非常现代化的轿车制造厂，厂内有先进的全自动冲压生

产线，因此生产效率大大提高。车身车间有焊接机器人 61 台（主要为焊接、涂胶、搬运），有先进的车顶激光熔焊以及后盖激光钎焊，以确保车身的尺寸稳定以及整体焊接的质量。油漆车间为全封闭上下三层结构的厂房。PVC 与底面漆采用了机器人喷涂，以保证油漆的喷涂质量，还有整车的注蜡工艺来保证整车 12 年不生锈。总装车间以四大模块为主构成主生产线，分别为驾驶舱模块、前围模块、动力总成模块、门模块；同时，还大量采用先进的电器检测设备，以及转鼓试验台和前束台，以保证帕萨特轿车制造质量的稳定可靠。为配合顾客的个性化需求，汽车三厂规划了生产控制系统，为帕萨特轿车的个性化生产提供了保证。

目前，上海大众汽车有限公司对外开放工业旅游，可以参观的内容有展厅介绍、厂区模型、质保大厅（整车测试、雨淋试验）、冲压车间（压机）、车身车间（激光焊接）、总装车间（车门装备、车窗玻璃装备、底盘分装）等。参观者乘坐环保电瓶车全程参观，时间约 1 小时。

旅游区域及进出条件：

上海大众汽车有限公司位于上海国际汽车城。交通便利，公交安亭 4 路、北安线、翔安专线等多条线路以及轨道交通 11 号线等可到达。

保护与开发现状：

对外开放。2005 年被国家旅游局命名为全国工业旅游示范点。现为上海市爱国主义教育基地。

上海大众汽车有限公司

安亭新镇

名称：**安亭新镇**
编号：JD03
资源类型：FDC
单体资源等级：5
行政位置：安亭镇
地理位置：31°16′30.48″N
　　　　　121°09′41.94″E

性质与特征：

安亭新镇位于沪宁高速铁路以南、吴淞江与蕰藻浜的交汇处，是上海郊区城市化战略的示范城镇。新镇的规划最终采用了德国著名的AS&P公司的设计规划方案，具有鲜明的德国特色风貌，占地总面积约5平方千米。一期工程2.38平方千米，可满足近1万户、约3万人的居住需求，投资总额约50亿元。2002年开工建设，2006年新镇的一期建设全部完成。

安亭新镇在空间布置和居住环境设计方面结合了上海的人文地理环境特点和德国城镇规划的理念。通过"以人为本"的设计理念以及高起点的规划，还有国际化的艺术表现形式和现代科学技术手段，最大限度和最有效地满足了不同层次人群的需求，并且通过建立人性化的人居服务体系，实现了构筑代表21世纪人类居住发展方向（即理想家园）的目标。

在安亭新镇，由艾伯特·斯皮尔（Albert Speer）教授带领的建筑师和城市规划师团队以完备的城市形态、宜人的空间尺度，完整而准确地诠释并表达了新城市主义的理念：具有德国特征的城市肌理，向心的中心广场，有机的街道空间和个性化的街坊等。围合的水系形成新镇的完整边界，水域面积达20万平方米。安亭新镇内环镇绿化占地92.8万平方米，绿化覆盖率达60%以上，30%的房屋依水而建。整个新镇采用与德国同步的国际一流的工艺技术和建筑材料，实施24小时的集中供冷、供热等。居民住宅内实行全天候恒温系统，但居住者却找不到空调，因为先进的工艺技术通过墙面把温度均匀地辐射出来。安亭新镇中各项配套设施齐全，拥有教育直通车、大型购物超市、俱乐部、医院等。

旅游区域及进出条件：

安亭新镇位于上海国际汽车城南端，邻近上海汽车博览公园。公交安亭6路、陆安专线等多条线路可到达。

保护与开发现状：

对外开放。现为上海国际汽车城配套建设的居住区。

名称：**嘉定孔庙**
编号：JD04
资源类型：FAC
单体资源等级：4
行政位置：嘉定镇街道南大街183号
地理位置：31°22′56.16″N
　　　　　121°14′55.50″E

性质与特征：

嘉定孔庙始建于南宋嘉定十二年（1219年），称文宣王庙。庙左建化成堂。南宋淳祐元年（1241年）在庙中置孔子塑像，凿泮池，建兴贤坊。南宋淳祐四年（1244年）改化成堂为明伦堂。南宋咸淳元年（1265年）重建文宣王庙易名大成殿。元至正十三年（1353年）建棂星门。元代孔庙粗具规模。明天顺四年（1460年）重建大成殿、两庑、大成门、明伦堂。明成化十年（1474年）建尊经阁。明正德四年（1509年）重筑土山，命名应奎山，并引水环绕。明嘉靖十九年（1540年）将原文昌祠改建启圣祠。明万历三十一年（1603年）大修各殿堂，并疏浚野奴泾、唐家滨、新渠、南杨树浜、北杨树浜5条河道，汇合于应奎山周围，寓"五龙抢珠"之意，取名汇龙潭。至清代，孔庙规模已定，各殿宇堂室几度重修。"规制崇宏，甲于他邑"，有"吴中第一"之称。

嘉定孔庙棂星门前竖有"兴贤"、"育才"、"仰高"3座牌坊和1口凿于南宋淳祐元年（1241年）的泮池。池北有大成门，门内屏壁宽29米，中有5楹，东西角门各有1楹。7只石龟座各负2米高石碑，碑

嘉定孔庙

文记载历代修缮事。东角门壁上嵌石碑，为南宋绍定二年（1229年）《嘉定县学之记》、明宣德十年（1435）《况郡守政绩记》等。大成殿重檐飞翘、巍峨雄伟，面阔5间，进深3间，梁架高昂，枋檩彩绘。殿中陈列孔子塑像及孔子、孔庙史料。殿东有明伦堂、碑廊、当湖书院等建筑。明伦堂是历代儒生讲学集会之所，3间宽敞的厅堂，前设抱厦，两边粉墙漏窗；堂侧一小院，植桧柏及百年牡丹；堂内设"上海中国科举博物馆"。东西两庑原供奉孔门弟子和历代名儒的牌位，现辟为嘉定博物馆历史陈列室。

上海中国科举博物馆为中国科举史料专题性陈列馆，陈列面积1 150平方米，2006年建成开馆。博物馆分科举制度沿革、科举与儒学、科举与社会文明、科举考试程序、科举与教育5个部分，介绍了我国科举制度的历史变迁。收藏有关科举文物史料上千件，其中包括清雍正元年（1723年）癸卯科"武进士张鈵殿试卷"，清乾隆五十年（1785年）"进士贵徽殿试卷"，清光绪二十八年（1902年）"江南乡试第1～3场题目"，考生作弊用具"麻布坎肩夹带"、"丝绸夹带"等。侧门大厅展示考场场景和考生蜡像，列有各朝状元榜等。

旅游区域及进出条件：

嘉定孔庙位于南大街，毗邻秋霞圃、嘉定城隍庙及竹刻博物馆等。公交嘉定5路、嘉定11路、嘉华线等多条线路可到达。

保护与开发现状：

对外开放。1980年被上海市人民政府列为上海市文物保护单位。嘉定博物馆现为上海市爱国主义教育基地。

名称：嘉定古城墙
编号：JD05
资源类型：EBF
单体资源等级：4
行政位置：嘉定镇街道南大街
地理位置：31°22′46.76″N
　　　　　121°15′22.44″E

性质与特征：

嘉定古城墙今留存有长240米、宽3米的城墙，始建于南宋嘉定十二年（1219年）。2001年修复竣工。

嘉定古城墙地基为古城墙原墙基，墙体则为明嘉靖年间（1522～1566年）重修。西城墙上有8个垛口、10个瞭望口，布满

嘉定古城墙

爬山虎。护城河面上清风习习，波光粼粼。民间传说"机智石童子舍命救城"、"李秀成三进嘉定城"等均与之相关。南城墙距南水关50米。古城墙前立石刻有古嘉定城简称"疁城"两字。

旅游区域及进出条件：

嘉定古城墙位于南大街，邻近紫藤公园、汇龙潭公园。公交嘉定3路、嘉定4路、嘉定11路等多条线路可到达。

保护与开发现状：

对外开放。

名称：**秋霞圃**
编号：JD06
资源类型：FAD
单体资源等级：4
行政位置：嘉定镇街道东大街314号
地理位置：31°23′16.86″N
　　　　　121°14′59.22″E

性质与特征：

秋霞圃是上海五大古典园林之一，由龚氏、金氏、沈氏三姓的私宅园林和邑庙（城隍庙）合并而成。秋霞圃内建筑大多始建于明弘治十五年（1502年），部分可上溯至宋代，现存建筑多为清同治元年（1862年）以后重建。清咸丰十年（1860年）至清同治元年间（1860～1862年），太平军和清军及洋枪队数度在县城激战，邑庙后园及金氏园被破坏。光绪二年（1876年）后重建池上草堂，增建丛桂轩、延绿轩等，景色逐步恢复，并增设茶肆书场，庙中戏台上时有地方小戏演出，邑庙园成为县城中民众娱乐活动的主要场所。1920年，时任嘉定教育会会长、启良学校的创办人戴思恭，将该校迁入邑庙后园；1946年，县政府将邑庙后园拨给复建的启良学校管理和使用，称"邑庙公园"，每逢节假日对外开放。1960年，嘉定县人民委员会决定，邑庙后园恢复"秋霞圃"原名，并定为嘉定县文物保护单位。从1980年开始，上海市人民政府拨款修复秋霞圃，1987年9月修复工程竣工，同年10月1日对外开放。秋霞圃占地面积约3万平方米。

秋霞圃为明代园林杰作，有四大景区，分别为桃花潭景区（龚氏园）、凝霞阁景区（沈氏园）、清镜塘景区（金氏园）、邑庙景区（城隍庙）。花园设计及内部假山、莳花制作皆出自当时嘉定名艺人之手。初建时，园内有数雨斋、三隐堂、松风岭、莺语堤、岁寒径、桃花潭等景观，几经兴废，现仅存扑水亭等数处，景色秀丽妩媚。园内亭台楼阁、假山奇洞布局紧凑，以工巧取胜；花池曲径、茂林修竹、断岸滴泉等声色皆备，呈现园中有园、景中有景的特色。

秋霞圃内现存百年以上古树22株，其中12株已由上海市园林管理局建立档案并

秋霞圃

树立保护标志。这些古树或是树高冠大，或是树形古拙，成为古典园林绿化组景的骨干。主厅布置牡丹花丛，种植青桐、桂花、乌桕、红枫、盘槐等，形成古典园林厅堂传统的园林景观。园内植秋景树种，山前多植藤萝灌木，并以茂密的丛竹作为地被植物。池畔溪间，配以低矮的水生耐湿草本花卉植物，在南北两山，种植松柏等常绿树木，山巅多植落叶乔木，其余墙边隙地遍植丛竹、野生蕨类和草本花卉等，形

成老园秋容的意境。

旅游区域及进出条件：

秋霞圃位于东大街，邻近嘉定城隍庙。公交嘉定1路、嘉定4路、嘉定6路等多条线路可到达。

保护与开发现状：

对外开放。1984年被上海市人民政府列为上海市文物保护单位。2004年被上海市绿化和市容管理局评为上海市四星级公园。

名称：**古猗园**
编号：JD07
资源类型：FAD
单体资源等级：4
行政位置：南翔镇沪宜公路218号
地理位置：31°17′31.08″N
　　　　　121°18′40.74″E

性质与特征：

古猗园（猗园）为上海五大古典园林之一，建于明嘉靖年间（1522～1566年）。古猗园的规模有"十亩之园，五亩之宅"之说。古猗园由擅长竹刻、书画、叠石的朱稚征（三松）设计和布置，园中有亭、台、楼、阁、水榭、长廊等。因园内广植绿竹，园名取自《诗经》"绿竹猗猗"句，名为"猗园"。闵士籍去世后，猗园约在明万历末年转让给翰林李名芳之子李宜之。明末清初，猗园又先后为陆、李两姓所有。清乾隆十一年（1746年）冬，叶锦购得猗园，次年春大兴土木进行改建，清乾隆十三年（1748年）秋落成，名曰"古猗园"。1937年八一三事变，南翔地区遭受战火，古猗园内大部分建筑被毁，仅存的缺角亭（补阙亭）、小云兜、五老峰等假山也伤痕累累，面目全非。抗日战争胜利后，地方政府将其作为公园开放。1958年，上海市园林管理处拨款对古猗园进行了较大规模的整修和扩建，1959年10月1日古猗园重新对外开放。文革中古猗园又遭受严重破坏，1967年改为南翔公园，1977年恢复古猗园园名。古猗园历经多次整修和扩建始成今日规模，以"猗猗绿竹、幽幽曲水、典雅古筑、隽永楹联、花石斜径"而闻名沪上，占地面积约10万平方米。

古猗园主要景观有不系舟、白鹤亭、缺角亭、逸野堂、戏鹅池、松鹤园、青清园、鸳鸯湖、南翔壁、唐代经幢等，其构思精巧，古朴素雅，清淡洗练。古猗园中存有

古猗园之一

唐代经幢、宋代普同塔等，引人探幽揽胜。不系舟位于戏鹅池北侧，原为古猗园的书画舫。舟高5米、宽3米，面积74.6平方米。舟体为石结构，舱为砖木结构。前舱为亭形，歇山顶，小青瓦，长窗隔扇，舱首悬"不系舟"三字匾。中舱为廊，南北两面设扶王靠。后舱为楼，四面设窗，小瓦结顶。白鹤亭位于戏鹅池西岸。南翔镇地名传说是在梁天监元年至梁中大通元年（502～529年）时期，有两只仙鹤飞临此地一巨石上，后又南翔，故名。后人在此石上题诗："白鹤南翔去不归，唯留真迹在名基。可怜后代空王子，不绝薰修享二时"，白鹤亭就是依据这个典故而建的。亭高9米，面积10平方米，五角高翘似孔雀开屏状；亭尖成五方宝石形，尖顶有一只形状特异、展翅南飞的白鹤，引颈伸尾，双翅拍击，凌空欲飞。亭边水中立石碑，碑高2.7米、宽0.95米，上刻前述的白鹤南翔诗。缺角亭位于竹枝山顶，又名补阙亭。1931年九一八事变，日军侵占东北三省。1933年4月建亭时，四柱翘角亭独缺东北向的一角，以志国耻。1976年重建的缺角亭为砖木结构，高5米，面积40.9平方米。亭为方形，筒瓦攒尖顶，上塑火炬，其东南、西南、西北三角塑有紧握的铁拳，唯东北角无拳。亭内上方塑有九条龙，四周有坐凳。亭基为一方形混凝土平台，台周围设花色栏杆。经幢建于唐咸通八年（867年），全名为尊胜陀罗尼经幢。幢体为花岗石，高10米，仰莲基座，八角七级幢柱，飞檐幢顶，上镌尊胜陀罗尼经，四大天王佛像坐立其顶，各节系束腰莲花瓣。

旅游区域及进出条件：

古猗园位于沪宜公路古猗园路口，邻近云翔寺。交通便利，公交562路、南翔1路、北嘉线等多条线路以及轨道交通11号线等可到达。

保护与开发现状：

对外开放。2004年被上海市绿化和市容管理局评为上海市五星级公园。2006年

古猗园之二

被全国旅游景区质量等级评定委员会评为国家AAAA级旅游景区。2012年被上海市科学技术委员会命名为上海市科普教育基地。

名称：顾维钧生平陈列室

编号：JD08

资源类型：FAE

单体资源等级：4

行政位置：嘉定镇街道南大街394号

地理位置：31°23′09.24″N
121°14′45.81″E

性质与特征：

顾维钧生平陈列室为人物专题性展示馆，位于法华塔院内，展示了我国著名外交家、嘉定籍人士顾维钧先生50多年的外交生涯及其曾经用过的部分物品。

顾维钧（1888～1985年），中国近现代史上卓越的外交家之一，北洋政府和国民党政府时期外交界的领袖人物，中华民国高级外交官员，被誉为"民国第一外交家"。顾维钧生于嘉定，初入旧式私塾，后

于清光绪二十五年（1899年）考入上海英华书院，清光绪二十七年（1901年）考入圣约翰书院。清光绪三十年（1904年）进入美国哥伦比亚大学，主修国际法及外交，获博士学位。1912年回国后，顾维钧任总统秘书、内阁秘书、外务部顾问和宪法起草委员等职。自1915年起，顾维钧历任北洋政府驻墨西哥、美国、古巴、英国公使。1919年和1921年，他作为中国代表团成员出席巴黎和会和华盛顿会议。在巴黎和会上，顾维钧就山东的主权问题据理力争，以出色的辩论才能阐述中国对山东有不容争辩的主权，为维护中华民族的主权作出了贡献。1922～1926年，顾维钧先后任北洋政府的外交总长、财政总长、代理国务总理等职，并于1924年5月曾代表中国政府与苏联签订《中俄解决悬案大纲协定》。1931年九一八事变后，顾维钧以中国代表身份参加了国际联盟李顿调查团，调查日本帝国主义在中国东北的侵略罪行。自1932年起，顾维钧先后任驻法、英、美大使和驻国际联盟代表等职。1945年6月，顾维钧出席旧金山会议，参加《联合国宪章》起草工作，并代表中国政府在《联合国宪章》上签字。

顾维钧生平陈列室

其后，顾维钧任国民党政府驻联合国代表。1956～1967年，顾维钧历任海牙国际法庭法官、国际法院副院长等职。退休后，顾维钧定居美国，他用了17年时间完成口述回忆录，记述了自己50多年从事外交工作的经历。1985年11月14日，顾维钧在美国纽约逝世。

顾维钧生平陈列室分留学美国矢志外交、初涉外交崭露头角、任职国联护卫国权、争取外援、参与创建联合国、外交耆宿蜚声中外6个部分，介绍了顾维钧的外交生涯。陈列室内展品有顾维钧当年穿过的外交礼服、国际法庭赠送的银盘法槌、各国首脑馈赠的勋章礼品、香港特首董建华父母在顾维钧90寿辰时馈赠的百寿图等文物，以及顾维钧各个时期的历史照片百余幅。

旅游区域及进出条件：

顾维钧生平陈列室位于法华塔院，邻近塔厅书场、法华塔、州桥等。公交嘉定11路、淞嘉线、沪唐专线等多条线路可到达。

保护与开发现状：

对外开放。

名称：嘉定古城州桥历史文化风貌区
编号： JD09
资源类型： FDC
单体资源等级： 4
行政位置： 嘉定镇街道
地理位置： 31°23′10.30″N
　　　　　　121°14′45.81″E

性质与特征：

嘉定古城州桥历史文化风貌区占地面积39万平方米，形成和发展于宋、元、明、清时代。

嘉定古城州桥历史文化风貌区被称为"嘉定之根"，汇集历代古塔、老街、旧庙、名园。如今有3个传统街巷和河道格局保存完好的区域。风貌区内主要历史建筑有嘉定孔庙、汇龙潭公园、秋霞圃、法华塔等12处古建筑，以及以州桥（登龙桥）为

嘉定古城州桥历史文化风貌区

代表的 7 座古桥。

旅游区域及进出条件：

　　嘉定古城州桥历史文化风貌区位于嘉定镇街道中部，北至清河路以北 30 米，南至沙霞路以南 30 米，东至博乐路以东 50 米，西至南大街以西 30 米。公交嘉定 4 路、嘉定 12 路、沪唐专线等多条线路可到达。

保护与开发现状：

　　对外开放。2005 年被上海市城市规划管理局（现上海市规划和国土资源管理局）划定为上海市郊区及浦东新区历史文化风貌区。

名称：汇龙潭公园

编号： JD10

资源类型： FAD

单体资源等级： 4

行政位置： 嘉定镇街道塔城路 299 号

地理位置： 31°22′56.16″N
　　　　　　121°14′55.50″E

性质与特征：

　　汇龙潭公园原名奎山公园。明万历十六年（1588 年），嘉定知县熊密在县学前挖池，定名汇龙潭。明末清初，汇龙潭经多次疏浚整理，潭水与孔庙建筑和应奎山相映，景观优美，有"疁庠八景"之说。所谓八景即指汇龙潭影（汇龙潭）、殿庭乔柏（孔庙古柏）、映奎山色（应奎山）、黉序疏梅（在县学中，已湮没）、聚奎穿阁（魁星阁）、双桐揽照（已湮没）、启震虹梁（龙门桥）、丈石凝晖（已湮没）。其中五景尚存，且有四景在汇龙潭公园中，只有一景在公园外。1928 年，嘉定县政府将汇龙潭、孔庙、应奎山、魁星阁、龙门桥、文昌阁一带面积约 2 万多平方米的建筑物和花木略加整修，于翌年 2 月辟为奎山公园，并免费对外开放。1937 年八一三事变时期，奎山公园遭到破坏，公园名存实亡。1976 年 6 月，以奎山公园残存的景点为基础，扩建为嘉定人民公园。1977 年 10 月上海市园林管理处拨款修建，1978 年 4 月命名为汇龙潭公园。经过二期建设工程，在政府有关部门的支持下，先后将周家祠堂内明代的翥云峰、嘉定城南门塔林的宋代石佛塔（万佛宝塔）、清代的缀华堂、民国前期的畅观楼，以及石狮一对迁入公园内，使汇龙潭公园成为一个具有江南古典园林风格的公园。面积近5万平方米。

汇龙潭公园由南北两个景区组成。南部景区占地面积约3万平方米，其中水域面积约7 000平方米，主要景点有汇龙潭、文昌阁、魁星阁、应奎山、打唱台、碧河池、井亭、状元钟楼、纪念碑、瀑布、玉虹桥、嘉乐亭、树盘石等。北部景区占地面积1.49万平方米，主要景点有畅观楼、缀华堂、怡安堂、翥云峰、石佛塔、夕照亭、五谷亭、翠篁阁等。

侯、黄纪念碑位于汇龙潭南草坪西侧，是在抗日战争前夕为纪念明末固守嘉定抗清殉难的侯峒曾、黄淳耀而建造的。纪念碑由嘉定全县教职员工和学生捐资建造。1936年4月动工，同年6月竣工，同年11月6日揭幕。碑高8.33米、宽2.75米，基台四周设栏杆，均为钢筋混凝土结构。碑文由黄世祚撰，吴契书，孙仲渊刻石。

怡安堂、翥云峰位于公园北部，两景均在橘香园内。怡安堂原名诒安堂，建于清光绪十一年（1885年），由翁同龢题额。1981年由孩儿桥附近移建至此后，1984年改为怡安堂，由胡厥文题行书额，成为公园北部的主建筑。堂三楹、硬山顶、砖木结构，秀雅无华，建筑面积118平方米。堂前竖一高丈余的峰石，俊秀雄奇，玲珑别致，具有太湖石"瘦、皱、透、漏"的特点。峰石的右上方刻有小篆体"翥云峰"三字，为明宋玉所书。此石原为明崇祯年间（1628～1644年）御史赵洪范所有，他在巡按云南期间，见此石清秀挺拔，遂设法运归乡里，取名翥云峰。后赵家败落，石多次易主，后归周姓，1980年自周家祠堂移入公园内。

旅游区域及进出条件：

汇龙潭公园位于南大街与塔城路交界处，西近南大街，与嘉定孔庙为邻，南沿沙霞路，邻近紫藤公园及嘉定古城墙，东靠博乐路。公交嘉定6路、嘉定11路、淞嘉线等多条线路可到达。

保护与开发现状：

对外开放。翥云峰1992年被嘉定区人民政府列为嘉定区文物保护单位。汇龙潭公园2007年被上海市绿化和市容管理局评为上海市三星级公园。

名称：**马陆葡萄艺术村**
编号：JD11
资源类型：FAB
单体资源等级：4
行政位置：马陆镇大治路27号
地理位置：31°22′28.48″N
　　　　　121°16′44.88″E

汇龙潭公园

马陆葡萄艺术村

性质与特征：

马陆葡萄艺术村位于马陆镇东北角的大裕村，是马陆镇葡萄种植的都市农业集聚区，也是一个集特色农产品展示、田园餐饮、休闲娱乐、文化艺术、农家乐体验等功能于一体的新型农业旅游村。

在面积8.06平方千米的马陆葡萄艺术村里，有集科研、示范、培训、休闲为一体的马陆葡萄公园，有舒适、惬意又富有江南水乡风貌的自然村落，有天然的生态公园，有个性突出的画家工作室和画家村。游客置身这里，能够品尝葡萄，零距离体验原生态的乡村生活。

马陆葡萄公园于2005年动工新建，2006年正式开放。公园由情侣葡萄园、葡萄观赏园、水上葡萄园、葡萄科普园、葡萄走廊等组成。情侣葡萄园内不同品种的葡萄主蔓相互缠绕，如同情侣；棚顶架设遮阳网、水帘风机以增湿降温；下铺彩砖，设休闲桌椅。葡萄观赏园占地1万平方米，在那里游客可以脚踩草地、头顶葡萄，观赏休闲两相得。水上葡萄园里沿着人工河栽种葡萄，这里的葡萄棚架伸向水面，游客可以泛舟采摘葡萄，体验别样的水上娱乐。葡萄科普园里种植有不同品种的葡萄，供游客参观。葡萄走廊由内部环路搭建葡萄棚架而组成，可供游客观赏小憩。公园内种植的葡萄品种有夏黑葡萄、巨峰葡萄、巨玫瑰葡萄、醉金香葡萄等，这些葡萄品种深受消费者的欢迎。

旅游区域及进出条件：

马陆葡萄艺术村位于大治路。公交马陆1路可到达。

保护与开发现状：

对外开放。2006年被国家旅游局命名为全国农业旅游示范点。2009年被上海市农业委员会、上海市旅游局共同评为上海农业旅游推荐单位。2010年被全国旅游景区质量等级评定委员会评为国家AAAA级旅游景区。2012年被上海市科学技术委员会命名为上海市科普教育基地。

安亭老街

名称：**安亭老街**
编号：JD12
资源类型：FDB
单体资源等级：3
行政位置：安亭镇
地理位置：31°18′01.62″N
　　　　　121°08′55.92″E

性质与特征：

安亭老街全长约700米，商业面积达2万平方米，形成于明清时期。2004年完成改建工程。

安亭老街自古繁华，沿街民宅鳞次栉比，石板小路曲径通幽，河道两岸古木参天。2004年经整体改造，重现了明清时期以安亭泾为主轴、以严泗桥为中心的江南水乡古镇"路—河—街"格局，成为古色古香的文化、旅游、休闲商业街。主要景点有菩提寺、永安塔等，开设有老街文化特色店、汽车城旅游纪念品店、民俗风情名吃店等服务设施。

旅游区域及进出条件：

安亭老街位于安亭泾畔，南起昌吉路，北至和静路，邻近菩提寺及永安塔。公交安亭3路、安亭4路、安亭6路等多条线路可到达。

保护与开发现状：

对外开放。2008年被上海市商务委员会命名为上海特色商业街。2010年被全国旅游景区质量等级评定委员会评为国家AAA级旅游景区。

名称：华亭人家

编号：JD13

资源类型：FAB

单体资源等级：3

行政位置：华亭镇霜竹公路518号

地理位置：31°28′54.24″N
121°17′13.38″E

性质与特征：

华亭人家是集种源农业、观光农业、设施农业为一体的现代农业园区，占地面积86万平方米，2006年建成开园。

华亭人家分为现代农业展示区、农业科普教育区、城市居民休闲观光区等，它以"田园嘉定"为特色，设有钓鱼塘、瓜果棚、龟鳖池等农家乐活动区域。

旅游区域及进出条件：

华亭人家位于嘉定现代农业园区，邻近毛桥村。公交北华线、嘉唐华线等线路可到达。

保护与开发现状：

对外开放。2006年被国家旅游局命名为全国农业旅游示范点。2009年被全国旅游景区质量等级评定委员会评为国家AAA级旅游景区。同年，被上海市农业委员会、上海市旅游局共同评为上海农业旅游推荐单位。

名称：毛桥村

编号：JD14

资源类型：FAB

单体资源等级：3

行政位置：华亭镇霜竹公路1268号

地理位置：31°28′26.59″N
121°14′43.77″E

性质与特征：

毛桥村2006年被农业部评选为全国35个"社会主义新农村"建设示范村之一，占地面积85万平方米。

毛桥村田园风光恬静、乡风民俗醇厚。其农家乐项目有农具展览、知青小屋、千斤桃王、毛桥食堂、都市农夫、百年老宅、曲泾通幽、一叶扁舟、老榆树下、农家书屋、竹林野趣等。毛桥村的嘉定黄草编织品（即徐行草编）特色鲜明，样式新颖，被评为

华亭人家

国家级非物质文化遗产。另外，毛桥村还以种植"上海白蒜"而驰名。

旅游区域及进出条件：

毛桥村位于霜竹公路西段，邻近华亭人家、浏岛风景区。公交嘉唐华线、沪唐专线等线路可到达。

保护与开发现状：

对外开放。2006年被国家旅游局命名为全国农业旅游示范点。2009年被全国旅游景区质量等级评定委员会评为国家AAA级旅游景区。

毛桥村

嘉定城隍庙

名称：嘉定城隍庙
编号：JD15
资源类型：FAC
单体资源等级：3
行政位置：嘉定镇街道东大街314号
地理位置：31°23′16.76″N
　　　　　121°14′58.30″E

性质与特征：

嘉定城隍庙占地面积1.3万平方米，始建于南宋嘉定年间（1208～1224年）。1987年，嘉定城隍庙与秋霞圃合二为一，并正式对外开放。

嘉定城隍庙大殿高14米，宽23.54米，殿宇宏敞。殿脊有动物图案、八仙坐像、盘龙吐水戏珠雕塑，殿前石栏雕有石狮。大殿与2个寝宫呈"工"字形相连，为江南罕见的双顶连体庙宇建筑。庙后曾建有戏台、书场等，一度有"朝朝城隍庙，夜夜小山堂"之名。

旅游区域及进出条件：

嘉定城隍庙位于东大街，邻近秋霞圃及陆俨少艺术院等。公交嘉定1路、嘉定4路、嘉定6路等多条线路可到达。

保护与开发现状：

对外开放。

名称：嘉定古城西门历史文化风貌区
编号：JD16
资源类型：FDC
单体资源等级：3
行政位置：嘉定镇街道
地理位置：31°22′50.58″N
　　　　　121°14′12.36″E

性质与特征：

嘉定古城西门历史文化风貌区占地面积31万平方米，形成于明清时期。

嘉定古城西门历史文化风貌区

嘉定古城西门历史文化风貌区西大街为前街后河的格局，是嘉定地区保存较为完整的老街巷。主要历史建筑有古城墙、水城门闸、西溪草堂、厚德堂、崇得堂等。反映出古镇城门周边的历史风貌。

旅游区域及进出条件：

嘉定古城西门历史文化风貌区位于清河路以北、练祁河以南、环城河以东和沪宜公路以西的范围内。公交嘉定9路、嘉安线、嘉朱专线等多条线路可到达。

保护与开发现状：

对外开放。2005年被上海市城市规划管理局（现上海市规划和国土资源管理局）划定为上海市郊区及浦东新区历史文化风貌区。

名称：南翔古镇双塔历史文化风貌区

编号：JD17

资源类型：FDC

单体资源等级：3

行政位置：南翔镇

地理位置：31°17′34.65″N
　　　　　121°18′13.29″E

性质与特征：

南翔古镇双塔历史文化风貌区占地面积13万平方米，形成于宋元及以后时期。

南翔古镇双塔历史文化风貌区主要历史建筑有南翔寺砖塔（又名南翔双塔）、许苏民墓以及塔周边和西侧的横沥西岸保留的一些以孙氏住宅为代表的传统民居，反映了南翔古镇塔与寺周边的历史风貌。

旅游区域及进出条件：

南翔古镇双塔历史文化风貌区位于德华路以北、民主街以南、南华路以西的范围内。公交562路、南翔3路、南翔5路等多条线路可到达。

保护与开发现状：

对外开放。2005年被上海市城市规划管理局（现上海市规划和国土资源管理局）划定为上海市郊区及浦东新区历史文化风貌区。

名称：南翔古镇古猗园历史文化风貌区

编号：JD18

资源类型：FDC

单体资源等级：3

行政位置：南翔镇

地理位置：31°17′32.64″N
　　　　　121°18′38.40″E

南翔古镇古猗园历史文化风貌区

性质与特征：

南翔古镇古猗园历史文化风貌区占地面积25万平方米，形成于明清时期。

南翔古镇古猗园历史文化风貌区主要历史建筑有古猗园以及园西、园北侧保留的传统河道黄泥泾、走马塘等。风貌区内传统的建筑风貌和街巷格局保存完整，反映出古镇、古园林的历史风貌。

旅游区域及进出条件：

南翔古镇古猗园历史文化风貌区位于走马塘以北、沪宜公路以南、黄泥泾以东和古猗园路以西的范围内。交通便利，公交562路、南翔1路、北嘉线等多条线路

南翔古镇双塔历史文化风貌区

上海相东佛像艺术馆

以及轨道交通 11 号线等可到达。

保护与开发现状：

对外开放。2005 年被上海市城市规划管理局（现上海市规划和国土资源管理局）划定为上海市郊区及浦东新区历史文化风貌区。

名称：上海相东佛像艺术馆

编号：JD19

资源类型：FAE

单体资源等级：3

行政位置：菊园街道（筹）沪宜公路 4532 号

地理位置：31°22′17.52″N
　　　　　121°13′22.02″E

性质与特征：

上海相东佛像艺术馆占地面积约 1.3 万平方米，建筑面积 4 500 平方米，2008 年建成开馆。

上海相东佛像艺术馆陈列面积 7 000 平方米，分精品区、石佛造像、罗汉造像、木佛造像、泥塑佛造像 5 个展区，陈列有上溯北魏、下至民国的历代佛像精品 1 000 余件，展示出中国雕塑艺术及其各个时代的审美特征。精品区经两次设计改造，将传统文化与现代科技完美融合，使明清珍藏品的神韵得以体现。

旅游区域及进出条件：

上海相东佛像艺术馆邻近沪宜公路胜辛路口。交通便利，公交嘉定 5 路、嘉钱线、嘉朱专线等多条线路以及轨道交通 11 号线等可到达。

保护与开发现状：

对外开放。

名称：陆俨少艺术院

编号：JD20

资源类型：FAE

单体资源等级：3

行政位置：嘉定镇街道东大街 358 号

地理位置：31°23′15.66″N
　　　　　121°14′56.52″E

性质与特征：

陆俨少艺术院是陆俨少作品收藏、研究中心，占地面积 4 300 平方米，收藏有陆俨少作品 75 件，建于 1999 年。

陆俨少（1909～1993 年），嘉定南翔人，当代画坛著名山水画家，绘画、书法、诗文俱精。历任上海中国画院画师、浙江画院院长、浙江美术学院教授、中国美术家协会理事等职。

旅游区域及进出条件：

陆俨少艺术院位于博乐广场东侧，邻近秋霞圃及法华塔等。公交嘉定 4 路、嘉定 10 路、嘉定 12 路等多条线路可到达。

陆俨少艺术院

保护与开发现状：

对外开放。现为嘉定区爱国主义教育基地。

名称： 吴兴寺

编号： JD21

资源类型： FAC

单体资源等级： 3

行政位置： 外冈镇沪宜公路 5428 号

地理位置： 31°21′55.08″N
121°10′21.00″E

性质与特征：

吴兴寺始建于南朝梁天监十年（511年），初建时占地面积 7 000 平方米，有大雄宝殿、大悲阁、文昌阁等百余间建筑，鳞次栉比，雄伟壮观。后屡经兴废，1995年修缮开放。

吴兴寺现有天王殿、大雄宝殿、藏经楼等，供奉有释迦牟尼、观世音等佛像 120 尊，多年来香火不断，为上海西北地区一大宗教景观。

旅游区域及进出条件：

吴兴寺位于嘉松北路外冈路口。公交嘉安线、嘉钱线、嘉牛专线等多条线路可到达。

保护与开发现状：

对外开放。

名称： 古银杏树公园

编号： JD22

资源类型： FAD

单体资源等级： 3

行政位置： 安亭镇光明村

地理位置： 31°19′00.00″N
121°14′29.34″E

名称：**州桥**
编号：JD23
资源类型：FFA
单体资源等级：3
行政位置：嘉定镇街道
地理位置：31°23′10.30″N
　　　　　121°14′45.81″E

性质与特征：

州桥（登龙桥）始建于南宋淳祐五年（1245年），因嘉定地区在元代设为州，故称为"州桥"。明成化四年（1468年）重建。1998年重修。

州桥为跨练祁河的单孔石拱桥，南北走向，长13米，宽5.9米，净跨5.7米，高3米。石阶桥面南北各13级。州桥南连博乐广场、法华塔，东接秋霞圃，是嘉定城内重要的旅游通道。州桥附近汇聚了宋、元、明、清历代古塔、老街、旧庙、名园等。

旅游区域及进出条件：

州桥位于练祁河旁，邻近博乐广场、塔听书场及法华塔等。公交嘉定4路、嘉定10路、嘉定12路等多条线路可到达。

保护与开发现状：

对外开放。2009年被全国旅游景区质量等级评定委员会评为国家AAAA级旅游景区。

古银杏树公园

性质与特征：

古银杏树公园为上海古树名木编号001的古银杏树所在的园林区，占地面积6 700平方米。

据文字记载和科学测定，这棵古银杏树植于唐贞元元年（785年），迄今已生存1 200余年。银杏树是长寿树，树龄可达千年以上，又被称为植物的"活化石"。

旅游区域及进出条件：

古银杏树公园位于光明村，邻近上海国际赛车场。公交安亭2路、安亭4路等多条线路可到达。

保护与开发现状：

对外开放。

州桥

名称：**永安塔**
编号：JD24
资源类型：FCA
单体资源等级：3
行政位置：安亭镇安亭老街
地理位置：31°18′01.61″N
　　　　　121°08′52.21″E

永安塔

性质与特征：

永安塔始建于三国吴赤乌二年（239年），明清时期屡经兴废。2003年重新修建。

永安塔为六面九层佛塔，总高度52.88米，金碧辉煌。塔下有地宫，塔顶有斗室。塔身每层设壸厅道，有平台贯通。塔刹高10米，黄铜镀金。塔外廊檐用细木雕琢，塔内有扶梯可登塔顶。塔周有仿明清的建筑围合以及明严泗桥相傍，流水潺潺，展现出"永安朝晖、双桥塔影"的景色。

旅游区域及进出条件：

永安塔位于安亭老街，邻近新源路昌吉路口，毗邻菩提寺。公交安亭1路、安亭3路、安亭4路等多条线路可到达。

保护与开发现状：

对外开放。

名称：法华塔

编号：JD25

资源类型：FCA

单体资源等级：3

行政位置：嘉定镇街道南大街394号

地理位置：31°23′09.46″N
　　　　　121°14′46.56″E

性质与特征：

法华塔（金沙塔）始建于南宋开禧元年（1205年），明万历三十六年（1608年）重修。法华塔为砖木结构，高40.85米，重修后建有七重楼台，四面设壸门，各层有平座、栏杆和腰檐，层间飞檐翘角，悬檐铃，形成"金沙夕照"的美景。明末书法家娄坚题"法华塔"三字。1924年大修，改底层围廊、各层腰檐栏杆、七层塔顶为钢筋混凝土结构。

法华塔四周有古桥、老街，将"一塔、二河、三街、四桥"的景观融为一体，呈现出江南水乡景色。

旅游区域及进出条件：

法华塔位于博乐广场西侧、练祁河旁，邻近嘉定孔庙及汇龙潭公园。公交嘉定4路、嘉定10路、嘉定12路等多条线路可到达。

保护与开发现状：

对外开放。2002年被上海市人民政府列为上海市文物保护单位。

名称：南翔寺砖塔

编号：JD26

资源类型：FCA

单体资源等级：3

行政位置：南翔镇人民街

地理位置：31°17′32.35″N
　　　　　121°18′15.35″E

法华塔

性质与特征：

南翔寺砖塔（又称南翔双塔）是一对年代久远的仿木结构楼阁式砖塔，原位于白鹤南翔寺（今云翔寺）山门内两侧，始建于五代至北宋初年。清乾隆三十一年（1766年），寺院遭焚毁，砖塔劫后余生。1985年，根据古塔尚存构件及地下实物，并参考文献资料而修复重建。2008年修缮。

南翔寺砖塔今为砖制构件，仿木结构楼阁式建筑。七级八面，建筑高度11米，底层直径1.86米。有火焰形壶门，简朴直棂窗，精巧斗拱，细腻栏板，秀挺塔刹，为典型的唐宋建筑风格。

南翔寺砖塔

旅游区域及进出条件：

南翔寺砖塔位于人民街，邻近古猗园及云翔寺。公交562路、南翔3路、南翔5路等多条线路可到达。

保护与开发现状：

对外开放。1980年被上海市人民政府列为上海市文物保护单位。

名称：上海汽车博物馆

编号：JD27

资源类型：FAE

单体资源等级：3

行政位置：安亭镇博园路7565号

地理位置：31°16′55.86″N
121°09′49.50″E

性质与特征：

上海汽车博物馆是一家汽车专题性博物馆，占地面积1.17万平方米，建筑面积2.79万平方米，2007年建成开馆。

上海汽车博物馆的建筑形态采用了大量的流动曲线，象征着汽车在高速行驶时的运动轨迹；其外形似叠加的书本。博物馆内展示总面积1万平方米，按功能划分为5个部分，分别是历史馆、技术馆、品牌馆、古董车馆、临展馆。目前开放历史馆和古董车馆，展示面积约5000平方米，陈列有汽车诞生以来世界上出现过的近70款经典车型，时间跨度逾百年，涉及22个著名品牌。历史馆通过展示世界汽车发展历程，反映了汽车对人类社会发展的重大影响。古董车馆由美国黑鹰汽车博物馆提供多款经典车，介绍了汽车发展各个不同时期的重要特征。

上海汽车博物馆

旅游区域及进出条件：

上海汽车博物馆位于上海汽车博览公园，邻近安亭老街、菩提寺、永安塔、安亭市民广场及安亭新镇。公交安亭4路、安亭7路、安虹线等多条线路可到达。

保护与开发现状：

对外开放。2012年被上海市科学技术委员会命名为上海市科普教育基地。

名称：菩提寺

编号：JD28

资源类型：FAC

单体资源等级：3

行政位置：安亭镇永安街422号

地理位置：31°18′02.46″N
121°08′47.40″E

性质与特征：

菩提寺相传是孙权为其母吴国太所

菩提寺

建，始建于三国吴赤乌二年（239年），是嘉定区境内最早的佛寺，也是上海地区历史悠久的佛寺之一。其后屡经兴废。宋朝初年敕赐"菩提"匾额，正式更名为菩提寺。2003年移至今址重建，占地约8 800平方米。大雄宝殿、观音殿、菩提阁等殿堂均按江南明清风格复建。七间重檐歇山顶的大雄宝殿面宽32.8米，进深23.8米，高21.8米，建筑面积610平方米。大殿内供奉三世佛像，两旁二十诸天像，均为楠木雕成。寺内六棵高大的古银杏树均为清乾隆年间（1736～1795年）栽种，枝茂叶绿，见证着菩提寺的兴衰。

旅游区域及进出条件：

菩提寺位于安亭老街，邻近永安塔。公交安亭1路、安亭3路、安亭4路等多条线路可到达。

保护与开发现状：

对外开放。

名称：云翔寺

编号： JD29

资源类型： FAC

单体资源等级： 3

行政位置： 南翔镇人民街100号

地理位置： 31°17′33.10″N
121°18′11.09″E

性质与特征：

云翔寺原名南翔寺，曾名留云寺，始建于南朝梁天监四年（505年），清康熙三十九年（1700年）赐御笔"云翔寺"。清乾隆三十一年（1766年）寺旁香花桥民宅起火，殃及天王殿，千年古寺仅存南翔寺砖塔（重新修复）及石经幢（迁古猗园）。1932年，十九路军总指挥部设于寺内，屡遭日本战机轰炸，仅残存地藏殿。2000年在旧址上重建。

云翔寺为仿唐建筑，庄严古朴，气势恢宏。现寺院中轴线上有石桥、山门、大雄宝殿、天王殿、观音殿、普贤殿、文殊殿、法堂、大背纪念堂、云水堂、钟鼓楼、僧寮、斋堂等建筑。

旅游区域及进出条件：

云翔寺位于人民街，邻近古猗园、南

云翔寺

翔寺砖塔及南翔老街。公交562路、南翔5路、嘉定52路等多条线路可到达。

保护与开发现状：

对外开放。

名称：娄塘古镇历史文化风貌区

编号：JD30

资源类型：FDC

单体资源等级：3

行政位置：徐行镇娄塘村

地理位置：31°25′51.20″N
　　　　　121°12′52.73″E

性质与特征：

娄塘古镇历史文化风貌区位于嘉定区北部。娄塘为嘉定地区的四大古镇之一，因依娄塘河而得名。建于明永乐年间（1403～1424年），距今已有600多年的历史。风貌区基本保留了较完整的街巷格局，大大小小街道近20条，多为麻石铺成，两侧大多为清末民初建筑，横沥与娄塘河呈"十"字形交叉，河流蜿蜒，小街盘曲。当地有"娄塘街条条歪，七曲八弯十八个大井堂"之说，行走其间，妙趣横生，古意盎然。现留存有抗日纪念坊、天主堂、印家住宅、春蔼堂等历史建筑。

旅游区域及进出条件：

娄塘古镇历史文化风貌区位于嘉塘公路以南，南至娄塘河。公交嘉定8路、嘉陆线、嘉唐华线等多条线路可到达。

保护与开发现状：

对外开放。2005年被上海市城市规划管理局（现上海市规划和国土资源管理局）划定为上海市郊区及浦东新区历史文化风貌区。

名称：上海益力多乳品有限公司

编号：JD31

资源类型：FAF

单体资源等级：2

行政位置：嘉定工业区伊宁路986号

地理位置：31°20′31.56″N
　　　　　121°15′12.12″E

上海益力多乳品有限公司

性质与特征：

上海益力多乳品有限公司是由著名的活性乳酸菌饮品制造商Yakult集团投资建设的现代化生产和销售企业，位于嘉定地区的工厂厂区面积4.6万平方米，建筑面积6 800平方米，2006年建成投产。

上海益力多乳品有限公司开展"养乐多健康之旅"活动。针对儿童设有知识动漫、肠道探险、鲜出鲜饮、活动课堂等项目；针对成年人设有健康探秘、健康测验、生产直击、鲜出鲜饮等项目。Yakult公司成立于1935年，在全世界31个国家及地区开设了17家分公司，全球每天约有2 500万人享用Yakult养乐多的产品。

旅游区域及进出条件：

上海益力多乳品有限公司位于伊宁路永盛路口。交通便利，公交嘉定1路、嘉定9路、嘉亭线等多条线路以及轨道交通

娄塘古镇历史文化风貌区

11 号线等可到达。

保护与开发现状：

对外开放。2007 年被国家旅游局命名为全国工业旅游示范点。2012 年被上海市科学技术委员会命名为上海市科普教育基地。

名称：德富桥

编号： JD32

资源类型： FFA

单体资源等级： 2

行政位置： 嘉定镇街道中下塘街

地理位置： 31°23′10.50″N
121°14′48.24″E

性质与特征：

德富桥是单孔石质拱桥，建于明成化年间（1465～1487 年），距今 500 余年。

德富桥南北桥孔两侧分别刻有"一江澄练塔影虹垂，四面回澜冈身龙卧"及"迎潭水南来涵濡圣泽，障娄潮东去容与中流"楹联各一副，以描绘古桥周边的山水胜景。桥西是法华塔，桥东是近年新修的街心公园"博乐广场"。

德富桥

旅游区域及进出条件：

德富桥位于中下塘街，邻近州桥、法华塔及博乐广场等。公交嘉定 4 路、嘉定 10 路、嘉定 12 路等多条线路可到达。

保护与开发现状：

对外开放。

聚善桥

名称：聚善桥

编号： JD33

资源类型： FFA

单体资源等级： 2

行政位置： 嘉定镇街道西大街

地理位置： 31°22′41.88″N
121°13′57.30″E

性质与特征：

聚善桥为单孔石质拱桥，始建于明洪武十三年（1380 年）。明万历四十年（1612 年）重建。清同治三年（1864 年）重修。

聚善桥跨练祁河，南北走向，长 28 米，宽 4.20 米，桥孔净跨 9.30 米，高 5 米。石阶桥面，南北各 24 级。史料载"桥之成，多妇女捐助"，故当地称之为"女桥"。桥石密刻多字，细辨之，均系当时捐款女子的姓名。

旅游区域及进出条件：

聚善桥位于西大街。交通便利，公交嘉定 2 路、嘉定 11 路、嘉安线等多条线路以及轨道交通 11 号线等可到达。

保护与开发现状：

对外开放。

名称：外冈腊梅园

编号： JD34

资源类型： FAB

单体资源等级： 2

行政位置： 外冈镇马门村

地理位置： 31°21′19.36″N
121°10′03.74″E

性质与特征：

外冈腊梅园是集育种、切花生产、生态景观、农家乐、休闲游览于一体的腊梅种植示范基地，占地面积80万平方米，2009年对外开放。

外冈腊梅园栽植的腊梅品种主要有虎蹄、馨口、檀香、扬州黄、上海黄等，其中尤以培植于太平天国时期的"钱门古腊梅"最为著名，它与"崇明水仙"、"奉贤银柳"一起被奉为"上海三宝"。

旅游区域及进出条件：

外冈腊梅园邻近外钱公路、尹豪高尔夫练习场及吴兴寺。公交嘉牛专线、嘉钱线、嘉安线等多条线路可到达。

保护与开发现状：

对外开放。

外冈腊梅园

名称：天恩桥

编号： JD35

资源类型： FFA

单体资源等级： 2

行政位置： 南翔镇沪宜公路真圣堂桥畔

地理位置： 31°18′51.78″N
121°17′28.74″E

性质与特征：

天恩桥为嘉定区境内现存最大的三孔石拱桥，有"嘉定第一桥"的美誉。始建于明嘉靖年间（1522～1566年），初名真圣堂桥。清顺治年间（1644～1661年）改为石桥，易名天恩桥。桥长46米，桥面宽3.5米，离地5.5米，共有三拱，中孔净跨11.5米，两个边净跨5.5米。天恩桥横跨河面上，宏伟壮观。半圆形的石拱，与水中的倒影恰成圆圈之状。"天恩赏月"被列为"南翔八景"之一。

旅游区域及进出条件：

天恩桥位于南翔镇北，横跨于横沥上。公交北嘉线、沪唐专线、嘉江专线等多条线路可到达。

保护与开发现状：

对外开放。2000年被嘉定区人民政府列为嘉定区文物保护单位。

名称：百佛园

编号： JD36

资源类型： FAB

单体资源等级： 2

行政位置： 真新街道曹安路1978号

地理位置： 31°15′28.32″N
121°21′08.22″E

性质与特征：

百佛园是以佛像为主体、以茶文化为核心的主题园区，由陶艺收藏家许四海历时数十年而建成。

百佛园内多亭台楼榭，茂林修竹，小桥流水，曲径通幽；百余尊西晋魏唐佛像供奉于叠翠之间。百佛园内的"四海壶具博物馆"为上海市第一家经文物管理委员会批准的私人收藏博物馆，陈列有从史前到明清以及近代的各类壶具数百件。

旅游区域及进出条件：

百佛园位于S20外环高速与曹安公路交界处。公交561路、947路、950路等多条线路可到达。

天恩桥

百佛园

保护与开发现状：

对外开放。园内"四海壶具博物馆"获 2004 年"中国十大民间博物馆"称号。

名称：浏河岛

编号：JD37

资源类型：AEA

单体资源等级：2

行政位置：华亭镇

地理位置：31°28′27.72″N
　　　　　121°13′15.45″E

浏河岛

性质与特征：

浏河岛东临长江口，面积 108 万平方米，隔浏河与江苏省太仓市相望。四周高，中间低。岛上气候宜人、空气清新、森林茂密、花果飘香。岛上有迁建于此的状元楼（清代状元秦大成住宅）、潜研堂（清代史学大师、一代儒宗钱大昕第宅）等十余处古建筑。此外，还有浏岛度假村、上海市少年儿童浏河活动营地、金进赛马俱乐部和思博体验训练学校等。

旅游区域及进出条件：

浏河岛位于华亭镇北部。公交嘉华线、嘉唐华线、沪唐专线等多条线路可到达。

保护与开发现状：

对外开放。

名称：上海汽车博览公园

编号：JD38

资源类型：FAD

单体资源等级：2

行政位置：安亭镇博园路 7 001 号

地理位置：31°16′57.12″N
　　　　　121°09′54.78″E

性质与特征：

上海汽车博览公园是以汽车文化为主题，集汽车博览、休闲娱乐于一体的公园，占地面积 76.8 万平方米，于 2004 建成开放。

上海汽车博览公园是一个由大型公共建筑（会展中心）与公共绿地有机结合为一体的特色公园，通过挖湖堆山，形成"山相湖而造势，水行山而生灵"的空间格局；公园内有意大利式模纹花坛、自锚式悬索桥，以及严格按照驾驶要求设计的公园道路（名叫体验路）。在绿草如茵、湖光潋滟

661

上海汽车博览公园

的自然生态环境中，汽车文化与园林景观文化相互融合，颇具特色。

旅游区域及进出条件：

上海汽车博览公园位于上海国际汽车城核心贸易区南侧，西临墨玉南路，北接博园路，南以吴淞江为界，邻近安亭新镇。交通便利，公交安亭4路、安亭7路、安虹线等多条线路以及轨道交通11号线等可到达。

保护与开发现状：

对外开放。

名称：钱氏宗祠

编号： JD39

资源类型： FBB

单体资源等级： 1

行政位置： 外冈镇西街65号

地理位置： 31°21′55.59″N
　　　　　　121°10′20.72″E

性质与特征：

钱氏宗祠由清代学者钱大昕等人于清乾隆二十六年（1761年）所建。清咸丰十年（1860年），因兵灾损毁，由族人钱直卿等人筹款重建，至清光绪七年（1881年）落成。祠屋南向临河，分前后两进，两边是厢房，中间是一个小巧精致、花木葱郁的小花园。前面墙门间西壁上，砌嵌有族人钱怀春撰写的《重建钱氏祠堂记》碑石一块。钱氏宗族历来是嘉定外冈地区的望族，名人辈出。祠堂是他们祭祀祖先的地方。钱氏宗祠前面的两棵古银杏树，是有近500年历史的珍贵古木。钱大昕在著作中有"祖植银杏已高大成荫"之说，证明银杏树是钱氏祖先所植，且历史源远流长。两棵银杏树，东面一棵每年秋天果实累累，西面一棵却只开花不结果，故有雌雄树之说。两树盘根错节，干粗挺拔，枝茂荫广，为全区现存古银杏树中佼佼者。

钱大昕（1728～1804年），嘉定人，清代史学家、汉学家，以诗赋闻名江南。著有《唐石经考异》、《经典文字考异》、《元

钱氏宗祠

史艺文志》、《潜研堂文集》等，被公推为"一代儒宗"。

旅游区域及进出条件：

钱氏宗祠位于外冈镇，邻近吴兴寺。公交嘉定53路、嘉安线、嘉钱线等多条线路可到达。

保护与开发现状：

暂未开放。1992年被嘉定区人民政府列为嘉定区文物保护单位。

名称：**安亭市民广场**

编号：JD40

资源类型：FCI

单体资源等级：1

行政位置：安亭镇

地理位置：31°18′02.22″N
　　　　　121°09′33.24″E

性质与特征：

安亭市民广场占地面积约7万平方米，2003年建成开放。

安亭市民广场有水景区、表演区、广场区、树阵区、草坡区五大功能区，广场区建有青铜雕塑。绿地面积占总面积的75%以上。广场设计中西合璧、简洁大方。广场入口处耸立着一座"结"雕塑，两根巨柱像两股拧在一起的绳子，在顶部绕成一个结。此雕塑被命名为"团结结"。整个雕塑高16米，重18吨，用青铜合金精铸而成，它象征着安亭人民团结一心建设汽车城的决心。

旅游区域及进出条件：

安亭市民广场位于墨玉路阜康西路口。交通便利，公交安亭2路、安亭7路、嘉安线等多条线路以及轨道交通11号线等可到达。

安亭市民广场

保护与开发现状：

对外开放。

名称：**娄塘抗战纪念坊**

编号：JD41

资源类型：FCK

单体资源等级：1

行政位置：徐行镇娄塘村小东街

地理位置：31°26′03.66″N
　　　　　121°13′04.53″E

性质与特征：

娄塘抗战纪念坊位于徐行镇娄塘村小东街。1932年3月，日军占领娄塘，小东街民居流离失所；5月日军撤退后，当地居民陆续回归，但苦无栖身之所。后来，由新加坡等侨胞组织筹赈祖国难民会，捐巨款重建小东街，当地居民才得以安居。这一年秋天，李馥荪、张公权、朱吟江、胡筠庄、黄炎培等人在此建纪念坊，坊高6.1米，宽8.5米，沈恩孚题额，背面镌有杨卫玉识、潘昌豫书的短文，记述建造纪念坊的缘由。

娄塘抗战纪念坊

紫藤公园

旅游区域及进出条件：

娄塘抗战纪念坊位于娄塘村。公交嘉定8路、嘉陆线、嘉唐华线等多条线路可到达。

保护与开发现状：

对外开放。1992年1月被嘉定县人民政府列为嘉定县文物保护单位。

名称：紫藤公园

编号：JD42

资源类型：FAD

单体资源等级：1

行政位置：嘉定镇街道博乐路45号

地理位置：31°22′51.96″N
　　　　　121°15′22.59″E

性质与特征：

紫藤公园占地面积1万平方米，建成于1997年，1999年对外开放。

紫藤公园是嘉定与日本冈山县和气町开展友好交流活动的合作项目。公园内27个品种的86棵紫藤茁壮成长，组成1 500平方米的紫藤架，紫花串串，芬香诱人。紫藤公园既具有中国山水园林特色，又融入部分日本造园风格。公园内有水池、照壁、假山、亭子、小桥、石灯笼等景点，公园环境清新自然，湖光水色颇具情趣。

旅游区域及进出条件：

紫藤公园位于博乐路，邻近嘉定孔庙。公交嘉定4路、嘉定6路、嘉定11路等多条线路可到达。

保护与开发现状：

对外开放。

名称：竹刻博物馆

编号：JD43

资源类型：FAE

单体资源等级：1

行政位置：嘉定镇街道南大街321号

地理位置：31°22′58.13″N
　　　　　121°15′06.34″E

性质与特征：

竹刻博物馆是一家竹刻专题性博物馆，展厅面积500平方米，2007年建成开馆。

竹刻博物馆采用"全息成像"三维映像技术，将明清时期嘉定竹刻艺术精品拍摄成像，放映后产生漂浮于空中的立体效果，生动有趣地展示了嘉定竹刻文化的历史及其艺术价值。

旅游区域及进出条件：

竹刻博物馆位于嘉定古城州桥历史文化风貌区内的嘉定别墅，邻近博乐广场。公交嘉定3路、嘉定5路、嘉定11路等多条线路可到达。

保护与开发现状：

对外开放。嘉定竹刻 2006 年被国务院列为国家级非物质文化遗产。

竹刻博物馆

名称：塔厅书场
编号：JD44
资源类型：FAE
单体资源等级：1
行政位置：嘉定镇街道东大街
地理位置：31°23′11.52″N
　　　　　121°14′46.10″E

性质与特征：

塔厅书场是一处表演和欣赏评弹艺术的文化休闲场馆，1925 年建成营业，2000 年迁至城中路 1 号，2005 年闭门歇业。2008 年重新开放。

走进塔厅书场，游客将感受到江南古镇传统的一张票、一个座、一壶茶、一曲雅韵的艺术情趣。

塔厅书场

旅游区域及进出条件：

塔厅书场位于嘉定古城州桥历史文化风貌区，邻近州桥。公交嘉定 4 路、嘉定 10 路、嘉定 12 路等多条线路可到达。

保护与开发现状：

对外开放。

名称：上海市少年儿童浏河活动营地
编号：JD45
资源类型：FAB
单体资源等级：1
行政位置：华亭镇双塘村双浏路 132 号
地理位置：31°29′07.11″N
　　　　　121°14′11.55″E

性质与特征：

上海市少年儿童浏河活动营地是少年儿童素质教育活动基地，占地面积 10 万平方米，营地面积 3.33 万平方米，1987 年建成开放。

上海市少年儿童浏河活动营地充分利用自身的地理优势以及周边地区农村、部队、历史文化遗址等教育资源，以"自主、自理、实践、创新"为宗旨，以"野趣、乐趣、农趣"为特色，充分结合学校教育开展以学农、学军等为主题的校外教育实践活动。可容纳 600 名学生食宿。

旅游区域及进出条件：

上海市少年儿童浏河活动营地位于浏岛风景区。公交嘉华线、嘉唐华线、沪唐专线等多条线路可到达。

保护与开发现状：

对外开放。现为上海市爱国主义教育基地。

上海市少年儿童浏河活动营地

名称：**外冈游击队纪念馆**

编号：JD46

资源类型：FAE

单体资源等级：1

行政位置：外冈镇杨甸村恒谐路999号

地理位置：31°20′08.88″N
　　　　　121°10′20.23″E

性质与特征：

外冈游击队纪念馆占地面积3 000平方米，展厅面积120平方米，2008年建成开馆。

外冈游击队纪念馆由陈列室和吕炳奎旧居组成。陈列室分为淞沪大地血雨腥风、保家卫国揭竿而起、指路明灯坚决抗日、喜迎江抗（"江南抗日义勇军"的简称）除奸杀敌四部分，展出各种文物、图片和史料80余件，并采用影视、水粉画、雕塑等展示手段，生动地再现了当年外冈游击队在中国共产党的带领下，积极抗日、英勇战斗、前赴后继的光辉事迹。

旅游区域及进出条件：

外冈游击队纪念馆位于恒谐路，邻近外青松公路。公交嘉定53路、安菊线、嘉安线等多条线路可到达。

保护与开发现状：

对外开放。

外冈游击队纪念馆

松江区

上海旅游资源图志

概况

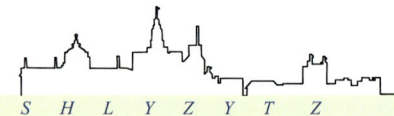

松江区位于上海市西南部，西、北与青浦区相邻，东与闵行区、奉贤区相连，南与金山区相接。区域面积604.65平方千米。2012年度，松江区户籍人口58.88万人，辖11个镇（泗泾镇、佘山镇、车墩镇、新桥镇、洞泾镇、九亭镇、泖港镇、石湖荡镇、新浜镇、叶榭镇、小昆山镇）、4个街道（岳阳街道、永丰街道、方松街道、中山街道）和1个园区（松江工业区）。2012年度，全区实现地区生产总值886.55亿元。其中，第一产业实现增加值8.41亿元，第二产业实现增加值540.72亿元，第三产业实现增加值337.42亿元，第一、第二、第三产业的增加值比例为0.9∶61∶38.1。2012年度，全区接待游客979.61万人次，组团人数52.3万人次，实现旅游总收入58.85亿元。

松江古称华亭，别称有云间、茸城、谷水等，是江南著名的鱼米之乡。唐天宝十年（751年），置华亭县。元至元十四年（1277年）升为华亭府，翌年改为松江府。至清嘉庆十年（1805年）演变为1府（松江府）、7县（华亭县、上海县、青浦县、娄县、奉贤县、金山县、南汇县）、1厅（川沙厅）。1912年松江废府，华亭县、娄县合并为华亭县，归江苏省管辖。1914年改称松江县。1949年后，苏南行政署设松江专区。1958年3月，松江专区撤销，改隶苏州专区。1958年11月由江苏省划归上海市。1998年2月，国务院批准撤县设区。

松江区内的佘山是上海陆地规模较大的自然山林胜地，历来以人文荟萃的历史文化和源远流长的宗教胜迹名闻遐迩，佘山国家旅游度假区已经成为市郊重要的休闲度假基地，辰山植物园和上海欢乐谷建成开园。松江区还拥有众多人文资源，如上海方塔园、醉白池公园、松江唐经幢、松江清真寺、西林塔等。

松江区距上海市中心约40千米，距虹桥综合交通枢纽15千米，距浦东国际机场50千米。是上海西南的重要交通门户。沪杭高速铁路、沪昆铁路穿境而过。G60沪昆高速、G15沈海高速、G1501上海绕城高速、S32申嘉湖高速等形成纵横交错的高速道路交通网，是上海连接整个长江三角洲地区、辐射长江流域的核心区域。轨道交通9号线的通车大大便利了松江区与上海市区的交通。

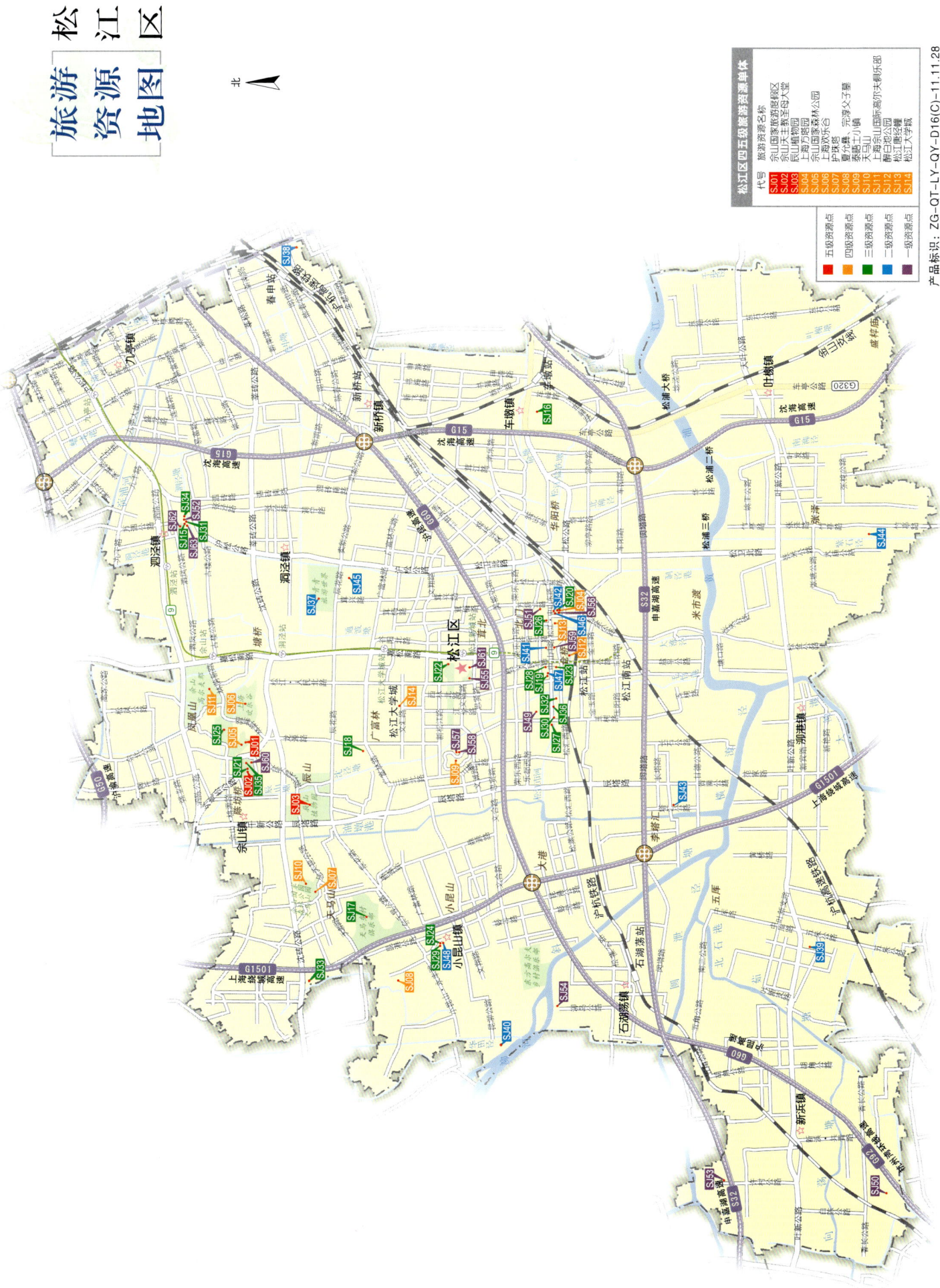

旅游资源列表

编号	名称	行政位置	资源类型	单体资源等级	地理位置
SJ01	佘山国家旅游度假区	佘山镇	FAB	5	31°05′31.14″N 121°11′46.50″E
SJ02	佘山天主教圣母大堂	佘山镇西佘山	FAC	5	31°05′31.14″N 121°11′46.50″E
SJ03	辰山植物园	佘山镇辰花路3888号	FAH	5	31°03′15.49″N 121°11′22.02″E
SJ04	上海方塔园	中山街道中山东路235号	FAD	4	31°00′53.13″N 121°14′48.27″E
SJ05	佘山国家森林公园	佘山镇	AAA	4	31°05′31.14″N 121°11′46.50″E
SJ06	上海欢乐谷	佘山镇林湖路888号	FAB	4	31°05′55.23″N 121°12′16.46″E
SJ07	护珠塔	佘山镇天马山	FCA	4	31°04′34.08″N 121°08′36.48″E
SJ08	夏允彝、完淳父子墓	小昆山镇荡湾村	FEB	4	31°02′27.03″N 121°07′43.94″E
SJ09	泰晤士小镇	方松街道三新北路900弄	FDC	4	31°02′08.58″N 121°11′19.92″E
SJ10	天马山	佘山镇	AAA	4	31°04′34.08″N 121°08′36.48″E
SJ11	上海佘山国际高尔夫俱乐部	佘山镇林荫新路288弄	FBD	4	31°06′15.12″N 121°12′53.52″E
SJ12	醉白池公园	岳阳街道人民南路64号	FAD	4	31°00′27.00″N 121°13′27.90″E
SJ13	松江唐经幢	中山街道中山东路西司弄43号	FCK	4	31°02′26.05″N 121°14′36.17″E

续表

编号	名称	行政位置	资源类型	单体资源等级	地理位置
SJ14	松江大学城	方松街道	FAA	4	31°03′03.41″N 121°12′09.35″E
SJ15	泗泾下塘历史文化风貌区	泗泾镇	FDC	3	31°06′46.11″N 121°16′15.37″E
SJ16	上海影视乐园	车墩镇北松公路4915号	FAB	3	31°00′51.26″N 121°18′20.23″E
SJ17	上海天马高尔夫乡村俱乐部	佘山镇赵昆公路3958号	FBD	3	31°03′56.70″N 121°08′44.70″E
SJ18	陈子龙墓	方松街道龙源路广富林路	FEB	3	31°03′44.19″N 121°11′38.07″E
SJ19	西林塔	岳阳街道中山中路666号	FCA	3	31°00′53.26″N 121°13′19.32″E
SJ20	砖刻照壁	中山街道中山东路235号	FCK	3	31°00′53.13″N 121°14′48.27″E
SJ21	上海天文博物馆	佘山镇西佘山	FAA	3	31°05′31.14″N 121°11′46.50″E
SJ22	中央公园	方松街道	FAD	3	31°02′18.22″N 121°13′28.30″E
SJ23	松江清真寺	岳阳街道缸甏巷75号	FAC	3	31°00′50.07″N 121°13′36.19″E
SJ24	小昆山	小昆山镇	AAA	3	31°01′59.33″N 121°07′01.07″E
SJ25	月湖雕塑公园	佘山镇林荫新路1158号	FAD	3	31°05′59.76″N 121°12′11.70″E
SJ26	云间第一楼	中山街道中山东路250号	FCC	3	31°00′56.28″N 121°14′40.31″E

续表

编号	名称	行政位置	资源类型	单体资源等级	地理位置
SJ27	云间第一桥	永丰街道中山西路玉树路西	FFA	3	31°00′27.83″N 121°12′19.51″E
SJ28	程十发艺术馆	岳阳街道中山中路458号	FAE	3	31°00′33.19″N 121°13′24.40″E
SJ29	九峰禅寺	小昆山镇小昆山	FAC	3	31°02′32.23″N 121°07′48.56″E
SJ30	大仓桥	永丰街道中山西路玉树路东	FFA	3	31°00′28.14″N 121°12′20.24″E
SJ31	马相伯故居	泗泾镇开江中路358号	FDD	3	31°06′49.38″N 121°16′19.30″E
SJ32	颐园	永丰街道松汇西路1172号	FAB	3	31°00′27.21″N 121°12′45.98″E
SJ33	上海天马赛车场	佘山镇沈砖公路3000号	FBD	3	31°03′56.70″N 121°08′44.70″E
SJ34	史量才故居	泗泾镇开江东路	FDD	3	31°06′51.12″N 121°16′28.33″E
SJ35	秀道者塔	佘山镇西佘山	FCA	3	31°05′49.17″N 121°11′05.37″E
SJ36	松江古城仓城历史文化风貌区	永丰街道	FDC	3	31°00′27.41″N 121°12′32.09″E
SJ37	青青旅游世界	中山街道辰花路388号	FAB	2	31°04′11.58″N 121°15′00.21″E
SJ38	春申君祠	新桥镇春申村	FBB	2	31°04′01.30″N 121°21′37.30″E
SJ39	上海五厍农业休闲观光园	泖港镇西厍路8号	FAB	2	30°56′09.47″N 121°07′38.34″E
SJ40	西部渔村	小昆山镇昆泖公路西端	FAB	2	N31°01′28.36″N E121°05′40.28″E
SJ41	东岳庙	岳阳街道岳庙街	FAC	2	31°00′36.14″N 121°13′44.48″E
SJ42	松江博物馆	中山街道中山东路233号	FAE	2	31°00′53.38″N 121°14′51.16″E
SJ43	李塔	石湖荡镇塔汇公路	FCA	2	30°58′36.34″N 121°10′54.47″E

续表

编号	名称	行政位置	资源类型	单体资源等级	地理位置
SJ44	叶榭马桥农家乐	叶榭镇马桥村	FAB	2	30°54′45.26″N 121°16′15.59″E
SJ45	上海高博特生物保健品有限公司	中山街道花桥村	FAF	2	31°03′59.59″N 121°15′06.12″E
SJ46	松江古城府城历史文化风貌区	中山街道	FDC	2	31°00′31.17″N 121°14′24.34″E
SJ47	华亭老街	岳阳街道中山中路西段	FDB	2	31°00′32.15″N 121°13′24.25″E
SJ48	二陆草堂	小昆山镇小昆山	FDD	2	31°02′32.23″N 121°07′48.56″E
SJ49	永恩堂	永丰街道仓丰路128号	FAC	1	31°00′45.57″N 121°12′27.16″E
SJ50	大方庵	新浜镇赵王村	FAC	1	30°54′34.14″N 121°02′41.55″E
SJ51	邱家湾耶稣圣心堂	中山街道方塔北路10号	FAC	1	31°00′41.26″N 121°14′35.39″E
SJ52	福田净寺	泗泾镇开江东路	FAC	1	31°06′52.29″N 121°16′21.19″E
SJ53	荷花公社	新浜镇南杨村许村公路1288号	FAB	1	30°57′30.78″N 121°02′53.31″E
SJ54	金泖渔村	石湖荡镇泖岛路8号	FAB	1	31°00′26.23″N 121°06′27.57″E
SJ55	思贤公园	方松街道人民北路思贤路口	FAD	1	31°01′50.06″N 121°13′12.43″E
SJ56	天妃宫	中山街道中山东路235号	FAC	1	31°00′53.13″N 121°14′48.27″E
SJ57	松江城市规划展示馆	方松街道泰晤士小镇626号	FAE	1	31°02′09.46″N 121°11′37.29″E
SJ58	松江美术馆	方松街道泰晤士小镇601号	FAE	1	31°02′06.32″N 121°11′37.56″E
SJ59	庙前街	岳阳街道庙前街	FDB	1	31°00′31.13″N 121°13′45.57″E
SJ60	上海地震科普馆	佘山镇西佘山	FAE	1	31°05′39.51″N 121°11′29.32″E

续表

编号	名称	行政位置	资源类型	单体资源等级	地理位置
SJ61	市民广场	方松街道思贤路园中路口	FCI	1	31°01′56.15″N 121°13′21.09″E
SJ62	泗泾公园	泗泾镇江川中路	FAD	1	31°06′56.04″N 121°16′10.44″E
SJ63	安方塔	泗泾镇开江路	FCA	1	31°06′48.12″N 121°16′15.33″E

旅游资源单体

名称：佘山国家旅游度假区
编号：SJ01
资源类型：FAB
单体资源等级：5
行政位置：佘山镇
地理位置：31°05′31.14″N
　　　　　　121°11′46.50″E

性质与特征：

佘山国家旅游度假区是以自然山林为依托、以度假休闲和现代娱乐设施为重点，融休闲度假、旅游观光、科普教育等功能为一体的综合性旅游度假区，规划面积64.08平方千米，首期开发的核心区面积10.88平方千米。1995年批准建立。

佘山国家旅游度假区是上海地区著名的自然山林风景区，自然风光秀美，人文景观荟萃。佘山为浙江天目山余脉。宋代《云间志》称："古代有佘姓者居此，故名。"山间多竹，清康熙五十九年（1720年），康熙皇帝南巡，抵佘山，亲题"兰笋山"之匾，故又称兰笋山。佘山分东、西两峰，绵亘数里，林木葱茏，景冠九峰。东佘山海拔72.4米，由流纹岩组成，多奇石，是明代文学家、书画家陈继儒隐居地。西佘山海拔高度97.2米，由流纹英安岩和正长斑岩组成，古树参天，有百年以上的香樟、枫杨和桦树等百余株。自然景观主要有佘山国家森林公园（东佘山园、西佘山园、天马山园、小昆山园）、月湖雕塑公园、辰山植物园等；人文景观主要有佘山天主教圣母大堂、佘山天文台。旅游设施主要有上海佘山国际高尔夫俱乐部、上海天马高尔夫乡村俱乐部、上海天马赛车场、上海欢乐谷、大众国际会议中心、佘山森林宾馆、兰笋山庄、松浦度假村、世茂佘山艾美酒店。

旅游区域及进出条件：

佘山国家旅游度假区东至嘉松南路，西至G1501上海绕城高速，南至辰花路，北至泗陈公路。交通便利，公交松江19路、松江33路、松江92路等多条线路以及轨道交通9号线等可到达。

佘山国家旅游度假区

保护与开发现状：

对外开放。

名称：佘山天主教圣母大堂

编号： SJ02

资源类型： FAC

单体资源等级： 5

行政位置： 佘山镇西佘山

地理位置： 31°05′31.14″N
　　　　　　121°11′46.50″E

性质与特征：

佘山天主教圣母大堂初建于清同治十年（1871年），由法国传教士所建。清光绪二十年（1894年）半山翻建圣母堂和三圣亭（圣心亭、圣母亭、若瑟亭）；1925年重建山顶大堂，1935年落成。1983年修复，并恢复朝圣。1986年开放。

佘山天主教圣母大堂是上海地区规模较大的教堂，大殿东西长56米，南北宽25米，建筑面积1 400平方米。建筑平面呈"十"字形，从殿基到十字架尖顶高38米，其中到拱顶为17米，到琉璃瓦为22米。大殿设座位1 000个，可容纳1 500人。整幢建筑无钉、无木、无钢、无梁。建筑造型南长北短，东宽西狭，内圆外尖，内石外砖。大殿集多种建筑风格于一体，其拱顶、甬道为罗马式，廊柱为希腊式，尖顶为哥特式，橄榄形钟楼为以色列式，东端小圆顶为西班牙式，清水壁和斗角地砖为中国传统式，绿色琉璃瓦则为中国宫廷式。大祭台用镶金嵌玉的大理石雕成，祭台与座堂间用汉白玉栏杆分隔，地面采用花瓷砖铺设。立"进教之佑圣母托小耶稣"紫铜像。从山脚到山顶沿路建有14座苦路亭，每亭中有一幅耶稣受难浮雕，还有3座圣亭和

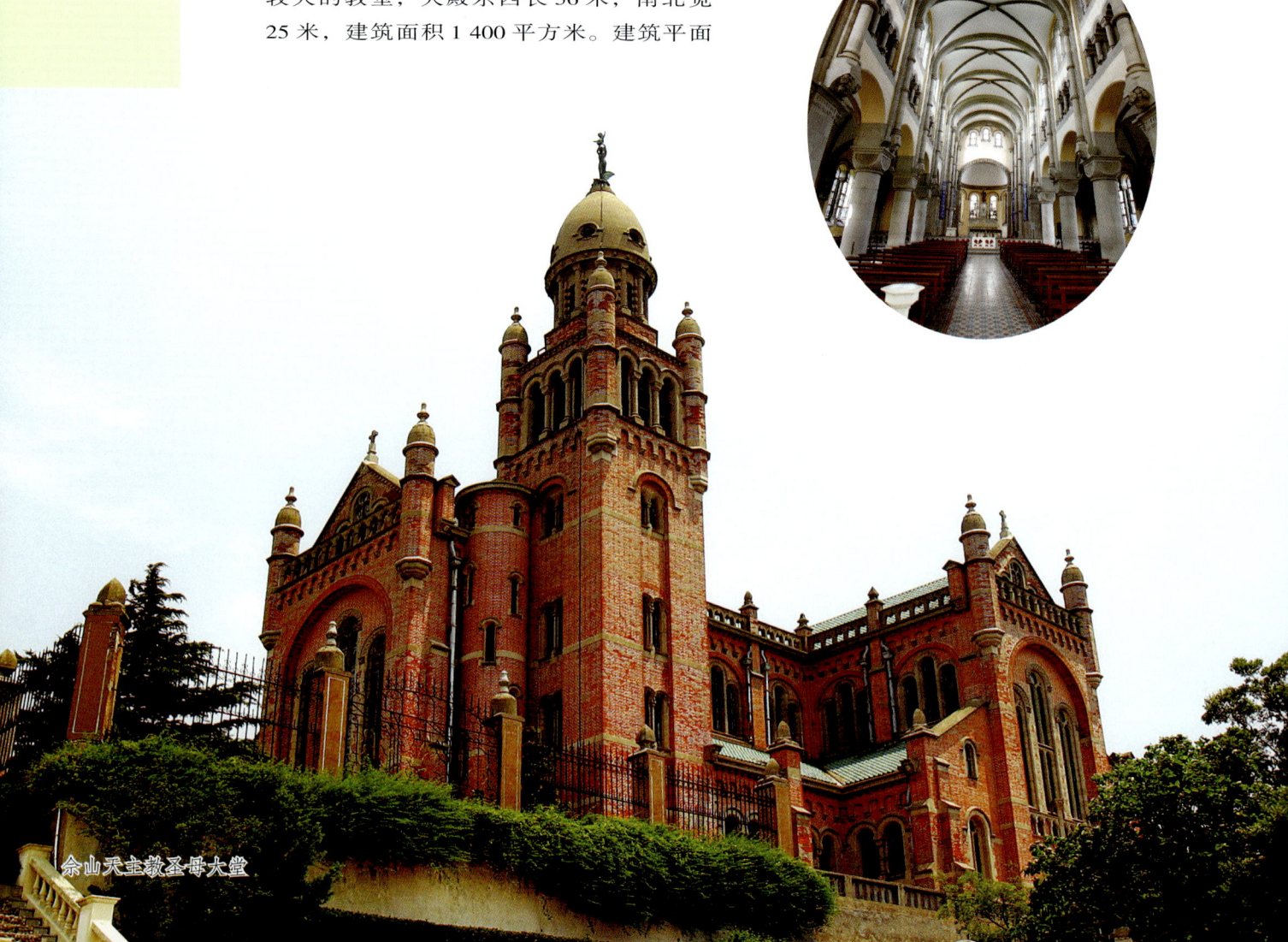

佘山天主教圣母大堂

一个中堂。信徒们到佘山朝圣时，沿着曲折的苦路拾级而上，领略耶稣代人受难的经历。

旅游区域及进出条件：

佘山天主教圣母大堂位于西佘山山顶。公交松江33路、松江92路、松重线等多条线路可到达。

保护与开发现状：

对外开放。1989年被上海市人民政府列为上海市文物保护单位和上海市优秀历史建筑。

名称：**辰山植物园**
编号：SJ03
资源类型：FAH
单体资源等级：5
行政位置：佘山镇辰花路3888号
地理位置：31°03′15.49″N
　　　　　121°11′22.02″E

性质与特征：

辰山植物园是集科研、科普和观赏游览于一体的综合性植物园林，东西宽约1 600米，南北长约1 500米，占地面积约207万平方米，2010年试开园。

辰山植物园以"植物与健康"为主题，由中心展示区、植物保育区、五大洲植物区和外围缓冲区4个功能区构成。中心展示区分布26个植物专类园。中心展示区与植物保育区外围以长4 500米、平均高度6米的绿环围合而成，既展示了世界各国的代表性适生植物，又将综合楼、科研中心、展览温室等建筑连接为一体。

旅游区域及进出条件：

辰山植物园位于佘山国家旅游度假区，东起辰山中心河，西至辰塔路，南抵辰花路，北达沈砖公路、佘天昆公路，邻近钟贾山。公交松江19路、松朱专线等多条线路可到达。

保护与开发现状：

对外开放。2012年被上海市科学技术委员会命名为上海市科普教育基地。

辰山植物园之一

辰山植物园之二

名称：**上海方塔园**

编号：SJ04

资源类型：FAD

单体资源等级：4

行政位置：中山街道中山东路235号

地理位置：31°00′53.13″N
　　　　　121°14′48.27″E

性质与特征：

上海方塔园是一座展示上海历史文化的主题园林，占地面积12万平方米，始建于北宋时期。1978年起复建并扩建，1982年对外开放。

上海方塔园所在地原为唐宋古上海（华亭县）闹市，建有兴圣教寺塔（方塔）、城隍庙、关帝庙、"三公街"祠堂（供奉董其昌、李待问、沈荃）等古建筑。以广场为中心，主要景物还有方塔、望仙桥、砖刻照壁、朱舜水纪念堂、陈化成祠、天妃宫、兰瑞堂、其昌廊、古堑道、何陋轩、铁笛舫等。主要建筑兴圣教寺塔为北宋熙宁至元祐年间（1068～1093年）建筑，砖木结构，塔身方形，九层楼阁式，高42.65米。底层外壁每面宽6米，四周筑围廊，逐层收缩。塔身每层四面，辟壸门，门内通道上施叠涩藻井，内室用券门。斗拱大部分保留宋代原物；券门上的月梁、外檐之罗汉枋、撩檐枋等亦为原物，它是江南古塔中保存原有构件较多的一座。方塔塔刹高7.85米，由覆盆、相轮、宝瓶及4根浪风索组成。方塔地基下有一地穴，内有石匣、银匣、宋代钱币、铜佛像、铜卧佛像及象征佛牙的动物骨骼化石等。兴圣教寺塔为松江五塔之一，塔下之方塔园凿池叠山、湖水曲绕、古木参天，优美的园景与古建筑相映成趣。

旅游区域及进出条件：

上海方塔园位于中山东路云间路口。公交松江11路、松江17路、松卫专线等多条线路可到达。

保护与开发现状：

对外开放。兴圣教寺塔1996年被国务院列为全国重点文物保护单位。上海方塔园2005年被上海市绿化和市容管理局评为上海市五星级公园；2007年被全国旅游景区质量等级评定委员会评为国家AAAA级旅游景区。

上海方塔园

名称：**佘山国家森林公园**
编号：SJ05
资源类型：AAA
单体资源等级：4
行政位置：佘山镇
地理位置：31°05′31.14″N
　　　　　121°11′46.50″E
性质与特征：

佘山国家森林公园是上海地区国家级的自然山林旅游区，占地面积401万平方米。清康熙五十九年（1720年），康熙赐佘山为"兰笋山"，并亲书匾额命钦差送至佘山。东佘山园1994年开放，西佘山园1995年开放。

佘山国家森林公园由东佘山、西佘山、天马山、凤凰山、小昆山等"九峰十二山"组成，逶迤起伏十余里，自然风光秀美，人文景观荟萃。目前建成开放的景区有东佘山园、西佘山园、天马山园、小昆山园等。东佘山园山体钟秀、林木葱郁，动植物资源丰富，景冠九峰；山上有木鱼石、骑龙堰、佛香泉、眉公钓鱼矶、白石山亭、观光塔、森林浴场、仙人洞、骑龙亭、龙潭、滴水观音、黄巢洞等景点。东佘山海拔高度72.4米。西佘山海拔高度97.2米，以秀丽的自然风光、灿烂的宗教文化、茂密的竹林、峻峭的山峰和雄伟壮观的山顶建筑著称。佘山九峰是上海地区陆生植物的宝库，涉及216科、578属，共计892种；保存了一定数量的野生禽兽种群，留鸟、候鸟有250多种。

旅游区域及进出条件：

佘山国家森林公园位于佘山国家旅游度假区，北靠G318沪青平公路和G50沪渝高速，南近G60沪昆高速，西临G1501上海绕城高速，东依嘉松南路。公交松江33路、松江92路等多条线路可到达。

保护与开发现状：

对外开放。2001年被全国旅游景区质量等级评定委员会评为国家AAAA级旅游景区。

名称：**上海欢乐谷**
编号：SJ06
资源类型：FAB
单体资源等级：4
行政位置：佘山镇林湖路888号
地理位置：31°05′55.23″N
　　　　　121°12′16.46″E
性质与特征：

上海欢乐谷是以"动感、时尚、欢乐、梦幻"为主题的大型主题公园，占地面积90万平方米，2009年建成开放。

上海欢乐谷规模大、项目多、景色美、科技含量高，由阳光港、欢乐时光、上海滩、香格里拉、蚂蚁王国、金矿镇、飓风湾七大主题区域构成。主要游乐项目有天地双雄、绝顶雄风、谷木游龙、矿山历险、蓝月飞车、激流勇进、完美风暴、大摆锤、金银岛、峡谷漂流、飞旋驼峰、水蛭战舰等。

佘山国家森林公园之一

佘山国家森林公园之二

上海欢乐谷

特色景观有景观大道、虹枝芒草沟、杉林幽径、枫杨芙蓉廊、翠竹梅花岸等。可搭乘木质过山车穿行于雨林树丛中，感受自然和野趣；可乘船卷入风暴漩涡中，体验从15米浪尖跌落的惊险；漫步老上海，青砖、灰墙、石框、黑门、格窗、路灯、消火栓、黄包车、老邮筒令人陶醉。上海欢乐谷有12座顶级游乐设备，百余个游乐项目，1.1万个场馆座位。

旅游区域及进出条件：

上海欢乐谷位于佘山国家旅游度假区，西邻月湖雕塑公园。交通便利，公交松江19路、松重线等多条线路以及轨道交通9号线等可到达。

保护与开发现状：

对外开放。2011年被全国旅游景区质量等级评定委员会评为国家AAAA级旅游景区。

名称：护珠塔
编号： SJ07
资源类型： FCA
单体资源等级： 4
行政位置： 佘山镇天马山
地理位置： 31°04′34.08″N
121°08′36.48″E

性质与特征：

护珠塔是天马山圆智教寺内的佛教建筑，传说塔中藏有舍利珠时现宝光，故又称"护珠宝光塔"。圆智教寺始建于唐大中十三年（859年），五代后晋天福年间（936～943年）迁建至天马山。北宋太平兴国年间（976～983年）扩建寺院。北宋元丰二年（1079年）于寺后建"护珠塔"，南宋淳祐五年（1245年）重修。

护珠塔为砖木结构，高18.82米，每层有腰檐、平座、栏杆。清乾隆五十三年（1788年）遭火灾，烧毁了塔心木和各层木结构，引起塔身倾斜。1982年经勘查发现，塔身向东南倾斜6°51′52″，顶部垂线距底层塔心2.27米，成为上海的一大奇观，俗称"斜塔"。1984～1987年，以"按现状加固保持斜而不倒"的方案进行修缮。采取传统建筑工艺，先用竹木架支撑扶住塔体，再在每层腰檐筑铁箍，然后用8根钢筋从塔顶贯穿而下，到达塔基后，似"蟹爪"向四面八方横向伸出，

护珠塔

直接连接地下岩石，以拉撑塔身，使它保持"斜而不倒"的姿态。经测定，修缮后的护珠塔可抗6级以下地震和10级以下风力。

旅游区域及进出条件：

护珠塔位于天马山园。公交松江30路、松江90路等线路可到达。

保护与开发现状：

对外开放。1983年被上海市人民政府列为上海市文物保护单位。

名称：**夏允彝、完淳父子墓**
编号：SJ08
资源类型：FEB
单体资源等级：4
行政位置：小昆山镇荡湾村
地理位置：31°02′27.03″N
　　　　　121°07′43.94″E

性质与特征：

夏允彝、完淳父子墓占地面积约1 300平方米。清乾隆五十一年（1786年）娄县知县谢庭薰在墓地立碣禁止樵牧，清道光六年（1826年）知县徐梦熊重立。1961年修葺立碑。1981年再次修复。

夏允彝、完淳父子墓在村北田间，半月形，高2米，面宽30米。墓前有墓道，道口立石，书"明夏忠节公允彝墓道"，并夹有小字："公先世并葬于此"、"子节愍公讳完淳祔"、"永远禁止樵牧侵占"。陈毅题写墓碑"夏允彝夏完淳父子之墓"。夏允彝（1596～1645年）、夏完淳（1631～1647年）父子是明末名士，文学家。清兵南下，夏氏父子起兵抗清。因战斗失利，夏允彝投水殉节；夏完淳14岁随父抗清，17岁（1647年）在南京就义。

旅游区域及进出条件：

夏允彝、完淳父子墓位于荡湾村北的田野中。公交松江82路可到达。

保护与开发现状：

对外开放。1980年被上海市人民政府列为上海市文物保护单位。

夏允彝、完淳父子墓

名称：**泰晤士小镇**
编号：SJ09
资源类型：FDC
单体资源等级：4
行政位置：方松街道三新北路900弄
地理位置：31°02′08.58″N
　　　　　121°11′19.92″E

性质与特征：

泰晤士小镇是以英国泰晤士河沿岸历史小镇为蓝本设计建造的大型社区，占地面积98.33万平方米，建筑面积33.21万平方米，建于2002年，2006年入住开镇。

泰晤士小镇追求人与自然的和谐，以30万平方米景观湖为景观源头，与天然河道贯通。泰晤士小镇以华亭湖为主景，以步行街、湖畔英式广场为主轴，其童话般的建筑、丰富的城市立面、和谐的邻里情趣、多功能的步行街、宁静的小河，还有哥特式教堂及其周围建筑上的红砖、灰瓦、拱门、浮雕、坡顶、廊柱、堆叠式烟囱、石材面砖、铁扶手、花架，以及街边的路灯、门牌、信箱、邮筒……充分体现出英式小镇的恬静和幽雅。漫步在小镇的蜿蜒石径上、城堡绿地边，丘吉尔、莎士比亚、拜伦、雪莱、牛顿、贝克汉姆、戴安娜等塑像与游客不期而遇。小镇拥有15万平方米完善的公建配套设施，包括超市、学校、诊所、会所、创意中心、电影院、美术馆、宾馆等，为居民提供了惬意的生活环境。绿化覆盖

泰晤士小镇

率达63%。小镇的美术馆多次举办国家级画展和雕塑展。

旅游区域及进出条件：

泰晤士小镇位于松江区中部。公交松江14路、松江19路、松江24路等多条线路可到达。

保护与开发现状：

对外开放。

名称：天马山

编号：SJ10

资源类型：AAA

单体资源等级：4

行政位置：佘山镇

地理位置：31°04′34.08″N
121°08′36.48″E

性质与特征：

天马山是佘山国家森林公园"九峰十二山"中海拔高度最高的一座山，海拔高度99.8米。相传春秋吴国干将曾铸剑于此，因此古称"干山"；山势陡峭，脊线近东西向，形如展翅飞马，故称"天马山"。天马山旧时为佛教胜地，多梵宫寺院，香火极盛，故又称"烧香山"。现为佘山国家森林公园的一部分。

天马山自然景观十分丰富，岩壁、深谷、奇石，杂木林、竹林，还有野菊、石蒜、

天马山

古银杏等植物，构成其独特的山林野趣。天马山人文景观、历史遗迹丰富。北宋元丰二年（1079年）所建护珠宝光塔，塔体倾斜度6°51′52″，堪称奇观；在上峰寺遗址处新近恢复的铜观音高3米，重1.8吨；另外，还有天下第四大泉、留云壁、斗姆阁、摹云阁、三高士墓等景点，以及天马春晓、名贤传秀、云壁听秋、斜塔佛光、摩云揽胜、石洞探秘、竹影临溪、琵琶月夜等新天马山十大景区。

旅游区域及进出条件：

天马山位于辰山以西。公交松江30路、松江90路、沪佘昆线等多条线路可到达。

保护与开发现状：

对外开放。

上海佘山国际高尔夫俱乐部

名称：**上海佘山国际高尔夫俱乐部**

编号：SJ11

资源类型：FBD

单体资源等级：4

行政位置：佘山镇林荫新路288弄

地理位置：31°06′15.12″N
　　　　　121°12′53.52″E

性质与特征：

上海佘山国际高尔夫俱乐部是一个森林丘陵型生态高尔夫球场，占地面积约147万平方米，2004年建成营业。

上海佘山国际高尔夫俱乐部的球场为18洞，标准杆72杆，球道长度7 140码（约6 526米）。原生植物被仔细加以保护，有直径超过16厘米的大树万余株，更有千年银杏2株。人工湖有百米深潭，风景如画。高尔夫俱乐部设20道高尔夫练习场、会员中（西）餐厅、景观咖啡厅、高尔夫专卖店、红酒雪茄吧、桑拿按摩中心、VIP更衣室、网球场、室内游泳池等。另建有佘山高尔夫别墅及配套的休闲度假设施。

旅游区域及进出条件：

上海佘山国际高尔夫俱乐部位于佘山国家旅游度假区东北隅。交通便利，公交186路、松江45路、松江92路等多条线路以及轨道交通9号线等可到达。

保护与开发现状：

对外开放。

名称：**醉白池公园**

编号：SJ12

资源类型：FAD

单体资源等级：4

行政位置：岳阳街道人民南路64号

地理位置：31°00′27.00″N
　　　　　121°13′27.90″E

性质与特征：

醉白池公园是上海五大古典园林之一，占地面积5万平方米。醉白池公园前身为宋代松江进士朱之纯的私家宅园，名为"谷阳园"，后为明末书画家董其昌的觞咏处。清顺治年间（1644～1661年），画家顾大申非常崇拜白居易，故仿宋宰相韩琦因慕白居易而筑醉白堂，将园名命名为"醉白池"。1959年修复开放。

醉白池公园保持着明清江南园林风貌。以一泓池水为中心，池周古树参天，楼、堂、轩、榭错落有致，草堂跨于池上，堂东为明代风格的四面厅；廊、亭、舫、榭依水，鱼嬉池中，晴雨均可凭栏赏景。长廊内有明画家董其昌所写条幅；邦彦画廊里有30块石刻，包括明末松江籍91位乡贤名士的职官品位石刻、寓意叶落归根的"十鹿九回头"石刻、元赵孟頫所书《赤壁赋》石刻、

685

醉白池公园

清郑板桥所书"难得糊涂"石刻等。

旅游区域及进出条件：

醉白池公园位于人民南路，近松汇中路。交通便利，公交松江6路、松江9路、松江19路等多条线路以及轨道交通9号线等可到达。

保护与开发现状：

对外开放。2002年被上海市绿化和市容管理局评为上海市四星级公园。

名称：**松江唐经幢**

编号：SJ13

资源类型：FCK

单体资源等级：4

行政位置：中山街道中山东路西司弄43号

地理位置：31°02′26.05″N
　　　　　121°14′36.17″E

性质与特征：

松江唐经幢是上海地区古老的地面文物建筑，是保存完好的"稀世珍宝"，建于唐大中十三年（859年）。

松江唐经幢现存21级，高9.3米，平面八角形。其造型秀丽端庄，雕刻圆浑生动，颇具盛唐艺术风范。自下而上，第一级为海水纹座，刻波涛卷浪；第二级为圆形盘龙束腰；第三级为莲瓣卷云台座；第四级为蹲狮浮雕；第五级为唐草纹仰莲座，上斜面阴刻花草缠枝牡丹，下斜面刻莲瓣；第六级为菩萨浮雕束腰，八面每面镌如意头式壸门，门内有半结跏趺或全结跏趺坐的菩萨雕像；第七级为叠涩；第八级为勾阑幢座，每角立望柱，两柱间镌勾片纹的石阑板；第九级为幢身下段，直径76厘米，高46厘米，刻捐助钱物人姓氏；第十级为幢身上段，直径76厘米，高177厘米，正西南起刻陀罗尼经序，每面10行，第二面第六行起刻经文，最后六行为建幢铭；第十一级为狮首攒尖华盖；第十二级为联珠，双半球，刻莲花和如意纹；第十三级为卷云纹托座，仰盘式，镌卷云；第十四级为四天王浮雕；第十五级为八角腰檐；第十六级为蟠龙圆柱；第十七级为仰莲托座；第十八级为底座，上下叠合；第十九级为"郡主礼佛图"浮雕，刻有菩萨像、供养人像等16尊；第二十级为八角攒尖盖，分上下两层，均有翘角；第二十一级为棱形平盖，素面，无雕刻。

旅游区域及进出条件：

松江唐经幢位于松江古城府城历史文化风貌区，坐落于松江区中山小学。公交

松江唐经幢

松江7路、松江11路、松江17路等多条线路可到达。

保护与开发现状：

对外开放。1988年被国务院列为全国重点文物保护单位。

名称：松江大学城

编号：SJ14

资源类型：FAA

单体资源等级：4

行政位置：方松街道

地理位置：31°03′03.41″N
　　　　　121°12′09.35″E

性质与特征：

松江大学城是上海地区规模较大的高等院校集聚区，占地总面积530万平方米。2000年启动建设，2001年对外招生，2005年基本建成。

松江大学城驻有7所大学：上海工程技术大学、上海外国语大学、东华大学、华东政法大学、上海对外贸易学院、上海立信会计学院、复旦大学视觉艺术学院；院校间不设围墙，以绿化带或河流来划分边线。松江大学城实行资源共享，图书馆、体育场和实验室可以互相"联网"使用，大学城内师生实现"一卡通"；各校后勤服务统一达到社会化；各校师资可以相互聘用；学生可以走进任何一所大学的课堂选修课程，所修的学分在各校之间都予以承认。松江大学城实行高度智能化管理，整个大学城内遍布网络接口。全城学生可以同上一堂课，更可"畅游"没有边界的"虚拟大学城"。在松江大学城里，学生可以参加各高校举行的学术讲座、比赛、演讲，以及舞会、音乐会、艺术表演等活动，可以通过大学城信息资源共享网获得各高校的活动日程，可以在线交流。体育中心拥有体育场、游泳馆、展示厅等活动设施。教学区和生活区之间建有2.5千米长的步行街，风味餐厅、剧场、商店、邮局、书店等一应俱全。

旅游区域及进出条件：

松江大学城位于泰晤士小镇以北。交通便利，公交1801路、1802路、松江12路等多条线路以及轨道交通9号线等可到达。

保护与开发现状：

对外开放。

名称：泗泾下塘历史文化风貌区

编号：SJ15

资源类型：FDC

单体资源等级：3

行政位置：泗泾镇

地理位置：31°06′46.11″N
　　　　　121°16′15.37″E

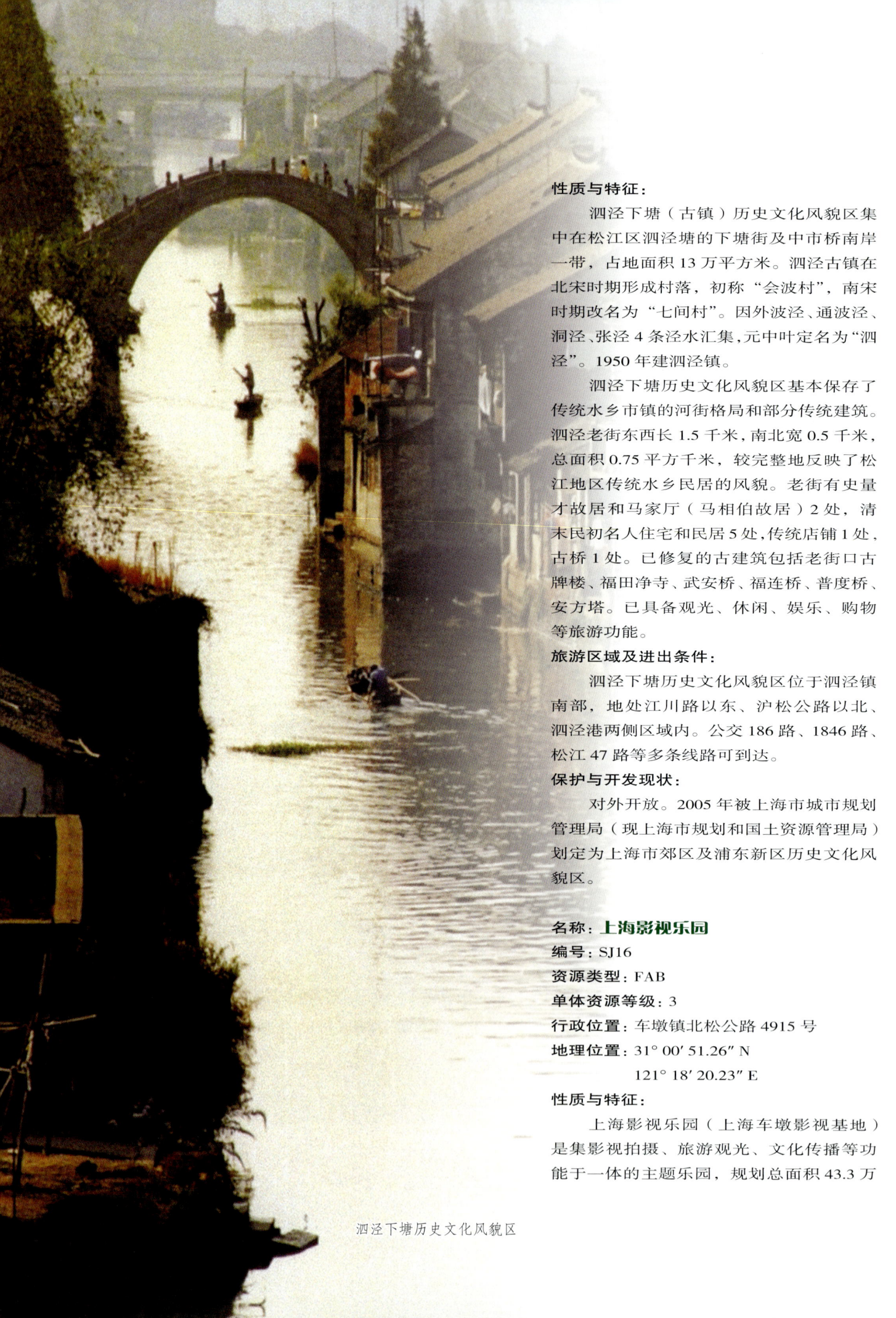

性质与特征：

泗泾下塘（古镇）历史文化风貌区集中在松江区泗泾塘的下塘街及中市桥南岸一带，占地面积13万平方米。泗泾古镇在北宋时期形成村落，初称"会波村"，南宋时期改名为"七间村"。因外波泾、通波泾、洞泾、张泾4条泾水汇集，元中叶定名为"泗泾"。1950年建泗泾镇。

泗泾下塘历史文化风貌区基本保存了传统水乡市镇的河街格局和部分传统建筑。泗泾老街东西长1.5千米，南北宽0.5千米，总面积0.75平方千米，较完整地反映了松江地区传统水乡民居的风貌。老街有史量才故居和马家厅（马相伯故居）2处，清末民初名人住宅和民居5处，传统店铺1处，古桥1处。已修复的古建筑包括老街口古牌楼、福田净寺、武安桥、福连桥、普度桥、安方塔。已具备观光、休闲、娱乐、购物等旅游功能。

旅游区域及进出条件：

泗泾下塘历史文化风貌区位于泗泾镇南部，地处江川路以东、沪松公路以北、泗泾港两侧区域内。公交186路、1846路、松江47路等多条线路可到达。

保护与开发现状：

对外开放。2005年被上海市城市规划管理局（现上海市规划和国土资源管理局）划定为上海市郊区及浦东新区历史文化风貌区。

名称：上海影视乐园

编号： SJ16

资源类型： FAB

单体资源等级： 3

行政位置： 车墩镇北松公路4915号

地理位置： 31°00′51.26″N
121°18′20.23″E

性质与特征：

上海影视乐园（上海车墩影视基地）是集影视拍摄、旅游观光、文化传播等功能于一体的主题乐园，规划总面积43.3万

泗泾下塘历史文化风貌区

上海影视乐园

平方米，首期工程1998年竣工，2000年对外开放。

上海影视乐园既是影视拍摄场景地，又是追寻旧上海的"梦工厂"。园内建有全布景式的"南方街道"和实景式场地，如20世纪30年代南京路、上海里弄民居、欧洲建筑群、苏州河港区、马勒别墅、教堂、浙江路钢桥、湖山区、大世界游乐场、明星广场等大型景点，充满了怀旧气氛。上海影视乐园拥有6个影视棚和配套的化妆间、服装仓库、道具仓库、片库、制景间、放映厅等，为摄制组提供全方位的一站式服务，已有30多部影片及数百集电视剧在这里拍摄。上海影视乐园设有"上影服装道具选粹展馆"、环形有轨电车、跑马场、老上海杂耍、录像摄影、拍摄观摩等游乐项目。

旅游区域及进出条件：

上海影视乐园位于车墩镇，西临G15沈海高速，北傍北松公路，东近金山铁路。公交松江6路、松江10路区间、松江61路等多条线路可到达。

保护与开发现状：

对外开放。2007年被国家旅游局命名为全国工业旅游示范点。2011年被全国旅游景区质量等级评定委员会评为国家AAA级旅游景区。

名称：**上海天马高尔夫乡村俱乐部**

编号：SJ17

资源类型：FBD

单体资源等级：3

行政位置：佘山镇赵昆公路3958号

地理位置：31°03′56.70″N
　　　　　121°08′44.70″E

性质与特征：

上海天马高尔夫乡村俱乐部是一个现代家庭式高尔夫运动场，占地面积184万平方米，建成于1999年。

上海天马高尔夫乡村俱乐部的球场为27洞，标准杆108杆，球道长度10 538码（约9 632米）。球场内草坪四季常青，风景怡人。有水上和陆上两种练习场。湖畔建有4 400平方米的会馆，其设计灵感源自中国传统庭院；近200栋美式景观别墅和四合院，营造出温暖的家庭气氛。上海天马高尔夫乡村俱乐部有高尔夫学院、游泳池、网球场、健美中心、蒸汽浴室、专卖店等设施。

上海天马高尔夫乡村俱乐部

旅游区域及进出条件：

上海天马高尔夫乡村俱乐部位于佘山国家旅游度假区，邻近天马山。公交松江30路、松江82路、沪佘昆线等多条线路可到达。

保护与开发现状：

对外开放。

名称：陈子龙墓
编号： SJ18
资源类型： FEB
单体资源等级： 3
行政位置： 方松街道龙源路广富林路
地理位置： 31°03′44.19″N
　　　　　　121°11′38.07″E

性质与特征：

陈子龙墓占地面积1 300平方米，建筑面积1 000平方米。清顺治四年（1647年），陈子龙奋身投水就义，其学生寻得其遗体入棺藏匿。数十年后其子成年，将其遗骨归葬广富林村陈氏祖茔。清乾隆四十九年（1784年）重修陈墓。清乾隆五十一年（1786年）再次整修。清乾隆五十四年（1789年），墓前建"沅江亭"。1956年作保护性修缮，1988年重新修复。

陈子龙墓以花岗石为地坪，4级台阶，四周植以绿化；墓碑为清乾隆五十一年（1786年）所勒之原物。墓前碑石刻有陈子龙画像及顾廷龙所撰的《陈子龙事略》；墓门刻有李一氓所题"明陈子龙墓"5个大字。按原貌重建"沅江亭"。陈子龙（1608～1647年），字人中，更字卧子，号大樽，松江华亭人。历任绍兴推官、监察御史、兵科给事中。南明弘光元年（即清顺治二年，1645年）辞官还乡。曾在松江起兵抗清，事败；又结义兵，事泄被捕，在解送南京途中投水自尽。陈子龙擅长诗文，与钱收斋、吴梅村齐名，曾整理徐光启的《农政全书》。

旅游区域及进出条件：

陈子龙墓位于龙源路西侧、广富林路北侧，邻近广富林古文化遗址。公交松江15路、松江24路、松江33路等多条线路可到达。

保护与开发现状：

对外开放。1987年被上海市人民政府列为上海市文物保护单位。

陈子龙墓

名称：西林塔
编号： SJ19
资源类型： FCA
单体资源等级： 3
行政位置： 岳阳街道中山中路666号
地理位置： 31°00′53.26″N
　　　　　　121°13′19.32″E

性质与特征：

西林塔位于西林禅寺。西林禅寺初名云间接待院，寺院内有崇恩宝塔，始建于南宋咸淳年间（1265～1274年），元初毁于兵燹。明洪武二十年（1387年）重建寺院，易名"西林禅寺"；建塔，易名圆应宝塔，以纪念寺院创始人圆应禅师，俗称西林塔。其后数度重修。

西林塔为砖木结构，八角形，塔身七层，塔壁夹墙中砌有砖梯可登，高46.5米。1993年修缮时发现，宝顶葫芦紫铜夹层内胆里放置文物50余件，有金佛像、银佛像、鎏金银观音像、鎏金银文魁星像、玉雕观音像、佛经、记事银片、记事木板、铜印和古钱等。在塔刹底座砖砌天宫，又发现多尊贴金银质佛像、贴金铜质佛像、青铜佛像、玉雕罗汉像、玉璧、玉环、玉砚、古钱、佛经，以及琥珀、玛瑙等饰件，共70余件。1994年，在0.65立方米空间的塔底地宫里又发现70余尊贴金银质佛像、贴金银质方塔、青铜鼎炉、玉盏、玉碗、玉盘以及玛瑙、琥珀、水晶、珊瑚等饰物。地宫内供奉的高僧圆应禅师舍利子为西林禅寺的镇寺之宝。

旅游区域及进出条件：

西林塔位于华亭老街以北。交通便利，公交松江3路、松江4路、松江9路等多条线路以及轨道交通9号线等可到达。

保护与开发现状：

对外开放。1982年被上海市人民政府列为上海市文物保护单位。

名称：砖刻照壁

编号：SJ20

资源类型：FCK

单体资源等级：3

行政位置：中山街道中山东路235号

地理位置：31°00′53.13″N
121°14′48.27″E

性质与特征：

砖刻照壁是上海地区保存完好的大型砖雕艺术品，建于明洪武三年（1370年）。

砖刻照壁位于原松江府城隍庙大门前。砖刻照壁面阔3间，高4.75米，宽6.1米，壁厚3米。砖刻线条遒劲细致，画面生动，内容丰富。整个画面以一怪兽为主体，兽身长有鹿角、狮尾、牛蹄、龙鳞，足踏元宝、如意、珊瑚、玉杯，兽旁有摇钱树、灵芝等，皆人间财宝。传说此兽名"左犬有贪"，它贪婪无比，任何东西都要吞食，因妄想吞吃海边旭日，淹死于海中。照壁四周还刻有连升三级、挂印封侯、八仙过海、鲤鱼跳龙门等画面。壁前有一水池名为水陆池，是原兴圣教寺（原松江府城隍庙前身）放生池的一部分。

旅游区域及进出条件：

砖刻照壁位于上海方塔园，邻近兴圣教寺塔。公交松江11路、松江33路、松龙线等多条线路可到达。

保护与开发现状：

对外开放。1987年被上海市人民政府列为上海市文物保护单位。

名称：上海天文博物馆

编号：SJ21

资源类型：FAA

单体资源等级：3

行政位置：佘山镇西佘山

地理位置：31°05′31.14″N
121°11′46.50″E

性质与特征：

上海天文博物馆是一家专业性的天文博物馆，展区总面积1 706平方米，2004年建成开放。

上海天文博物馆

上海天文博物馆分2个展区。"时间与人类"展区展示时间的基本概念、时间测量的发展史，以及时间与人类社会和生活的关系。"中外天文交流"展区分为天学交流、子午测时、远镜沧桑、百年老镜、天书宝库等部分，以丰富的文物和史料，展示近代天文科学在中国特别是上海地区发展的历史，并穿插介绍相关的天文知识。上海天文博物馆馆舍原为1900年法国天主教传教士所建的佘山天文台所在地，1962年改为中国科学院上海天文台佘山站，占地面积8 000平方米。当年建有天文圆顶，并装备了40厘米双筒折射望远镜。百年来拍下了7 000多张珍贵的天文照片，为中

砖刻照壁

国近现代天文研究积累了大量的珍贵资料。1925年购于法国巴黎的帕兰子午仪参加了1926年和1933年2次国际经度联测，成为上海天文学发展的历史见证。

旅游区域及进出条件：

上海天文博物馆位于西佘山山顶。公交松江33路、松江92路、沪陈线等多条线路可到达。

保护与开发现状：

对外开放。2002年被上海市人民政府列为上海市文物保护单位。2012年被上海市科学技术委员会命名为上海市科普教育基地。现为上海市爱国主义教育基地。

名称：**中央公园**
编号：SJ22
资源类型：FAD
单体资源等级：3
行政位置：方松街道
地理位置：31°02′18.22″N
　　　　　121°13′28.30″E

性质与特征：

中央公园是一个开放式的生态型城市公共绿地，占地面积66万平方米，2004年建成开放。

中央公园东西长2 200米，南北宽300米。公园以生态、自然为主题，以植物为景观主体。公园内芳草萋萋，流水潺潺，漫坡起伏，绿树成荫。公园内有乔木40种、灌木30种、花卉20种、草皮6种；还有长廊、雕塑、青少年活动中心、图书馆等人文景观。

旅游区域及进出条件：

中央公园位于人民北路新松江路口，邻近思贤公园。交通便利，公交松江9路、松江11路、松江24路等多条线路以及轨道交通9号线等可到达。

保护与开发现状：

对外开放。

名称：**松江清真寺**
编号：SJ23
资源类型：FAC
单体资源等级：3
行政位置：岳阳街道缸甏巷75号
地理位置：31°00′50.07″N
　　　　　121°13′36.19″E

性质与特征：

松江清真寺是上海地区历史悠久的伊斯兰教寺院，初名真教寺，始建于元至正

中央公园

松江清真寺

年间（1341～1367年），1989年修复开放。

松江清真寺历经元、明、清三代修扩，融合了中国宫殿式古典风格和阿拉伯式建筑风格。清真寺正门内外均建有照壁，形制同中国古典建筑。外照壁横书"清妙元真"，内照壁直书"清真寺"，楷体正书，笔意严整，笔力遒劲。古碑园有古碑三方，一方题刻《重修清真寺碑记》，另外两方都是清真寺捐输碑记。古碑园西侧为邦克楼（宣礼塔），平面为长方形，重檐十字脊，柱梁枋椽翼角起翘都模仿木结构，做工精细。内为砖拱、球顶，拱下辟门洞为出入道。邦克楼西厢对面有礼拜殿，砖木结构，面阔3间，宽敞雅静，为明代形制，内部装饰以阿拉伯文组成丰富的彩绘图案。大殿向后为重檐十字脊窑殿，高8米，古朴雄伟。窑殿墙系空斗，无梁架，均为元代建筑。邦克楼南北两侧分别是南讲堂和北讲堂，为历代阿訇讲授经义和本地穆斯林议事之所。南讲堂现辟为"松江清真寺与上海伊斯兰教"展厅。大殿北侧有明古桧柏1株，枝繁叶茂。古桧柏左侧有明古井1口，圈形石栏，形制简朴，古意盎然。

旅游区域及进出条件：

松江清真寺位于华亭老街东段南侧。交通便利，公交松江3路、松江4路、松江12路等多条线路以及轨道交通9号线等可到达。

保护与开发现状：

对外开放。1980年被上海市人民政府列为上海市文物保护单位。

名称： 小昆山
编号： SJ24
资源类型： AAA
单体资源等级： 3
行政位置： 小昆山镇
地理位置： 31°01′59.33″N
　　　　　　121°07′01.07″E

性质与特征：

小昆山南北两峰呈"8"字形，俊秀圆润，远望如卧牛之首，故又称"牛头山"，高54.3米，山地面积20万平方米。现为佘山国家森林公园小昆山园。

小昆山是上海历史文化的重要发源地之一，有两处新石器时代古文化遗址，故称"先有小昆山，后有松江城，再有上海滩"。小昆山历代名人辈出，如三国东吴陆逊、西晋二陆（陆机、陆云）、明末夏氏父子（夏允彝、夏完淳）等。人们将"二陆"比作美玉，享有"玉出昆冈"之誉；为区别于江苏省昆山县之马鞍山（名昆山），故

小昆山

称此山为"小昆山"。现小昆山保存有二陆读书台、二陆草堂、九峰禅寺、婉娈草堂、白驹泉、七贤堂等古迹。

旅游区域及进出条件：

小昆山位于松江区西部、佘山国家森林公园西南端。公交松江20路、松江81路、松江82路等多条线路可到达。

保护与开发现状：

对外开放。

名称：**月湖雕塑公园**

编号：SJ25

资源类型：FAD

单体资源等级：3

行政位置：佘山镇林荫新路1158号

地理位置：31°05′59.76″N
　　　　　121°12′11.70″E

性质与特征：

月湖雕塑公园是一个集现代雕塑、自然山水、景观艺术于一体的公园，占地面积87万平方米，2005年对外开放。

月湖雕塑公园以"回归自然、享受艺术"为设计理念。公园入口正中央耸立着一个巨型雕塑"飞向永恒"，它是一个具有现代艺术风格的日晷。日晷两边挺立着两排加那利树。30.4万平方米的月湖为公园腹地，环湖辟春、夏、秋、冬四岸，来自世界各国的现代艺术家所创作的60余件大型雕塑作品融于山水之中。公园内有水晶宫、水上舞台、水幕桥、钟乳洞、戏水池、老巨木、秋月舫、游船码头、儿童智能活动广场、月湖美术馆、木栈道、嘉年华游艺区等景观建筑和功能设施。

旅游区域及进出条件：

月湖雕塑公园位于佘山国家旅游度假区，近上海欢乐谷。公交松青线、沪陈线等多条线路可到达。

保护与开发现状：

对外开放。2009年被全国旅游景区质量等级评定委员会评为国家AAAA级旅游景区。

月湖雕塑公园

名称：**云间第一楼**

编号：SJ26

资源类型：FCC

单体资源等级：3

行政位置：中山街道中山东路250号

地理位置：31°00′56.28″N
　　　　　121°14′40.31″E

性质与特征：

云间第一楼原为松江府署谯楼，松江古称"云间"，楼门当时为松江城第一高楼，故有"云间第一楼"之称。始建于元元贞元年（1295年）。元至正九年（1349年）、清顺治年初（约1644年）、20世纪30年代以及20世纪末屡经修建。现松江二中大门即为此楼楼基残墙。

云间第一楼建筑风格为传统重檐歇山顶式，楼面阔五间，用柱子撑起。楼阁高耸，面宽24.8米，进深10.1米。楼下正中为券门甬道，门宽5.1米。清水砖墙，翘角

云间第一楼

飞檐。有"云间第一楼"横额和《重修云间第一楼记》碑刻。

旅游区域及进出条件：

云间第一楼位于松江古城府城历史文化风貌区内、今松江二中大门口。公交松江11路、松江17路、松江26路等多条线路可到达。

保护与开发现状：

对外开放。1985年被松江县人民政府列为松江县文物保护单位。

名称：云间第一桥

编号：SJ27

资源类型：FFA

单体资源等级：3

行政位置：永丰街道中山西路玉树路西

地理位置：31°00′27.83″N
　　　　　121°12′19.51″E

性质与特征：

云间第一桥初名安龙桥，因横跨古浦塘又称跨塘桥。初建于宋代，木结构，南北向。明成化年间（1465～1487年），知府王衡在旧址上重建石桥，因其为当时松江最大的一座桥，故改名云间第一桥。清同治年间（1862～1874年）再度重修。石桥三孔，高8米，宽5米，长30米。拱券部分采用青石砌成，桥面则采用花岗石。1986年，因年久失修，桥拱变形，部分石料在修葺时换成花岗石。东面桥拱上有清同治年间镌刻的"云间第一桥"额，桥柱刻有"南无阿弥陀佛"字样。500多年来，云间第一桥始终保持着端庄雄伟、古朴典雅的建筑风格，体现出江南古桥的特色风貌。

旅游区域及进出条件：

云间第一桥位于松江古城仓城历史文化风貌区，近颐园。公交松江4路、松江5路、松江34路等多条线路可到达。

保护与开发现状：

对外开放。1985年被松江县人民政府列为松江县文物保护单位。

名称：程十发艺术馆

编号：SJ28

资源类型：FAE

单体资源等级：3

行政位置：岳阳街道中山中路458号

地理位置：31°00′33.19″N
　　　　　121°13′24.40″E

云间第一桥

性质与特征：

程十发艺术馆占地面积2 541平方米，2009年，在程十发88岁诞辰日开馆。

程十发艺术馆馆舍设于明清古建筑"华亭三宅"（清王冶山府第、瞿氏凝道堂、袁昶老宅）内，设有生平陈列区、程十发捐赠作品陈列区、生活场景区、名家作品汇展区、行政办公区5个功能区域。生平陈列区为瞿氏凝道堂，主人是程十发年轻时的朋友，曾于1946年与程十发同台合演《空城计》。程十发捐赠作品陈列区位于王宅跨院，里面陈列着程十发2005年捐赠的

程十发艺术馆

80幅古代名家书画藏品及其个人23件绘画精品，并复原了1923～1951年程十发家居松江的生活场景。程十发在此创作了第一部连环画《野猪林》。名家作品汇展区位于袁昶老宅。

程十发（1921～2007年），中国海派国画艺术大师，他创作的人物画和花鸟画独树一帜，在连环画、插图等方面造诣很深。晚年，程十发多作花鸟画，其笔法、墨法更趋灵动。

旅游区域及进出条件：

程十发艺术馆位于中山中路人民北路口。交通便利，公交松江3路、松江4路、松江12路等多条线路以及轨道交通9号线等可到达。

保护与开发现状：

对外开放。

名称： 九峰禅寺
编号： SJ29
资源类型： FAC
单体资源等级： 3
行政位置： 小昆山镇小昆山
地理位置： 31°02′32.23″N
　　　　　　121°07′48.56″E

性质与特征：

九峰禅寺原名泗洲塔院，1998年改名九峰禅寺，因寺院所在小昆山为松郡九峰之第九峰而得名。占地面积4 800平方米，建筑面积998平方米，始建于南宋乾道元年（1165年）。2001年重建。

九峰禅寺具备了江南名寺的宏大气派。相传清顺治五年（1648年），顺治帝南巡时提出，寺院大殿应面朝北京，其大雄宝殿因此而建成坐南朝北，此为上海地区绝无仅有。九峰禅寺具有江南名刹的宏大气派，山门有四大金刚，寺内有18罗汉，晨钟暮鼓。清康熙四十四年（1705年），康熙帝南巡时赐"奎光烛影"匾。寺院内还有500年树龄的古银杏树一株。

旅游区域及进出条件：

九峰禅寺位于佘山国家旅游度假区小昆山北峰。公交松江20路、松江81路、松江82路等多条线路可到达。

保护与开发现状：

对外开放。

九峰禅寺

名称：**大仓桥**
编号：SJ30
资源类型：FFA
单体资源等级：3
行政位置：永丰街道中山西路玉树路东
地理位置：31°00′28.14″N
　　　　　121°12′20.24″E
性质与特征：

大仓桥原名永丰桥，因桥南为松江府漕运仓城，俗称"大仓桥"。明天启年间（1621～1627年）重建。2002年修缮。

大仓桥南北向横跨古市河，桥长50米，高10余米，宽5米，五孔拱桥，青石桥身护栏，92级花岗石桥阶，桥额刻"重建永丰桥"。2002年修缮时于北塊桥拱内发现《华亭仓桥碑记》石刻，长169厘米，宽83厘米，厚22厘米，下有榫头，碑额刻祥云纹，左右两边刻"S"形带状纹，篆文碑题，碑文绝大部分已斑驳。如今，大仓桥两侧民居汇聚，商铺林立。

旅游区域及进出条件：

大仓桥位于松江古城仓城历史文化风貌区内、中山西路玉树路东。公交松江4路、松江5路、松江34路等多条线路可到达。

保护与开发现状：

对外开放。1985年被松江县人民政府列为松江县文物保护单位。

名称：**马相伯故居**
编号：SJ31
资源类型：FDD
单体资源等级：3
行政位置：泗泾镇开江中路358号
地理位置：31°06′49.38″N
　　　　　121°16′19.30″E
性质与特征：

马相伯故居为江南风格的私家宅邸，非常简朴，2003年对外开放。

马相伯故居的厅堂两侧悬挂着介绍马相伯生平的文字及图片，展示了马相伯平凡而伟大的一生。马相伯（1840～1939年），祖籍江苏丹阳，12岁来到上海，先后在圣依纳爵公学（徐汇公学）、徐家汇神学院等求学，获神学博士学位。他语通六国，学贯

大仓桥

马相伯故居

中西，在近代中国教育界德高望重，为复旦大学第一任校长，门下弟子有蔡元培、于右任、邵力子等。1984年4月6日，马相伯迁葬于宋庆龄陵园内。著作有《马相伯先生文集》。

旅游区域及进出条件：

马相伯故居位于开江中路，近泗泾公园。公交186路、1846路、松江47路等多条线路可到达。

保护与开发现状：

对外开放。

名称：**颐园**

编号：SJ32

资源类型：FAB

单体资源等级：3

行政位置：永丰街道松汇西路1172号

地理位置：31°00′27.21″N

121°12′45.98″E

性质与特征：

颐园为明代"松江十园"之一，原有园林面积约3 300平方米，现存1 300平方米，始建于明末，清道光、咸丰年间（1821～1861年）归许姓。民国时期归高氏，故俗称"高家花园"。1989年政府拨款修缮。

颐园至今保留着较多明代原物和建筑。颐园以假山、水池为中心景物，池上架三曲石桥。西边为黄石小山，南北两侧黄石突出池中，成矶状。假山有石洞、小径，池边古树葱郁，石上青苔斑驳。水池四周绕以廊屋，梁檐下配有形状各异的挂饰，从扶梯、过廊、栏架、楼窗等建筑结构上仍可见明代园林的幽雅精巧。南边有仿宫殿式楼阁戏台，檐出四角，十分美观。

旅游区域及进出条件：

颐园位于松江古城仓城历史文化风貌区，云间第一桥东、上海市第四福利院内。公交松江2路、松江13路、松卫线等多条线路可到达。

保护与开发现状：

对外开放。1985年被松江县人民政府列为松江县文物保护单位。

颐园

名称：**上海天马赛车场**

编号：SJ33

资源类型：FBD

单体资源等级：3

行政位置：佘山镇沈砖公路3000号

地理位置：31°03′56.70″N

121°08′44.70″E

性质与特征：

上海天马赛车场（天马车世界）是经国际汽车运动联合会（FIA）和国际摩托车运动联合会（FIM）认证的国际标准赛车场，占地面积20万平方米，2004年投入使用。

上海天马赛车场集挑战性、观赏性和趣味性于一体，为长三角地区试车、练车、玩车、赛车的主要场所。赛道全长2.063千米，直线宽至12米，有8个左弯，6个右弯；既可举办排气量在2 000毫升及以下的各类方程式赛车和房车比赛，又可举办摩托车赛事和超级卡丁车赛事。此外，上海天马赛车场还提供近万平方米的试验场、越野道、多功能厅、贵宾包厢、培训中心、娱乐卡丁等配套设施和综合性服务。
旅游区域及进出条件：

上海天马赛车场位于沈砖公路昆港公路口。公交松江 90 路、松朱专线等线路可到达。

保护与开发现状：

对外开放。

上海天马赛车场

名称：史量才故居
编号：SJ34
资源类型：FDD
单体资源等级：3
行政位置：泗泾镇开江东路
地理位置：31°06′51.12″N
　　　　　121°16′28.33″E

性质与特征：

史量才故居建于 20 世纪初，为中西结合的二层楼房，主楼整体为中式建筑的风格，在建筑装饰的细节处又体现出西式洋房的风格。原住宅占地面积约 1 000 平方米，建筑面积 800 多平方米。2000 年开始修缮，2001 年对外开放。

史量才故居内陈列有史量才生平事迹，包括坎坷人生、泗水情深、报业春秋、魂系中华四部分，还陈列有部分史量才生前使用过的原物及政界要人题字。史量才（1880～1934 年），江苏江宁人，著名爱国进步人士，我国著名新闻事业家、社会活动家、报业巨子。

史量才故居

旅游区域及进出条件：

史量才故居位于泗泾镇，近马相伯故居。公交 186 路、1846 路、松江 47 路等多条线路可到达。

保护与开发现状：

对外开放。

名称：秀道者塔
编号：SJ35
资源类型：FCA
单体资源等级：3
行政位置：佘山镇西佘山
地理位置：31°05′49.17″N
　　　　　121°11′05.37″E

性质与特征：

秀道者塔又名月影塔、聪道人塔，是佘山地区著名的古迹之一。始建于北宋太平兴国年间（976～983 年）。

佘山为云间九峰之翘楚，列为第三峰。山上原多寺和塔。相传建塔者为僧人名"秀"（又称聪道人），为修道而隐居于佘山，塔建成而引火自焚，塔遂以"秀道者"得名。另有少林僧人佘山杀敌的传说。相传明嘉靖年间（1522～1566 年），倭寇骚扰沿海，松江府各县均受其害，佘山半山腰有座庙宇叫"佘寺"，方丈水清，原为河南少林寺嫡派之后，为人正直，乐善好施，深得附近百姓的爱戴。为抵御倭寇和保护寺院，他特地从山东请来目空、智囊、玉田等，率百余僧人抗敌，屡次获胜。有一次，他们乘胜追击倭寇，因无后援接应而战死多人。当地百姓为纪念他们的功德，将他们的尸骨集中掩埋在佘山山顶，并在上面建造了一座石塔，取名为"秀道者塔"。清同治三年（1864年），法国天主教会购买佘山，拆毁寺庙亭阁改建圣堂。佘山的古建筑渐无踪迹，独存此塔。

秀道者塔为砖木结构，楼阁式塔身平面为八角形，七层，塔高约25米，有腰檐、平座、栏杆。塔身由两部分组成。全塔历经千年风雨仍不偏不倚，高耸挺拔。

旅游区域及进出条件：

秀道者塔位于西佘山园山腰间。公交松江92路、松重线、沪陈线等多条线路可到达。

保护与开发现状：

对外开放。1961年被松江县人民政府列为松江县文物保护单位。2002年被上海市人民政府列为上海市文物保护单位。

秀道者塔

名称：**松江古城仓城历史文化风貌区**
编号：SJ36
资源类型：FDC
单体资源等级：3
行政位置：永丰街道
地理位置：31°00′27.41″N
　　　　　121°12′32.09″E

性质与特征：

松江古城仓城历史文化风貌区是明代松江府漕粮重要储藏地和漕运始发地，河道纵横，粮仓成片，桥梁、宅第、店铺、庙宇鳞次栉比，是松江府城西谷阳门外的热闹市井，占地面积66万平方米，主要历史建筑多为明清时所建。

松江古城仓城历史文化风貌区是一个既具有传统风貌和地方特色，又具有较高历史文化价值的区域，主要历史建筑有杜氏雕花楼、费晔宅、葆素堂、颐园、杜氏宗祠、赵氏

松江古城仓城历史文化风貌区

宅、大仓桥（永丰桥）、云间第一桥、年丰人寿桥等，包括明末清初古建筑16处、清中后期建筑67处、民国建筑74处，较完整地反映了松江地区作为上海历史文化发源地的历史风貌。

旅游区域及进出条件：

松江古城仓城历史文化风貌区位于永丰街道，包括沪杭高速铁路以北、乐都路以南、花园浜路以东、西林路以西的区域。公交松江4路、松江5路、松江34路等多条线路可到达。

保护与开发现状：

对外开放。2005年被上海市城市规划管理局（现上海市规划和国土资源管理局）划定为上海市郊区及浦东新区历史文化风貌区。

名称：**青青旅游世界**
编号：SJ37
资源类型：FAB
单体资源等级：2
行政位置：中山街道辰花路388号
地理位置：31°04′11.58″N
　　　　　121°15′00.21″E

性质与特征：

青青旅游世界是一座集旅游观光、休闲度假、会务住宿、餐饮娱乐于一体的现代都市生态园林，占地面积约210万平方米，建于1998年，2001年对外开放。

青青旅游世界以绿色生态为主题。园内有280种100万余株名贵树种；梅、樱、桂、玉兰、紫藤、合欢等弥香不散，梨、桃、李、山楂、枇杷、无花果等硕果不断。主要景点有外婆桥、大愚亭、孔雀园、亲子乐园、阳光沙滩、森林浴场、紫藤长廊、情人岛、玫瑰苑、露天舞台、星月湖风景区、钓鱼池、跑马场等。户外娱乐项目主要有游船、协力车、水上自行车、草地越野车，以及彩弹射击、骑术训练、修心垂钓、露营烧烤、信鸽竞翔等。青青大酒店配有多功能会议厅、餐饮设施和拓展培训基地等。

旅游区域及进出条件：

青青旅游世界位于辰花路东端，邻近沪松公路。公交1803路、松江11路、松江21路等多条线路可到达。

保护与开发现状：

对外开放。2009年被上海市农业委员会、上海市旅游局共同评为上海农业旅游推荐单位。

名称：**春申君祠**
编号：SJ38
资源类型：FBB
单体资源等级：2
行政位置：新桥镇春申村
地理位置：31°04′01.30″N
　　　　　121°21′37.30″E

性质与特征：

春申君祠占地面积500平方米，2002年重建。

春申君祠为仿古民居建筑，室内陈列春申君史料、松江古迹、历史名人名作等。祠西建铜雕照壁"上海之根"，展现松江2 000年的历史文化。春申君本名黄歇，战国时期楚国公室大臣，是著名的政治家、军事家，与魏国信陵君魏无忌、赵国平原君赵胜、齐国孟尝君田文并称为"战国四公子"，曾任楚相。黄歇游学博闻，善辩。楚考烈王元年（前262年），拜黄歇为相，封为春申君，赐淮北地12县。公元前238年，楚考烈王病逝，春申君前去奔丧时被楚国国舅李园安排的刺客所杀。

公元前248年，春申君被封于吴（苏州一带）。春申君来到吴地，为当地的经济恢复作出了巨大的贡献。据《越绝书》记载，春申君在吴地兴修水利，当地百姓对他很尊重。上海在其封域内，相传他曾居住在松江春申村。大约到了唐朝，苏州一带的百姓信奉春申君的习俗影响了当时为苏州属地的上海。至今在苏州和上海地区，人们均崇拜春申君，因此在春申村建祠纪念春申君。

青青旅游世界

春申君祠

旅游区域及进出条件：

春申君祠位于春申村。公交 1811 路、1814 路、松江 52 路等多条线路可到达。

保护与开发现状：

对外开放。

名称：上海五厍农业休闲观光园

编号： SJ39

资源类型： FAB

单体资源等级： 2

行政位置： 泖港镇西厍路 8 号

地理位置： 30°56′09.47″N
121°07′38.34″E

性质与特征：

上海五厍农业休闲观光园是集休闲度假、生态农业观光、农业养殖种植、村落文化展示、会务培训、农家餐饮于一体的现代农业游乐园区。园区面积 11.19 平方千米，2001 年成立。

上海五厍农业休闲观光园主要休闲度假区有番茄农庄（风情村落）、格林葡萄农庄（葡萄生产）、水上人家（水面养殖）、香格里拉（农业种植）、花卉园区。主要观光项目有松江农业科普展示馆（6 展厅）、蔚盛植物园（太湖石和盆景）、名犬观光园（数十品种）、百味葡萄种植基地（引进品种近百）、花卉工厂（蝴蝶兰生产基地）、热带雨林（农林实训中心）、新晴采摘苑（观光、采摘、生产）、休闲农庄（钓鱼、划船、户外球类运动、桌球运动、卡拉OK、野餐、骑驴骑马、射击、捕兔）、自摘瓜果乐园等。

旅游区域及进出条件：

上海五厍农业休闲观光园位于西厍路，东临建设河路，北靠叶新公路。公交1829 路可到达。

保护与开发现状：

对外开放。2007 年被国家旅游局命名为全国农业旅游示范点。2009 年被上海市农业委员会、上海市旅游局共同评为上海农业旅游推荐单位。2012 年被上海市科学技术委员会命名为上海市科普教育基地。

上海五厍农业休闲观光园

名称：西部渔村

编号： SJ40

资源类型： FAB

单体资源等级： 2

行政位置： 小昆山镇昆泖公路西端

地理位置： 31°01′28.36″N
121°05′40.28″E

性质与特征：

西部渔村是设施相当完善的垂钓游乐园，占地面积 40 万平方米，2004 年建成营业。

西部渔村内的水体清、空气净、鱼儿好，有休闲垂钓水域面积 20 万平方米，竞技垂钓水域面积约 5 000 平方米，室内垂钓池 1 650 平方米。垂钓者可以在泖河堤畔散步，在池边茶室品茗，还可以荡秋千、

西部渔村

看夕阳。西部渔村有 5 间会议室及特色农家餐厅，还有 50 多间客房。

旅游区域及进出条件：

西部渔村位于小昆山镇。公交 1832 路可到达。

保护与开发现状：

对外开放。2009 年被上海市农业委员会、上海市旅游局共同评为上海农业旅游推荐单位。

名称：东岳庙
编号：SJ41
资源类型：FAC
单体资源等级：2
行政位置：岳阳街道岳庙街
地理位置：31°00′36.14″N
121°13′44.48″E
性质与特征：

东岳庙又称东岳行宫、松江岳庙，占地面积 5 300 平方米，始建时间已无从考查，2001～2006 年修复。

东岳庙大殿前有一石板铺砌的广场，广场东西各有庑廊，廊内有阎王十殿（俗称"十殿阎王"），雕塑精细逼真。广场北为正殿，屋脊有"风调雨顺"字样，檐下悬"既成巍巍"、"海滇朝宗"匾。大殿上悬"道衍先天"、"呼吸帝座"、"赫濯生灵"横额，塑 3 尊圣帝金身立像，殿后为太虚亭。正殿西为杨侯庙（杨文圣相传为本县点岳官），正梁悬"生死关"大匾，神像前有大铜镜 1 面，供桌下有履一双，北梁悬算盘一具。后面为享殿和寝宫。广场内设有松江地方风味美食小吃摊，有春卷、炸鱿鱼、桂花糖藕、糖芋艿等小吃。

东岳庙

旅游区域及进出条件：

东岳庙邻近庙前街中山中路口。交通便利，公交松江3路、松江4路、松江26路等多条线路以及轨道交通9号线等可到达。

保护与开发现状：

对外开放。

名称：松江博物馆

编号：SJ42

资源类型：FAE

单体资源等级：2

行政位置：中山街道中山东路233号

地理位置：31°00′53.38″N
121°14′51.16″E

性质与特征：

松江博物馆是一个以征集、收藏、研究、陈列、宣传松江地区历史文化及其文物为主的综合性博物馆，建筑面积1 800平方米。1915年始建，后毁于日军战火。1955年择址醉白池筹建，因园林扩建，1984年迁入今址成立新馆。2003年扩建陈列厅，2004年对外开放。

松江博物馆新陈列厅分为上下两层。上层为基本陈列展厅，展区面积500平方米。下层为2个临时陈列展厅，展区面积400平方米。主要藏品陶、瓷、玉、金银、铜、木器等共计5 000余件，古籍2 000余套（包括部分珍贵的善本、刻本）等。先后举办过松江民间收藏展、湘西南木雕展、古生物化石展、2005年松江迎春剪纸作品展、纪念明代大画家董其昌诞辰450周年书画作品展等。

旅游区域及进出条件：

松江博物馆位于上海方塔园东侧。公交松江11路、松江17路、松江22路等多条线路可到达。

保护与开发现状：

对外开放。2012年被上海市科学技术委员会命名为上海市科普教育基地。

名称：李塔

编号：SJ43

资源类型：FCA

单体资源等级：2

行政位置：石湖荡镇塔汇公路

地理位置：30°58′36.34″N
121°10′54.47″E

性质与特征：

李塔（又名礼塔、延寿院塔）高33米，始建年代无考，相传为唐太宗之子李明任苏州刺史时所造，故名"李塔"。南宋嘉定六年（1213年）有僧人在塔旁建"澄庵"，南宋咸淳年间（1265～1274年）更名"延寿

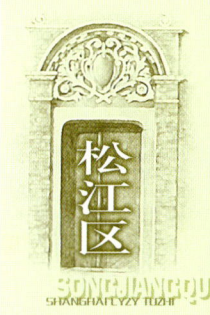

院"，因称"延寿院塔"。1997年修缮开放。

李塔是一座砖木结构的楼阁式四面七级方塔。塔里原有木梯可拾级而上。各层壶门外的壁上嵌有200尊形态各异的佛雕。在石柱和砖上依稀可见捐款人姓名。李塔承袭唐塔风格，砖身与宋塔相似，残存木结构如斗拱等则为清式。李塔在宋元明三朝虽几经翻建，但今存塔体基本为宋代建筑。

旅游区域及进出条件：

李塔位于塔汇公路唐明路口，邻近延寿寺。公交1849路、松江23路、松江37路等多条线路可到达。

保护与开发现状：

对外开放。1985年被松江县人民政府列为松江县文物保护单位。2002年被上海市人民政府列为上海市文物保护单位。

名称：**叶榭马桥农家乐**

编号：SJ44

资源类型：FAB

单体资源等级：2

行政位置：叶榭镇马桥村

地理位置：30°54′45.26″N
　　　　　121°16′15.59″E

性质与特征：

叶榭马桥农家乐是集餐饮、住宿、游乐于一体的农家乐度假村，占地面积42万平方米。

叶榭马桥农家乐有3个农家乐项目，包括求精花园、景山休闲屋以及禾佳园林。求精花园占地面积7.86万平方米，建于1991年。共分2个区域，一个区域以葡萄长廊、橘园、桃园、梨园等10多个果树园为主，养殖梅花鹿、野鸭、山鸡、孔雀、波尔山羊等10多种动物，配设20套标准住宿单元、饮食部、多功能厅、棋牌室；另一个区域为花卉公园，有湖心亭、钓鱼台、长廊、会务中心等。景山休闲屋占地面积8.66万平方米，建筑面积1 300平方米，鱼塘1.33万平方米，建于2002年。景山休闲屋种有香樟、五针松、塔松、桃树、竹等植物，有葡萄长廊、会议室、多功能厅、棋牌室、健身房、鱼塘以及可供20人住宿的标准房等。禾佳园林占地面积25.66万平方米，建于2003年；种植有500多棵百年银杏树，还种植有百年紫薇木桩，以及榉树、枇杷、红梅、瓜子球、桃树、石楠、红叶李、枫香、樱花、海棠、杜英等。

旅游区域及进出条件：

叶榭马桥农家乐位于马桥村。公交松江65路可到达。

保护与开发现状：

对外开放。

名称：**上海高博特生物保健品有限公司**

编号：SJ45

资源类型：FAF

单体资源等级：2

行政位置：中山街道花桥村

地理位置：31°03′59.59″N
　　　　　121°15′06.12″E

性质与特征：

上海高博特生物保健品有限公司是集研制、生产、销售现代生物工程技术产品于一体的高科技经济体，占地面积2.7万平方米，建筑面积6 000平方米，创立于1994年。

上海高博特生物保健品有限公司工业旅游区设有"走进人体微生态展示厅"，游客可以零距离、全方位地体验百级、万级、

叶榭马桥农家乐

十万级无菌环境；在人工气候室里，游客可以亲眼观察北虫草在恒温、恒湿、无菌的环境下的成长过程；还可以亲自采摘和品尝优质新鲜的北虫草。

旅游区域及进出条件：

上海高博特生物保健品有限公司位于花桥村，近青青旅游世界。公交1803路、松江11路、松江21路等多条线路可到达。

保护与开发现状：

对外开放。2007年被国家旅游局命名为全国工业旅游示范点。

名称：松江古城府城历史文化风貌区

编号： SJ46

资源类型： FDC

单体资源等级： 2

行政位置： 中山街道

地理位置： 31°00′31.17″N
　　　　　　121°14′24.34″E

性质与特征：

松江古城府城历史文化风貌区占地面积31万平方米，2007年完成规划编制。

松江古城府城历史文化风貌区保存有全国重点文物保护单位方塔（兴圣教寺塔）、上海市文物保护单位砖刻照壁、历史名校松江二中、文物园林上海方塔园、文物机构松江博物馆以及松江区文物保护单位、其他历史遗迹和历史建筑10余处，较完整地反映了松江府城即唐宋华亭县城的历史渊源。

旅游区域及进出条件：

松江古城府城历史文化风貌区位于松江老城东部，包括环城路以南、通波塘以东、松汇路以北、方塔路以西的区域。公交松江11路、松江17路、松卫专线等多条线路可到达。

保护与开发现状：

对外开放。2005年被上海市城市规划管理局（现上海市规划和国土资源管理局）划定为上海市郊区及浦东新区历史文化风貌区。

松江古城府城历史文化风貌区

名称：华亭老街

编号： SJ47

资源类型： FDB

单体资源等级： 2

行政位置： 岳阳街道中山中路西段

地理位置： 31°00′32.15″N
　　　　　　121°13′24.25″E

性质与特征：

华亭老街为仿明清建筑的旅游商业街，总长度608米，2003年建成开放。

华亭老街为石板路面，两侧有仿明清建筑5.3万平方米，人民路口、西林路口建牌楼各1座。华亭老街"双寺南北对峙，古宅沿街并立，仿古建筑成群，花园绿树

华亭老街

葱茏"，鳞次栉比的店铺与庙前街、长桥街浑然一体。沿路有5个广场（月境广场、禅境广场、商业休闲广场、民俗风情广场、历史文化广场）；松江清真寺、西林寺及袁昶宅、瞿氏宅、王冶山宅等为上海市或松江区文物保护单位。

旅游区域及进出条件：

华亭老街位于中山中路西段，东起人民路，西至西林路。交通便利，公交松江3路、松江4路、松江5路等多条线路以及轨道交通9号线等可到达。

保护与开发现状：

对外开放。2010年被上海市商务委员会命名为上海特色商业街。

名称： 二陆草堂
编号： SJ48
资源类型： FDD
单体资源等级： 2
行政位置： 小昆山镇小昆山
地理位置： 31°02′32.23″N
121°07′48.56″E

性质与特征：

二陆草堂也称二陆读书台，位于小昆山山顶，据传二陆曾在此蛰居十年，闭门读书。2009年新修。

二陆草堂古朴有致，菁草铺顶，拾级而上，正门为红漆木雕门，悬"二陆草堂"匾，门联"二陆文章雄万代、草堂灵气贯千秋"，

二陆草堂

横批"太康之英"。主展厅内陈列"二陆"家谱图幅，清和堂、谷风厅、婉娈厅等集中展现"二陆"书法作品等，橱窗内陆机《平复帖》摹本笔墨间古意深沉。山腰处有"二陆读书台"遗址，盖一亭，名曰"华亭"，四周幽静，相传少年二陆曾在此潜心苦读。"二陆"指西晋文学家陆机（261～303年）、陆云（262～303年）兄弟，晋吴郡华亭人，家住昆山（今小昆山）之北。陆机著作有《文赋》、《洛阳记》、《正训》、《要览》等，所书《平复帖》被选入《淳化阁法帖》；陆云有《陆士龙集》行世。

旅游区域及进出条件：

二陆草堂位于佘山国家森林公园之小昆山园。公交松江82路、松青线、沪陈线等多条线路可到达。

保护与开发现状：

对外开放。

名称：永恩堂

编号：SJ49

资源类型：FAC

单体资源等级：1

行政位置：永丰街道仓丰路128号

地理位置：31°00′45.57″N
　　　　　121°12′27.16″E

性质与特征：

永恩堂为基督教活动场所，始建于清光绪十六年（1890年），原名乐恩堂。1998年迁址重建，建筑面积2 900平方米，2000年更今名开放。

永恩堂为哥特式建筑，大堂面积1 900平方米，附属用房面积585平方米，建筑高度21米，棕色外墙砖，红琉璃瓦覆顶。整个建筑宏伟、壮观又典雅。永恩堂目前为松江基督教总堂。

旅游区域及进出条件：

永恩堂位于仓丰路，近上海师范大学附属外国语中学。公交松江13路、松江25路、松江34路等多条线路可到达。

保护与开发现状：

对外开放。

名称：大方庵

编号：SJ50

资源类型：FAC

单体资源等级：1

行政位置：新浜镇赵王村

地理位置：30°54′34.14″N
　　　　　121°02′41.55″E

性质与特征：

大方庵（又称大方禅院）为信众礼佛道场，始建于清乾隆四十三年（1778年），1994年开放，并逐步修复。建筑面积1 022平方米。

永恩堂

大方庵原为四合院式寺院，方砖铺地，院中古榆树、古银杏树各2株，浓荫如盖。主建筑为前殿、大殿，另有附属房等辅助设施。1928年，陈云发动枫泾农民武装暴动，指挥所即设于大方庵，现东厢房设"枫泾暴动陈列室"。

旅游区域及进出条件：

大方庵位于大方路钱家草路口。公交松江75路可到达。

大方庵

保护与开发现状：

对外开放。1961年被松江县人民政府列为松江县文物保护单位。

名称：**邱家湾耶稣圣心堂**

编号：SJ51

资源类型：FAC

单体资源等级：1

行政位置：中山街道方塔北路10号

地理位置：31°00′41.26″N
121°14′35.39″E

性质与特征：

邱家湾耶稣圣心堂始建于清康熙二十四年（1685年）。清同治十三年（1874年）、清光绪十三年（1887年）前后曾两度重建新堂，定名耶稣圣心堂。1992年进行大规模整修，1993年复堂。

邱家湾耶稣圣心堂是一座"十"字形哥特式风格与中国古典建筑艺术风格相结合的宗教建筑，砖木结构，面阔3间，进深7间，内部为中国传统宫廷式设计。目前是天主教松江总铎区的总铎座堂。

旅游区域及进出条件：

邱家湾耶稣圣心堂邻近上海方塔园。公交松江7路、松江11路、松江17路等多条线路可到达。

保护与开发现状：

对外开放。1985年被松江县人民政府列为松江县文物保护单位。

名称：**福田净寺**

编号：SJ52

资源类型：FAC

单体资源等级：1

行政位置：泗泾镇开江东路

地理位置：31°06′52.29″N
121°16′21.19″E

性质与特征：

福田净寺为东田寺（998～1008年）与严家庵（1776年）的重新组合，严家庵属比丘尼庙。福田净寺占地面积9 175平方米，建筑面积5 486平方米，2000年从泗泾镇北张泾迁建于此，改为比丘道场，

邱家湾耶稣圣心堂

松江区

福田净寺

旅游区域及进出条件：

福田净寺位于开江东路，近史量才故居。公交186路、1846路、松江47路等多条线路可到达。

保护与开发现状：

对外开放。

更名为福田净寺。

福田净寺为仿古园林式寺院建筑，建有山门、钟鼓楼、天王殿、圆通宝殿、念佛楼、法堂、东西厢房等。寺院内有放生池，院落间布满绿化小品。圆通宝殿东北侧保存有1株500年树龄的银杏树。

名称： 荷花公社
编号： SJ53
资源类型： FAB
单体资源等级： 1
行政位置： 新浜镇南杨村许村公路1288号
地理位置： 30°57′30.78″N
121°02′53.31″E

性质与特征：

荷花公社是一个集美食、度假、休闲、会务、健身于一体的园林景区，占地面积约53万平方米。荷花公社地处素有"芙蓉

荷花公社

之乡"美誉的新浜镇境内，荷文化积淀深厚。早在1 500年前，由于该镇地小多屿，形似荷叶，故名"荷叶地"。元朝时期，更因遍植荷花、莲花而得名"芙蓉镇"。

荷花公社以宋明美学为载体，将人与自然生态及建筑和谐地融为一体，并以当代"诗意栖居"为核心理念，展现了人与自然和谐的江南田园景观。四通八达的水系贯通整个园区，园内林木苍翠，荷影花香，各类植物争奇斗艳。16.67万平方米的湖面碧波荡漾，遍植荷花、睡莲以及其他水生植物，众多的候鸟在此繁衍生息。春天鸥鸟翔集，盛夏荷影花香，配以仿古院落、拱桥长廊等建筑，彰显出中国文化自然古朴的韵味。来到这里，游客便脱离了都市浮尘，回归自然本我。

旅游区域及进出条件：

荷花公社位于许村公路，近S20申嘉湖高速。公交松江75路可到达。

保护与开发现状：

对外开放。

名称：金泖渔村

编号：SJ54

资源类型：FAB

单体资源等级：1

行政位置：石湖荡镇泖岛路8号

地理位置：31°00′26.23″N
　　　　　121°06′27.57″E

性质与特征：

金泖渔村是集藏獒观赏、字画欣赏、嬉水垂钓、娱乐健身、农家小吃、农事体验、泖岛环游于一体的农家乐园区，2007年开始营业。

金泖渔村有13万平方米涵养林，置身其中如入森林氧吧，有观网、垂钓、游岛、尝鲜等休闲度假活动，还可以举行各种中小型会议。

旅游区域及进出条件：

金泖渔村位于黄浦江源头泖河边。公交练塘2路可到达。

保护与开发现状：

对外开放。2009年被上海市农业委员会、上海市旅游局共同评为上海农业旅游推荐单位。

名称：思贤公园

编号：SJ55

资源类型：FAD

单体资源等级：1

行政位置：方松街道人民北路思贤路口

地理位置：31°01′50.06″N
　　　　　121°13′12.43″E

思贤公园

性质与特征：

思贤公园为开放式公共休闲绿地，占地面积1.2万平方米，2001年建成开放。

思贤公园的设计理念体现了绿、清、活3个主题。公园内波光粼粼、植被苍翠，环廊、尖塔、平台、坡地、流水、睡莲等形成景中之景。

旅游区域及进出条件：

思贤公园位于人民北路思贤路口，北至文诚路，东依园中路。交通便利，公交松江11路、松江12路、松江24路等多条

金泖渔村

天妃宫

线路以及轨道交通 9 号线等可到达。

保护与开发现状：

对外开放。2008 年被上海市绿化和市容管理局评为上海市四星级公园。

名称：天妃宫

编号： SJ56

资源类型： FAC

单体资源等级： 1

行政位置： 中山街道中山东路 235 号

地理位置： 31°00′53.13″N
121°14′48.27″E

性质与特征：

天妃宫原址位于河南北路 3 号，是天后宫大殿。天后宫始建于南宋咸淳年间（1265~1274 年），时有福建商人在十六铺外滩江边建顺济庙供奉妈祖。清代改称天后宫。屡建屡毁。清光绪十年（1884 年）迁址重建，落成的新天后宫入门是广场，中间建有戏台，广场两侧是看楼，戏台的后进是大殿，殿后为寝宫。大殿为歇山顶，殿宇高敞，雕梁画栋，气势恢宏。民国期间，部分场所改建为学校。1949 年后，部分殿庑仍作学校，部分殿屋改作山西北路地段医院。1981 年，在此处重建山西中学时，为保护清代优秀殿堂建筑，将大殿原拆原建迁移到上海方塔园内，名天妃宫。

旅游区域及进出条件：

天妃宫位于上海方塔园。公交松江 11 路、松江 17 路、松卫专线等多条线路可到达。

保护与开发现状：

对外开放。1993 年被松江县人民政府列为松江县文物保护单位。

名称：松江城市规划展示馆

编号： SJ57

资源类型： FAE

单体资源等级： 1

行政位置： 方松街道泰晤士小镇 626 号

地理位置： 31°02′09.46″N
121°11′37.29″E

性质与特征：

松江城市规划展示馆建筑面积约 14 000 平方米。2009 年建成开放。

松江城市规划展示馆分为两大展厅。工业馆位于地下一层，陈列面积约 4 000 平方米，参展的共有 118 家松江地区的优秀企业，分别按五大支柱产业、现代服务业、食品业和军工业等多个专题板块展出。展示馆位于地上一层，按五大板块布展，依次为城市记忆走廊、城市足迹走廊、和谐规划走廊、总体规划展区和 180° 弧幕 3D 影院。馆内展

松江城市规划展示馆

出了千年松江府城壁挂模型、松江名人录多联液晶墙、十里长街多媒体长卷、松江老城、松江新城、松江工业区以及佘山国家旅游度假区等区域的模型,涵盖了松江的历史、科技、文化、教育、卫生、农业、旅游以及现代工业等内容。

旅游区域及进出条件：

松江城市规划展示馆位于泰晤士小镇。公交松江14路、松江19路、松江24路等多条线路可到达。

保护与开发现状：

对外开放。现为上海市爱国主义教育基地。

名称：松江美术馆

编号：SJ58

资源类型：FAE

单体资源等级：1

行政位置：方松街道泰晤士小镇601号

地理位置：31°02′06.32″N
121°11′37.56″E

性质与特征：

松江美术馆是集收藏、展示、交流、审美功能于一体的艺术活动场馆,建筑面积约4300平方米。2006年建成使用。

松江美术馆设施先进,功能强大,突出开放、现代、新潮的空间感。松江美术馆共有三层,一层为报告厅、书店、网吧及咖啡屋等功能空间；二层为安静区域,设3个常设展厅；三层空间用作移动展厅、雕塑庭园、艺术家工作室等。

旅游区域及进出条件：

松江美术馆位于泰晤士小镇。公交松江14路、松江19路、松江24路等多条线路可到达。

保护与开发现状：

对外开放。

名称：庙前街

编号：SJ59

资源类型：FDB

单体资源等级：1

行政位置：岳阳街道庙前街

地理位置：31°00′31.13″N
121°13′45.57″E

性质与特征：

庙前街是一条集美食文化、娱乐休闲于一体的商业步行街,南北长150米,东西长130米,总建筑面积1.5万平方米,2001年开街营业,2007年底基本落成。

松江美术馆

庙前街

庙前街因街边有宋代岳庙而得名。街面道路为石板铺设，街边为清一色明清风格的二层出檐式建筑。建筑间回廊、天桥勾连，牌坊相对，水池环绕，古色古香。

旅游区域及进出条件：

庙前街位于中山中路东段。交通便利，公交松江3路、松江4路、松江26路等多条线路以及轨道交通9号线等可到达。

保护与开发现状：

对外开放。

名称：**上海地震科普馆**

编号：SJ60

资源类型：FAE

单体资源等级：1

行政位置：佘山镇西佘山

地理位置：31°05′39.51″N
121°11′29.32″E

性质与特征：

上海地震科普馆为现代化的地震科普专业场馆，展示面积550平方米，2001年建成开放。

上海地震科普馆展示内容按照防震减灾工作的监测预报、震害防御、紧急救援三大体系来布置，由影视报告厅、图文展示厅、汶川地震展示区、地震动画放映厅、地震模拟演示厅、地震仪器展示厅、地震知识答题厅、张衡地动仪厅、自救互救演练厅、维歇尔地震仪展厅等组成。上海地震科普馆保存有珍贵的观测仪器与观测资料，如爱丽奥特磁力仪（1879年英国造）、维歇尔地震仪（1909年德国造）、清《皇朝直省地域全图》、张衡候风地动仪（仿制），并设计有地震波模拟演示、自救互救演练、地震知识答题等寓教于乐的互动项目。

旅游区域及进出条件：

上海地震科普馆位于佘山国家森林公园之西佘山园。公交松江92路、松重线、沪陈线等多条线路可到达。

保护与开发现状：

对外开放。2010年被中国科学技术协

上海地震科普馆

会认定为全国科普教育基地。2012年被上海市科学技术委员会命名为上海市科普教育基地。

名称：**市民广场**

编号：SJ61

资源类型：FCI

单体资源等级：1

行政位置：方松街道思贤路园中路口

地理位置：31°01′56.15″N
121°13′21.09″E

性质与特征：

市民广场是一个开放式的生态型公共休闲活动场所，占地面积7.7万平方米。

市民广场

市民广场绿树成荫，环境优美。广场南入口处置巨型雕塑和对称的钢制弧桥，充满了现代感。广场四周花坛密布，由名木珍卉组成植物景观。回廊、木桥、小河环绕广场而建；广场中心为下沉式平台，可举办大型文化活动。

旅游区域及进出条件：

市民广场位于思贤路园中路口，毗邻思贤公园。交通便利，公交松江 11 路、松江 12 路、松江 24 路等多条线路以及轨道交通 9 号线等可到达。

保护与开发现状：

对外开放。

名称：泗泾公园

编号：SJ62

资源类型：FAD

单体资源等级：1

行政位置：泗泾镇江川中路

地理位置：31°06′56.04″N
121°16′10.44″E

性质与特征：

泗泾公园是一个西式风格的公共园林，占地面积 5.5 万平方米，建成于 1999 年，2006 年改建并开放。

泗泾公园内有瀑布跌水、石桥倒影、假山凉亭及各种花草树木，空气新鲜，环境优美，可供社区居民开展娱乐、健身及各类文化活动。

泗泾公园

旅游区域及进出条件：

泗泾公园位于江川路开江中路口，近福田净寺。公交 186 路、1846 路、松江 47 路等多条线路可到达。

保护与开发现状：

对外开放。

安方塔

名称：安方塔

编号：SJ63

资源类型：FCA

单体资源等级：1

行政位置：泗泾镇开江路

地理位置：31°06′48.12″N
121°16′15.33″E

性质与特征：

安方塔是泗泾古镇的标志性建筑。当地民谣有"三弓一箭安一方"之说，"三弓"指的是泗泾武安桥（西市桥）、福连桥（中市桥）、普度桥（东市桥）；"一方"指的是东田寺的宝塔，即安方塔。

安方塔为钢筋混凝土和木结构混合建筑，塔高 35.18 米，直径 12.45 米，七层楼阁式，平面八角形，边长 5.42 米。塔顶第七层供奉释迦牟尼佛像，意在保一方平安。

旅游区域及进出条件：

安方塔位于开江中路江川路口。公交 186 路、1846 路、松江 47 路等多条线路可到达。

保护与开发现状：

对外开放。